21世纪高职高专系列规划教材

汽车检测技术

主　　编　李德刚

副主编　王云开　高春甫

参编人员　李春彦　郭鹏江　田　维
黄　凯　朱传高

西南师范大学出版社

编写说明

作为高等教育的重要组成部分，高等职业教育是以培养具有一定理论知识和较强实践能力，面向生产、面向服务和管理第一线职业岗位的实用型、技能型专门人才为目的的职业技术教育，是职业技术教育的高等阶段。目前，高等职业教育教学改革已经从专业建设、课程建设延伸到了教材建设层面。根据国家教育部关于要求发展高等职业技术教育，培养职业技术人才的大纲要求，我们组织编写了这套《21 世纪高职高专系列规划教材》。本系列教材坚持以就业为导向，以能力为本位，以服务学生职业生涯发展为目标的指导思想，以与专业建设、课程建设、人才培养模式同步配套作为编写原则。

从专业建设角度，相对于普通高等教育的“学科性专业”，高等职业教育属于“技术性专业”。技术性专业的知识往往由与高新技术工作相关联的那些学科中的有关知识所构成，这种知识必须具有职业技术岗位的有效性、综合性和发展性。本套教材不但追求学科上的完整性、系统性和逻辑性，而且突出知识的实用性、综合性，把职业岗位所需要的知识和实践能力的培养融会于教材之中。

从课程建设角度，现有的高等职业教育教材从教育内容上需要改变“重理论轻实践”、“重原理轻案例”，教学方法上则需要改变“重传授轻参与”、“重课堂轻现场”，考核评价上则需改变“重知识的记忆轻能力的掌握”、“重终结性的考试轻形成性考核”的倾向。针对这些情况，本套教材力求在整体教材内容体系以及具体教学方法指导、练习与思考等栏目中融入足够的实训内容，加强实践性教学环节，注重案例教学，注重能力的培养，使职业能力的培养贯穿于教学的全过程。同时，使公共基础类教材突出职业化，强调通用能力、关键能力的培养，以推动学生综合素质的提高。

从人才培养模式角度，高等职业教育人才的培养模式的主要形式是产学结合、工学交替。因此，本教材为了满足有学就有练、学完就能练、边学边练的实际要求，纳入新技术引用、生产案例介绍等来满足师生教学需要。同时，为了适应学生将来因为岗位或职业的变动而需要不断学习的情况，教材的编写注重采用新知识、新工艺、新方法、新标准，同时注重对学生创造能力和自我学习能力的培养，力争实现学生毕业与就业上岗的零距离。

为了更好地落实指导思想和编写原则，本套教材的编写者既有一定的教学经验、懂得教学规律，又有较强的实践技能。同时，我们还聘请生产一线的技术专家来审稿，保证教材的实用性、先进性、技术性。总之，该套教材是所有参与编写者辛勤劳作和不懈努力的成果，希望本套教材能为职业教育的提高和发展作出贡献。

这就是我们编写这套教材的初衷。

前 言

为了适应并推动高等职业技术教育的发展，以及社会经济发展和汽车专业技能型人才培养的要求，使汽车专业学习人员能够充分了解汽车检测技术，作者参考了国内外有关资料，并结合实际工作积累的经验编写了本书。

全书内容共分11章，全面系统地介绍了汽车检测技术的发展、汽车检测技术基础理论知识、整车检测技术、发动机综合检测技术、底盘检测技术、电控系统检测技术和汽车检测站等方面的内容，其中包括汽车检测设备的检测原理、结构和使用方法的介绍，并贯彻了国家和行业标准的技术要求，检测方法和诊断参数标准。

本教材在编写中加强了针对性和实用性，力求把传授专业知识和培养专业技术应用能力有机地结合起来，特别注重了对学生分析问题和解决实际问题能力的培养。

本教材既有较强的实践性，又有较强的综合性，可作为高职高专汽车检测与维修及其相近专业教材，也可作为汽车运输、汽车维修等工程技术人员的参考书。

本书由李德刚担任主编并负责全书统稿，王云开和高春甫担任副主编，李春彦、郭鹏江、田维、黄凯、朱传高等参加了各章的编写工作。在本书编写的过程中，我们参考了许多国内公开出版、发表的文献和生产厂家提供的检测设备使用说明书。在此，对原作者一并表示深切的谢意。

由于时间仓促，水平有限，书中难免有缺点甚至错误，欢迎读者批评指正。

编 者

2008年6月

目　录

第一章　汽车检测技术概论

第一节　汽车检测技术及其发展

汽车检测，特别是汽车不解体检测，作为检查和鉴定车辆技术状况和车辆维修质量的重要手段，是一门近年来才发展起来的新兴科学技术。汽车检测技术是一门以现代数学、电子技术、控制论、可靠性理论和系统工程学为理论基础的新兴学科。

汽车检测是指确定汽车技术状况或工作能力的检查。车辆经过长期使用，其技术状况逐渐变坏出现经济性变差、动力性下降及可靠性降低等不良现象，如果按照一定周期有规律地检验车辆技术状况，并采取相应的维修措施，则可延长汽车的使用寿命。“定期检测、视情维修”已经成为维修体制的基本原则，获得日益广泛的应用。

一、汽车检测的意义

目前全世界汽车保有量已超过5亿辆。汽车的大量使用，在提高运输效率，促进经济发展，改善人们生活的同时，也造成了排气污染、噪声污染、交通事故以及能源紧张等引起全球关注的问题。

为了解决这些问题，一方面要从技术上入手，努力研究开发高性能、低污染的汽车，这是汽车研究、生产部门孜孜以求的目标。另一方面就要加强对在用汽车的定期检查，以便及时维修调整，使汽车经常处于良好的技术状况，这就是汽车检测技术要解决的问题。

汽车检测的意义，可以归纳为以下几个方面。

1. 保证交通安全

随着交通运输事业的发展，交通事故也在日益增加。全世界每年因道路交通事故死亡约25万人，重伤300万人，因交通事故导致终生残废者约3 000万人。

目前，随着经济的发展，我国已经逐渐成为汽车生产大国，每年约有近20万人死于交通事故，其数量远居世界之首。

万车死亡率（某年死亡总人数/以万为单位的总车数）：2000年我国是22.5，日本是1.6。

造成交通事故的原因，大致可归纳为驾驶员、行人、车辆、道路和气候等五个方面。其中，由于汽车制动、转向、照明等技术原因造成的事故，约占事故总量的1/4。

所以，对汽车进行定期检查和调整，使其处于良好的技术状况，对保证交通安全是非常必要的。

2. 减少环境污染

我们知道，汽车排放的尾气中含有上百种化合物，其中对人和生物直接有害的物质主要是CO，HC（碳氢化合物的总称），NO_x（氮氧化合物的总称），铅化合物以及炭烟等。

这些有害气体污染了大气，破坏了人类的生存环境。尤其在大城市中人口密集、交通拥塞地区，汽车排气污染比较严重，使附近居民深受其害。另外应该指出，汽车尾气中还含有 CO_2，CO_2 是一种主要的温室气体，向大气排放过多的 CO_2，有使地球表面温度升高的作用，所以 CO_2 也是一种重要的、对大气起污染作用的有害气体。

汽车的噪声是另一种环境污染。在交通繁忙的十字路口，车辆噪声可达 70 dB 以上。

国家通过对汽车进行定期检测的方法，严格限制汽车的废气和噪声污染。污染超标的车不准上路，必须及时修理。

3. 改善汽车性能

我们都知道，刚出厂的汽车性能并不是最好。需要行驶一段时间，零部件经过磨合之后，汽车的性能渐渐进入最佳状态。但汽车用久了，性能或技术状况又逐渐变差。不仅动力性和经济性会降低，油耗会增加，尾气排放情况会变坏，有的时候（例如制动性能变差时）还会引发交通事故。所以，通过定期的检查测试，就可以保持汽车经常处于良好的技术状况，改善汽车性能，还可以延长使用寿命。

对汽车进行检测的方法，可大体上分为两大类：一类是人工检查方法，这是凭人的眼、耳、手、脚加上经验和简单工具进行检查的方法。这种方法不仅速度慢、效率低、检验精度也差，主要用于比较简单的部件检查。另一类是使用电脑化、智能化的仪器设备进行检查的方法。这种方法不仅可以定量地测出汽车的很多性能指标，诸如废气污染物的含量、前照灯的发光强度、制动力的大小等，而且检测速度快、精度高、检测结果也比较客观。

二、国内外汽车检测的发展

应该说，早在 100 多年前汽车开始使用后，就存在着对汽车的检查和故障诊断问题。自然，当时的手段还比较简单。到 20 世纪 40 年代，国外出现了以故障诊断和性能调试为主的单项检测技术。60 年代后检测技术获得较大发展，开始出现由几种检测项目连成的检测线，既能作维修检验又能进行性能测试。60 年代末到 70 年代初期，计算机技术获得迅猛发展并向各行各业渗透，汽车检测技术应用了计算机测量与控制技术，实现了检测过程自动化，由计算机进行检测数据采集、数据处理和数据打印，大大提高了检测效率。

近年来，随着高新技术的广泛应用，汽车检测诊断技术正不断取得新的进展，检测仪器设备的性能、功能和智能化水平都有进一步提高。如今汽车检测技术已成为涉及机械、电子、计算机、自控等多领域的综合技术。例如日本研制了新型的前照灯检验仪，既可测近光，又可测远光。采用与摄像机类似的 CCD（电荷耦合器件）作为光敏元件，可显示非对称的近光光形分布和等照度曲线。国内有些厂家已开发生产了类似产品。

为了加强对在用汽车的管理，许多国家，特别是发达国家根据本国国情制定了相关法律，实施车辆检查制度，以便对在用汽车的使用、维护和技术状况等进行严格的监督。

例如，像美国、加拿大等美洲汽车大国，全国有机动车辆管理厅对机动车进行管理，但车检制度并不统一。美国有的州有自己的车检法规，而在用车检测大部分在民间检测站进行，有的在加油站进行安全检测。欧洲许多国家也都有自己的车检制度，而且德国、英国、意大利等国的检测设备单机自动化水平很高，广泛采用智能化仪表，车检由民众技术监督协会负责，不以赢利为目的，具有良好的公正性和权威性。日本有较完善的车检制度和标准，对检测的内容、方法、设备等都有规定。分设民营和国有检测站，民营站一般设在车辆维修厂，国有站只判断车辆安全性能是否合格，采用自动化程度较高的检测线。

我国20世纪60年代虽然从国外引进过一些检测设备，但十年“文革”时期检测技术基本处于停滞状态。改革开放后，道路交通运输事业得到迅速发展，汽车拥有量快速增长，而且国家对安全、环保问题高度重视，这些都极大地促进了汽车检测技术的发展。

1982年5月在辽宁省朝阳市建成了我国第一个汽车安全技术检测站。此后，各地的检测站如雨后春笋般兴建起来。到目前为止，检测站遍布全国，已经普及到各省、市、县和地区，检测线总数多达4 000余条。其中，大部分分布在广东、山东等沿海省份。

在检测设备方面，我国1985年以前是以进口为主。例如深圳市联城机动车检测站，当时是全套引进日本弥荣公司的设备。20世纪80年代后期，我国东南沿海和内地大城市如深圳、广州、肇庆、西安、北京、武汉等，注意从引进消化到自行研制，先后推出了部分国产和全部国产化的检测仪器设备。进入90年代后，除少数专用设备之外，绝大部分检测设备都已经实现国产化，基本满足了国内需求。

第二节 汽车检测标准法规和管理制度

为了保证交通安全、减少环境污染和保证在用汽车处于良好的技术状况，国家公安、交通、环保等部门先后发布过多项法律法规和相关标准，对在用汽车进行严格的管理。

一、相关的法律法规和标准

1. 相关法律法规

近年来国家和各部颁布的有关法律法规主要有：

1987年9月5日全国人民代表大会通过《中华人民共和国大气污染防治法》，提出对机动车船污染大气实施监督管理。

1988年3月9日国务院发布《中华人民共和国道路交通管理条例》，提出对机动车辆上路行驶的要求。

1989年2月22日公安部发布第2号令《机动车辆安全技术检测站管理办法》，提出安全检测站应有的功能和管理办法。

1990年3月7日交通部发布第13号令《汽车运输业车辆技术管理规定》，提出运输车辆技术状况的要求、技术等级以及车辆的检查、维修、报废等条件。

1991年4月23日交通部发布第29号令《汽车运输业车辆综合性能检测站管理办法》，主要对交通部门建立的综合性能检测站的功能和等级作出了规定。

2. 有关国家标准和各部颁布的主要标准

1989年11月发布，1990年实施的国家标准《汽车安全检测设备检定技术条件》(GB 11798.1—11798.6—1989)，提出对安全检测设备进行标定的方法。1995年2月25日交通部发布了两个行业标准：《汽车技术等级评定标准》(JT/T 198—95)与《汽车技术等级评定的检测方法》(JT/T 199—95)。将汽车根据技术状况分为一、二、三级，并提出了评定等级的检测方法。

1997年4月9日发布，1998年1月1日实施的国家标准《机动车运行安全技术条件》(GB 7258—1997)，是根据1987年发布的同一标准修订的。这是机动车检测的一个权威性标准。关于这个标准，下面还要详细介绍。

1999年11月8日发布，2000年8月1日实施的国家标准《汽车综合性能检测站通用技术条件》(GB/T 17993—1999)，是依据交通部1990年第13号令《汽车运输业车辆技术管理规定》、1991年第29号令《汽车运输业车辆综合性能检测站管理办法》以及1998年第2号令《道路运输车辆维护管理规定》中提出的检测站的主要任务、等级、职能和检测条件等要求制定的。该标准明确规定了汽车综合性能检测站的检测项目、设备、厂房、人员、场地以及管理制度等条件。

国家质量技术监督局于2000年12月28日发布了强制性国家标准《在用车排气污染物限值及测试方法》(GB 18285—2000)。该标准是参考了美国国家环保局1996年7月发布的一个相关标准《加速模拟工况试验规程、排放标准、质量控制要求及设备技术要求技术导则》(EPA－AA－RSPD－IM－96－2) 制定的。在对排气污染物的限制方面，比以前的标准严格了很多；在测试方法和使用设备方面也与GB 7258—1997有很大不同。这说明，在控制在用车的尾气排放方面，我国正逐步与国际接轨。

2001年12月13日发布，2002年8月1日实施的国家标准《营运车辆综合性能要求和检验方法》(GB 18565—2001) 是依据国家有关安全、节能、环保等方面的政策、法规和我国汽车运输车辆技术管理有关规定，并参照先进国家相关标准制定的。该标准大量引用国家标准《机动车运行安全技术条件》(GB 7258—1997) 及其相关标准，所以也具有与GB 7258—1997类似的框架结构。其中在排放污染物限值和测量方法方面，则引用了国家标准GB 18285—2000。

二、关于在用汽车的检查制度

对在用汽车实行定期检测和及时维护修理，是保证在用汽车处于良好的技术状况的有效管理制度，已为许多国家所采用。

我国公安交通管理部门对在用汽车实行年检制度。交通管理部门主要对在用营运车辆进行定期检测和维修管理。此外，许多城市的交通或环保部门还经常对路上行驶的汽车进行尾气排放抽检。

我国加入WTO之后，汽车数量将增长更快，汽车维修市场将更加开放。要保证在用汽车总能处于良好的技术状况，严格限制排气污染，关键是进行经常性、权威性的检测和及时、有效的维护。因此，吸收国外先进经验，加强我国汽车检测和维护管理制度建设已成当务之急。美国于20世纪80年代前后研究发展了I/M (inspection/maintenance，检测/维护) 制度体系。建立I/M制度的出发点是：城市中汽车尾气污染，主要来自那些“高排放”车辆 (指排放高于标准值10倍以上的车辆)。据统计，占汽车总数10%～15%的“高排放”车辆所排放的污染物，占了排放总量的50%～60%。为了加强对“高排放”车辆的排气控制，必须对在用车实行有效的监督、检查和及时维护，使车辆保持良好的技术状态，达到或接近出厂时的排放水平。为此建立了检测/维护站网和一套完整的监控、管理制度。为了改进检测效果，美国于20世纪80年代研究发展了适合在用车排放检测的加速模拟工况法（ASM方法）。在此基础上，美国国家环保局于1992年要求各州都要建立I/M制度体系。执行I/M制度后，对排放产生了显著的影响。例如美国科罗拉多州实行I/M制度后，CO的排放减少了59%。另外，据美国1992年对轻型车的统计，实行I/M制度后，车龄达24年的“高排放”车HC的排放已经减少到原来的20%左右。

目前，在北京和上海等大城市，正在吸收国外先进管理经验的基础上，研究和试验适合我国的I/M制度，建设权威性的I站（检测站）和M站（维修站），实施定期检查、强制维护和监控评价管理体系，并已经取得了良好的效果。例如，北京市自1999年1月1日起率先在国内实施欧洲I号标准，规定在北京市上牌的轿车必须采用电控燃油喷射和三元催化技术；对高排放在用车实行每季度检测一次，取得尾气排放合格证后才允许上路行驶。这一系列措施的执行，对改进汽车尾气排放起到很大的作用。据统计，北京市1998年底在用车路检合格率为40%，1999年底提高到68%，2000年9月已达到82%。

以上这些法律法规和管理制度，对保证我国在用汽车具有良好的技术状况，具有极其重要的意义。

第三节　汽车检测技术基础

汽车检测技术是以现代数学、电子技术、控制论、可靠性理论和系统工程学为理论基础的新学科，也是理论与实践知识紧密联系的一门课程。汽车检测技术是车辆实施“强制维护、定期检测、视情修理”方针的前提。检测包含着检验及测量两层意义。汽车检测主要是讲述汽车在不解体情况下，应用现代检测技术，检查车辆技术状况或工作能力的过程。

汽车检测技术要求有明确的参数、限值和检测手段，以及一定的理论基础。了解汽车技术状况变化的原因及规律；熟悉技术状况参数的选择原则；掌握测量误差产生的原因和消除方法、测量仪表的选择、测量数据修订规则和计算法则等知识。

一、汽车检测及汽车技术状况

（一）汽车检测技术与发展概况

汽车检测是在不解体条件下，借助仪器设备，在一定程度上定量地确定汽车技术状况或工作能力的检查。检测只判断状况或能力是否符合技术要求的规定，即合格或不合格，达到控制技术状况的目的。检测对象是汽车使用性能和可靠性，如动力性、燃料经济性、操纵稳定性、安全性、防止公害性、舒适性、外观和使用可靠性等。

汽车诊断是在检测的基础上，进一步查明故障部位、原因的检查。所谓故障是指汽车或总成部分完全丧失工作能力的现象。通过诊断及时采取措施，消除隐患或故障，保持和恢复汽车良好的技术状况或工作能力。

汽车检测技术是汽车诊断技术的基础。诊断含有检测的功能，因此，检测只是初步的检查，诊断是深入的检查。汽车作为组成单元多、结构复杂的系统，检测与诊断作业往往结合进行，称为检测诊断，在国外简称汽车诊断技术。

汽车检测诊断技术的发展，大致经历了三个阶段。

第一阶段：机械结构——单机人工操作。这个阶段检测仪器设备比较简单，测量精度也不高，但已从过去由人工凭实践经验定性检查，发展为相关性台架试验，它无论从时间、费用及检测数据可信性等方面都是一个质的飞跃。

第二阶段：机电一体化、计算机控制自动化、各项科学技术的进步，促使汽车性能检测项目更多，判断更快更准确。高精度传感器的应用，首先使检测单机向智能电脑化、功能全、操作维护方便和易于联机等方面发展。继而实现系统自动化和智能化。具有代表性的，一种是汽车安全性能计算机测控系统；另一种是国外较流行的汽车维修检测系统，不仅节省人力、时间，而且极大地提高了检测准确性和可靠性，也不需很高技术水平的熟练的技术工人。与检测技术发展的同时，各国在检测标准法规的制定上也逐渐取得一致。

第三阶段：车载自诊断系统及汽车故障专家系统。车载自诊断系统作为汽车结构的组成部分，利用安装在汽车各个部位的传感器，将汽车主要的技术状况经常地、自动地用声光信号、数字或图形信号向操作者显示，始终维持发动机和汽车在最佳的工况下运转。现阶段车载自诊断系统主要对液面、温度、压力、真空度、转速、转矩、功率、制动防抱死性能等 50 多个单项参数进行实时监控。但对系统综合性参数的诊断仍较困难，需要在车外检测设备上进行。今后随车诊断和车外诊断方式会并存发展，但车外检测诊断技术将是发展的主流。

我国的汽车检测诊断技术起步较晚但发展很快，从“六五”计划期间列为新技术重点项目推广至今，全国各大中城市已陆续、有计划地建立了汽车安全性能检测站或综合性能检测站，对在用车状况和维修车质量实行监督，藉以保持或恢复汽车使用性能和可靠性。

汽车技术状况的预测、故障模式的建立、故障机理的解析技术、诊断参数信息识别、高新传感技术的开发和应用，将是检测诊断技术发展的趋势。

(二) 技术状况变化原因及规律

汽车技术状况是指定量测得的表征汽车某一时刻外观和性能的参数值的总和。一辆汽车约由 8 000～9 000 种机械零件和电子元件组成，汽车随着行驶里程的增加，因零件磨损、腐蚀、疲劳、变形、老化和偶然性损伤等原因，引起技术状况变坏。这一变化与行驶里程间的关系称为技术状况变化规律、运用数理统计和可靠性理论分析汽车、总成和零件损坏率特性，它遵循“浴盆曲线”变化规律，如图 1-2 所示。曲线划分成 3 个阶段：

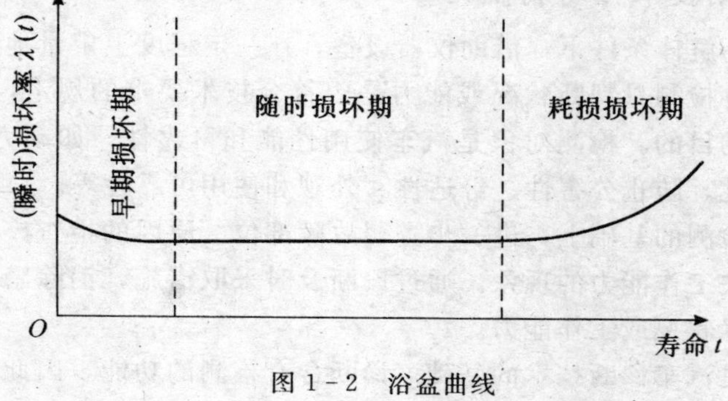

图 1-2 浴盆曲线

（1）早期损坏阶段。在使用初期，零件损坏率是行驶里程的减函数。技术状况变化的速率取决于零件设计质量、制造工艺水平和材料力学性能。

（2）随机损坏阶段。这阶段零件损坏率基本上是一个常数。所发生的损坏偶然性较大，并与零件所承受的负荷相关。

（3）耗损损坏阶段。零件经长时间使用，它的物理性能已下降，零件损坏率是行驶里程的增函数。零件的损坏多属老化、疲劳等性质。在这一阶段，及时对汽车进行检查、维护和调整是延缓零件耗损损坏的有效措施。

（三）技术状况参数

技术状况参数是评价汽车使用性能的物理量和化学量。汽车、总成和零件的技术状况是由各种参数表征的，确定参数的变化量和变化规律是检测诊断的基础。

技术状况参数分为结构参数和诊断参数两类。

1. 结构参数

结构参数是汽车静态下测得的物理量。它直接表征被测对象具体的状况或能力，如零件的几何形状、尺寸、表面粗糙度、金相组织、形状与位置误差以及配合关系等。

2. 诊断参数

诊断参数是供检测诊断用的、汽车在动态下测得的物理量。它间接表征被测对象的状况或能力，如功率、燃料消耗量、制动距离、异响和振动等。在工作状态下测得的诊断参数亦称工作过程参数，它与结构参数紧密相关，是被测对象的外部表征，全面地反映出被测对象总的状况和功能、质量等信息，是检测诊断的基本参数。少量的诊断参数伴随在工作过程中，称为伴生过程参数，如发热、噪声和振动等。它们间接地表征机构的状况，这些参数提供的信息狭窄但存在较普遍，常用于复杂机构的深入诊断。

无论是结构参数还是诊断参数，按参数的量值大小有标准值、许用值、极限值之分。标准值由机件功能或用途来确定，是设计和计算的原始数据，新的或大修竣工件应符合设计技术要求；许用值是组合件、机构或系统经维护调整后仍能正常工作的限界；极限值是使用极限尺寸。继续使用会导致使用性能下降和可靠性急剧恶化。测量值是检测诊断过程中实际获得的数据，测量值与上述各个量值相比较，即能得出检测诊断结论。为保证结论的可信性和可靠性，选择技术状况参数应符合以下原则：

（1）灵敏性。所选技术状况参数能表征状况微小的变化量，以提高检测诊断可靠性。

（2）单值性。参数变化量能直接表征变化过程是渐增型还是渐减型，即有稳定的变化规律。

（3）稳定性。在相同的检测条件下，参数应具有良好的重复性，即随机变化小。

（4）经济性。参数在测量中所需费用低、工艺性好，易于检测。

（5）信息性。参数所提供的信息准确，具有良好的可信性和可靠性。

总之，选择的技术状况参数应在一定的测量规范之内，否则，检测诊断过程便失去了意义。常用的汽车技术状况参数见表 1－1。

表 1-1　常用的汽车技术状况参数

类别	参数	计量单位
结构参数	磨损量	mm
	间隙	mm
	行程	mm
	车轮定位值	mm 或（°）
	车轮平衡量	g·mm
工作过程参数	发动机功率或驱动桥输出功率	kW
	燃料和润滑油消耗量	L/100km 或 g/100km
	气缸压缩压力	kPa 或 MPa
	气缸漏气量	kPa 或 MPa
	曲轴箱窜气量	L/min
	进气支管真空度	kPa
	润滑油介电常数（亦称电容率）	%
	点火（或供油）提前角（曲轴转角）	（°）
	触点闭合角（或重叠角）	（°）
	切向力和自由转动量	N 和（°）
	制动距离	m
	充分发出的制动减速度	m/s^2
	制动力	N
	侧滑量	m/km
	发光强度和光轴侧斜量	rd 和 mm
	废气成分和浓度	%，FSN
伴生过程参数	噪声	dB（A）
	振动	m/s^2 或 Hz
	温度	℃
	压力	kPa

二、常用工具及专用检测仪器

汽车检测技术是伴随着汽车技术的发展而发展的。在汽车发展的早期，人们主要是通过有经验的维修人员发现汽车的故障并作有针对性的修理。即过去人们常讲的“望（眼看）”、“闻（耳听）”、“切（手摸）”方式。随着现代科学技术的进步，特别是计算机技术的进步，汽车检测技术也飞速发展。目前人们能依靠各种先进的仪器设备，对汽车进行不解体检测，而且安全、迅速、可靠。

在检查及诊断电控汽油喷射发动机的故障时，需要借助一些工具及仪器、仪表，在使用这些工具及仪器、仪表之前，必须仔细阅读有关的使用说明书，详细了解其结构性能及使用注意事项，以便做到测量准确、诊断无误。

注意：发动机电子控制系统对电压很敏感，对其检查修理时必须特别小心，不可随意地实验与修理。下面介绍几种常用的工具及仪器、仪表。

（一）跨接线

跨接线只起一个旁通电的作用，检查线路是否短路或断路。例如，某一电气部件不工作，首先将跨接线连接在被查部件接线“－”端子与车身搭铁之间，若此时部件工作，说明其搭铁线路断路；如搭铁线路良好，将跨接线连接在蓄电池“＋”级与被测部件的“＋”之间，若此时部件工作，说明部件电源电路有故障（短路或断路）；如部件仍不工作，说明部件本身有故障，应予以更换。

使用跨接线检测时注意事项：

（1）用跨接线将电源电压加到被测部件之前，必须先确认被测部件的电源电压是否为12 V。若被测部件电源电压小于12 V，则加上12 V电压将导致其损坏。

（2）不可将跨接线错误地连接在被测部件“＋”端子与搭铁之间。

（二）测试灯

测试灯，也称测试笔，其主要作用是用来检查系统电源电路是否给电器部件供电，检查电气部件是否短路或断路。

注意：不可用测试灯检查发动机微机控制系统，除非维修手册中有特殊说明，方可进行。

1. 12 V测试灯

12 V测试灯由12 V测试灯、导线、搭铁夹、探针组成。

12 V测试灯主要用来检查系统电源电路是否给电气部件供电。检查时，将12 V测试灯一端搭铁，另一端接电气部件的电源接头。如灯亮，说明电气部件的电源电路无故障；如灯不亮，则故障在第一个接点与第二个接点之间，电路出现断路。如灯仍不亮，则再接第三个接点，直至灯亮为止。若故障出现在最后被测接点与上一个被测接点间的电路上，大多为断路故障。

2. 自带电源测试灯

自带电源测试灯与12 V测试灯基本相同，只是在手柄内加装两节1.5 V干电池。它主要用来检查电气电路是否短路或断路。

（1）断路检查。首先断开与电气部件相连接的电源电路，将测试灯一端搭铁，另一端连接电路各接点（从电路首端开始）。如灯不亮，则断路出现在被测点与搭铁之间；如灯亮，断路出现在在测点与下一个被测点之间。

（2）短路检查。首先断开电气部件的电源线和搭铁线，将测试灯一端搭铁，另一端与余下电气部分电路连接，如灯亮，表示短路故障（搭铁）存在，然后逐步将电路中连接器拔开、开关打开、拆除部件等，直至灯灭为止，则短路出现在最后开路部件与上一个开路部件之间。

（三）万用表

万用表可用来测量交流电压、直流电压、电流和导体电阻等。对维修技术人员来说，汽车修理中常用万用表来测量电阻、电压、电压降等，以判断电路的通断和电气设备的技术状况。

在电控汽油喷射发动机的电控系统中，很多检测的电路具有高电阻、低电压和低电流。因此，在对电控系统的检测中除维修手册中规定外，不能用指针式伏欧表，应该使用高阻表精度的数字式万用表，最少还要有 10 M 的内阻。

多一 DY2201 型数字汽车检修表如图，该表不仅可以检测交流电压、电流，直流电压、电流、电阻等，还具有其他的扩展功能：

(1) 检测发动机的转速、点火闭合角。

(2) 检测节气门位置传感器、氧传感器、空气流量计、进气温度传感器、水温传感器和发动机电脑接头动态电压信号。

(3) 检查各种电磁阀、继电器线圈、喷油器、点火线圈、水温传感器、进气温度传感器等的电阻。

(4) 测量怠速控制阀、分油盘差压阀、电扇电机等的电流。

(5) 检测喷油器的喷油时间、频率。

(6) 长时间不使用，会自动关机，避免电池过度消耗。

图 1-3 深圳市多一 DY2201 型数字汽车检修表

(四) 手提式真空泵

现代汽车上采用了许多真空控制系统，可以用手提式真空泵诊断和排除真空控制系统的故障。又称手持式真空测量仪。发动机电控系统中采用真空驱动的元件很多，所以它主要是用来抽真空的工具。一般带有显示真空度的真空表、各种连接软管和接头等附件，以适应对不同车型和不同真空驱动元件的检测。手提式真空泵有各种不同的形式，它主要由一个真空表和一个吸气筒组成。在检测时，被测件不需拆卸，可在车上对其检测，通过推拉手提式真空泵的手柄，施加给部件一个适当的真空度，即可确定部件上控制阀打开、关闭其真空度。当发动机运转时，进气歧管产生真空，真空控制系统的真空源大都利用进气歧管的真空，可以用真空源进行检测。

注意事项：

(1) 检查前将各真空软管连接好，防止因真空泄漏而导致测量结果失准。

(2) 检查时必须按规定对被检元件施加真空度，施加真空度过大会损坏被测元件。

(3) 检查完毕后，在拆开连接的真空软管前，应先释放真空度，否则将灰尘、湿气等吸入被检元件内，会造成不良后果。

三、测量误差及测量数据运算

（一）测量误差及分类

测量就是将被测量的量与具有计量单位的标准量进行比较，从而确定被测量的量值的实验过程。为使量值能够在一定准确度内重复实现，测量时除有一定的测量手段和方法外，还应有确定的计量单位。

任何测量过程，由于受到测量器具和测量条件的限制，所测得的量值不可能绝对准确，只能在一定程度上接近于它的真值。将被测量的测量值与被测量的真值之差称为测量误差。严格地讲，一个被测量的测量值，只有知道它的测量误差或指明误差的范围时，这种测量才有意义。既然一切测量结果都有误差，一般按误差表示方法和性质分为两类：

1. 按误差表示方法

按误差表示方法分为绝对误差、相对误差和引用误差。

(1) 绝对误差。绝对误差（δ）是指被测量的测量值（A）与被测量的真值（A_0）的差值。其关系式：

$$\delta=A-A_0$$

绝对误差是最普遍、最常见的误差。误差值可能为正，也可能为负，正负号取决于测量值的大小。绝对误差用同一单位量纲，反映出测量值对真值的偏离，常用于表示计量器具的准确度。

(2) 相对误差。相对误差（X）是指测量的绝对误差（δ）与被测量的真值（A_0）的比。其关系式：

$$X=\frac{\delta}{A_0}\times 100\%$$

相对误差是一个无量纲的值，用百分数表示。其正负符号取决于绝对误差。检测仪器技术性能常用相对误差标出。

(3) 引用误差。引用误差（Y）是指某示值误差（B）与检测范围上限（K）的比。它表明测量的绝对误差与检测仪表满量程的关系，其表达式为：

$$Y=\frac{B}{K}\times 100\%$$

引用误差是相对误差另外一种表达方式。使用引用误差的仪器，应注意选择量程挡位在高端。

2. 按误差性质

按误差性质分为系统误差，随机误差和粗大误差。

(1) 系统误差。系统误差是指偏离规定的测量条件和方法，形成一定规律的误差。它的存在直接影响测量值的正确程度。系统误差的产生有着确定的规律，误差的绝对值和符号是固定的，这类误差与测量次数无关，只能用修正和改变测量方法来消除。

(2) 随机误差。随机误差是指在实测条件下，多次测量同一被测量，绝对值和符号变化无确定规律可循的误差。它的存在只影响测量值的精密程度。这类误差无法进行修正，也不能完全消除，只能运用数理统计方法，估计误差对测量值的影响。

(3) 粗大误差。粗大误差是指在规定的测量条件下，由于操作者的过失造成超出预期结果的误差。它明显地歪曲了测量结果，应从测量数据中剔除。这类误差随着测量技术和装备的进步、自动化程度的提高而逐渐减少。

（二）测量误差对测量结果的影响

测量过程产生的系统误差和随机误差没有绝对的、明确的划分界限。如仪器和仪表刻度盘上的刻度误差，对制造者而言完全是随机的，因为刻度上究竟哪一条刻线会有误差，这是事前无法预料的，刻度误差就是随机误差。但对使用者而言，仪器仪表经检验后出厂，刻度误差再不会改变，它给被测对象带来的误差就是系统误差。

系统误差影响测量结果的正确度。即测量结果的正确与否，在很大程度上取决于系统误差的大小。

随机误差影响测量结果的精密度，即测量过程中测试数据的重复性。

系统误差和随机误差综合后影响测量结果的准确度。

图 1-4 为打靶示意图。图示圆圈表示靶心，黑点表示弹孔。图 1-4（a）表示，子弹虽未击中靶心，但都密集落于某一区域，说明打靶时精密度高、正确度差。比喻测量时随机误差小而系统误差大。图 1-4（b）表示，子弹击中靶心或落点在靶心周围，说明打靶时正确度高、精密度差。比喻测量时系统误差小而随机误差大。图 1-4（c）表示，子弹大部分击中靶心，其余子弹落在离靶心很近的较小区域内，即准确度高。

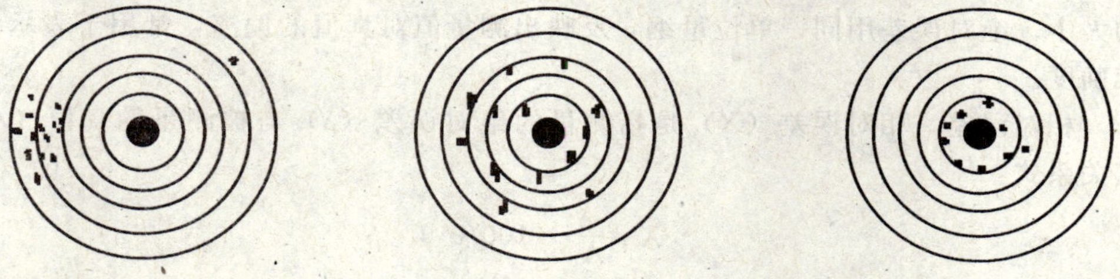

（a）精密度　　（b）正确度　　（c）准确度

图 1-4　打靶示意图

（三）测量误差来源及消除方法

在长期的测量实践中，人们发现系统误差的产生，一般与测量仪器和装置本身的精确程度有关，与测量者本身的状况和测量时外界条件有关。如量值传递过程，标准计量器具或基准本身不准确，引起仪器或工具误差；测量前仪器未调零位或零位调整欠准，引起零位误差；测量器具和设备未按技术要求放置，造成装置误差；测量时客观环境变化，引起环境误差；由测量方法和理论依据不完善，引起理论误差；以及操作人员某些生理缺陷，引起人员误差等。系统误差具有一定的规律，在某些情况下，能预先予以估计，采取有效的措施，减少甚至消除它对测量结果的影响。

1. 预先研究误差予以适当的更正

测量前，检查所用的仪器设备是否符合检定规程或规定，只有检定合格者方准使用；当标准计量器具固有误差不可忽略时，需按检定规程或规定确定更正值，在对测量结果处理时，应考虑更正值。必要时，综合各种影响因素，按校正公式、校正图表或曲线，计算或查出更正值，以备测量结果处理时使用。

2. 正确调校和使用仪器设备

正确调校和使用仪器设备，是消除系统误差的重要环节。测量前，应检查仪表精度等级、安装位置、零位调整、外部环境状况和观测位置等是否符合测量技术规范和仪器使用要求。在测量过程中，外界条件急剧变化时，应暂停测量，剔除相应的测量数据。

3. 采用特殊的测量方法

针对不同的测量对象，采用特殊的测量方法，减少或消除系统误差的影响。如替代法，是将被测量以等值的标准量替代，消除测量仪器引起的误差；换位抵消法，是通过适当的测量安排，对产生系统误差的因素，从相反的方向影响测量结果，从而抵消测量误差；正负误差补偿法，通过改变测量中某一条件，使系统误差值正、负交替，测量结果的平均值与系统误差无关。

随机误差产生的原因及变化规律，至今未能有效地进行控制。它是一些互不相关、无法预料的因素综合作用而影响测量结果，暂不能完全消除，只能按照数理统计规律，用增加测量次数的方法给予限制或减少。

（四）允许误差与测量误差的关系

误差存在于一切测量过程之中，为了提高测量精度，对被测对象所规定的允许误差范围简称为“允差”。允差常用绝对误差或相对误差，某一数值误差范围，大于、小于或等于某一数值，相对某数“＋”“－”“左”“右”“多”“少”等形式表示。测量结果应为测量值加上允许误差。

汽车检测一般都是进行一次测量，只得到一个测量值，这个测量值也是随机的。如何根据这一次测量结果判断被检对象是否合格呢？若测量值误差比允许误差小很多，判为合格是不会有争议的。若非常接近允差，或者多次测量值离散度较大又该怎样判断呢？只作一次测量时，测量值是随机的，但它处在这一物理量多次测量概率分布曲线误差范围内(极限情况可能是概率分布曲线上最边缘上的一个点，是出现概率极少的一个测量值，如再次进行测量，所得测量值极难与出现概率极少的测量值相吻合，而是出现在误差分布范围内的其他测量数据)，如取这个测量值加上误差分布范围，作为被测对象的判断依据，便提高了测量结果的可信程度。

从理论上讲，任何物理量的测量都不宜只进行一次，因为一次测量值有可能是粗大误差造成，故一般应作两次以上的测量。现行的汽车检测项目，包括汽车安全性能检测在内，一般认为它的测量精度要求不高，而所用的检测仪器设备精度又控制在5%以内，作一次测量判断也有一定道理，但对测量人员而言，应追求检测准确无误。

（五）测量数据的计算法则

测量数据是指测量人员借助某种手段和方法，对被测对象进行测量所获得的数据。在测量和计算时，正确地确定有效数字，也就是应该用几位数字表示测量和计算结果是非常重要的。初学者往往认为：在一个数值中，小数点后面的位数越多，这个数值就越准确；在计算时，保留的位数越多，计算结果准确度便越大。其实这两种想法都是错误的。第一种想法的错误，在于没有弄清小数点的位置并不能决定数值的准确度，它仅与所采用的计量单位有关；第二种想法的错误，在于不了解任何测量都存在着误差，计算结果的准确度必须与测量的准确度相一致，高于或低于测量所能达到的准确度都是错误的。对数字式显示仪表可读出全部显示数据，对指针式显示仪表，先读取最小分度内指针所示值，再在最小分度值后估读一位数。

正确确定有效数字在十进制计数制中从 1 至 9 所处的位置。从第一位数往左，除去最左边第一个非零数字前的零以外，所有的数字都是有效数字。有效数字的保留位数，应与测量误差相适应。在记录测量数据时，只保留一位欠准的数字。

1. 数字修约规则

在处理测量数据时，必然会遇到数字的舍入问题。国家标准 GB 1.1－97 规定，数字修约要点可用口诀表达：

四舍六入五不定；23.345→23.3（保留小数点后一位）

23.485→23.5

五后非零则零一；45.351→45.4

五后皆零看五前；

五前奇进偶舍去。32.350→32.4

12.450→12.4

测量数据运算时，当有效数字确定后，应按数字修约规则舍去其余的数字。

2. 测量数据加减法计算法则

加减法运算时，各数所保留的小数点后的位数，应与所给数中小数点后位数最少的相同，或者以小数点后位数少的为准，其余各数按数字修约规则，使小数点后的位数多一位。计算结果小数点后的位数应与最少的相同。如：

$$13.65 + 0.0082 + 1.633 = 13.65 + 0.01 + 1.63 = 15.29$$

或

$$13.65 + 0.0082 + 1.633 = 13.65 + 0.008 + 1.633 = 15.291 = 15.29$$

3. 测量数据乘除法计算法则

乘除法运算时，各因子保留的位数应以相对误差最大或有效数字位数最少的为准，所得的积和商准确度不能大于最小因子的准确度。如：

$$0.0121 \times 25.64 \times 1.05782$$

式中：0.0121 的相对误差 0.8%；

25.64 的相对误差为 0.04%；

1.05782 的相对误差为 0.00009%。

第一个数的相对误差最大，有效数字的位数最少，应以第一个数为准，由此而得：

$$0.0121 \times 25.6 \times 1.06 = 0.328$$

4. 测量数据平均值计算法则

测量数据算术平均值，若为 4 个数值或超过 4 个数值进行平均时，算术平均值的有效数字的位数可增加一位。如：

$$\frac{1}{4}\times(2.54+1.284+0.356+3.6789)=\frac{1}{4}\times(2.54+1.284+0.356+3.679)=1.965$$

[思考题]

1-1　解释何为汽车检测技术、汽车诊断技术、汽车技术状况、技术状况参数、技术状况变化规律、测量、测量误差、仪表精度等级。

1-2　汽车检测与汽车诊断的区别和联系是什么？

1-3　说明现代检测技术发展过程及各阶段的主要特点。

1-4　简述汽车技术状况变化的原因及规律。

1-5　简述技术状况参数的选择原则，并举例说明。

1-6　系统误差及随机误差的特点及对测量结果的影响有哪些？

1-7　说明系统误差的来源及消除方法。

1-8　为什么汽车检测项目允许一次测量？

1-9　举例说明测量数据的加减法、乘除法、算术平均值的计算法则。

第二章　汽车整车检测技术

汽车的检测首先是从整车性能参数检测开始的，当发现整车性能参数变化时，再进行汽车各个系统的深入检测。整车的性能参数直接反映整车的技术状况。

整车的检测内容包括很多，由于篇幅有限，本章主要介绍了整车的技术参数检测、车速表检测、整车侧滑检测及整车的密封性检测。

第一节　整车技术参数检测

一、外观检测

（一）外观检测的必要性

汽车在使用过程中，随着行驶里程的增加，有关零件将分别产生磨损、腐蚀、变形、老化或意外事故等损坏。其结果是不但其技术状况逐渐变坏，致使汽车的动力性下降，燃料经济性变差和工作可靠性降低，而且还会相继出现种种外观症状。有些外观症状，如车体不周正、车身和驾驶室的覆盖件开裂、油漆剥落和锈蚀等，将影响车容、市容；有些外观症状，如前后桥、传动轴、车架和悬挂等装置有明显的弯、扭、裂、断等损伤，传动轴连接螺栓松动，转向拉杆球销的磨损松旷等，将会直接影响行车安全。因此，车辆的外观检测是整车检测中的重要内容之一。

（二）外观检测的方法

随着近代科学技术的发展，人们开始应用仪器设备进行车辆性能检测和诊断。但是，车辆的某些故障，特别是车辆外部的故障，使用任何仪器和设备进行检测都不尽完善。例如车辆外部损伤，漏水、漏气、渗油，螺栓和铆钉松动、脱落等，仍需依靠检测人员的技能和驾驶，用感观法以及简单的检测器具进行定性的、直观的检测。

（三）外观的仪具检测

外观检测项目可分为两大类，一类检测项目可用直观检测法检测；对于作了量的规定的一类项目则需采用仪器设备和客观检测方法作定量分析。

送检车辆在进行外观检测之前，一般都要进行外部清洗，为此检测站应配备清洗和吹干设备。

外观检测项目中，需在底盘下面进行的项目，最好在设有检测地沟及千斤顶或汽车举升器的工位上进行。

（四）整车外观检测的项目

1. 车辆标志

车辆标志包括车辆的商标、铭牌、发动机型号和出厂编号、底盘型号及出厂编号。车辆的商标（或厂牌）、型号标记必须装设在车身前部的外表面上。车辆必须装置车辆铭牌。铭牌应置于车辆前部易于观看之处，客车铭牌应置于车内前乘客门的上方。车辆的铭牌应标明厂牌，型号，发动机功率，总质量，载质量或载客人数，出厂编号，出厂年、月、日及厂名等。

发动机的型号和出厂编号应打印在发动机气缸体侧平面上。字体为二号印刷字，型号在前，出厂编号的两端打上星号（☆）。

底盘的型号和出厂编号应打印在金属车架易见部位，字体为一号印刷字，型号在前，出厂编号在后，在出厂编号的两端打上星号（☆）。

2. 漏水检查

在发动机运转及停车时，水箱、水泵、缸体、缸盖、暖风装置及所有连接部位均不得有明显渗漏水现象。

3. 漏油检查

机动车连续行驶距离不小于 10 km ，停车 5 min 后观察，不得有明显渗漏油现象。

4. 车体周正的检测

《技术条件》规定：车体应周正，左右对称，部位高度差不大于 40 mm。

将送检车辆停放在外观检视工位。首先目测检查，观察是否有严重的横向或纵向歪斜等现象，再用高度尺（或钢卷尺）、水平尺检测是否超过规定值。同时检查车架和车身是否变形，悬架是否断裂或刚度下降，轮胎搭配及气压是否正常等。如果有异常，即使车体歪斜未超过规定值，亦应予以排除。否则，歪斜会越来越严重，引起操纵不稳、行驶跑偏、重心转移、轮胎磨损加剧等弊病。

二、结构参数检测

车辆结构参数主要包括车辆外廓尺寸、轴距、轮距、前悬、后悬、驾驶室内部尺寸以及人机工程参数等。

（一）主要结构参数的定义

1. 汽车的外廓尺寸

汽车的外廓尺寸是指车辆的长度、宽度及高度。车辆外廓尺寸不得超过或小于规定的外廓尺寸限界。

车辆的长度系指垂直于车辆的纵向对称平面并分别抵靠在汽车前、后最外端突出部位的两垂面之间的距离。如图 2－1 所示。

车辆的宽度系指平行于车辆纵向对称平面并分别抵靠车辆两侧固定突出部位（除去后视镜、侧面标志灯、示位灯、转向信号灯、挠性挡泥板、折叠式踏板、防滑链以及轮胎与地面接触部分的变形）的两平面之间的距离。如图 2－2 所示。

车辆的高度系指在车辆无装载质量时，车辆支承水平地面与车辆最高突出部位相抵靠的水平面之间的距离。车辆的所有固定部件均包含在此两平面内。如图 2－3 所示。汽车的长、宽、高是根据汽车的用途、道路条件、吨位（或载客量）及结构布置等因素而确定的。为了使汽车的外廓尺寸适合于本国的公路、桥梁、涵洞和公路运输的标准及保证行驶的安全性，各国对公路运输车辆的外廓尺寸均有法规限制。

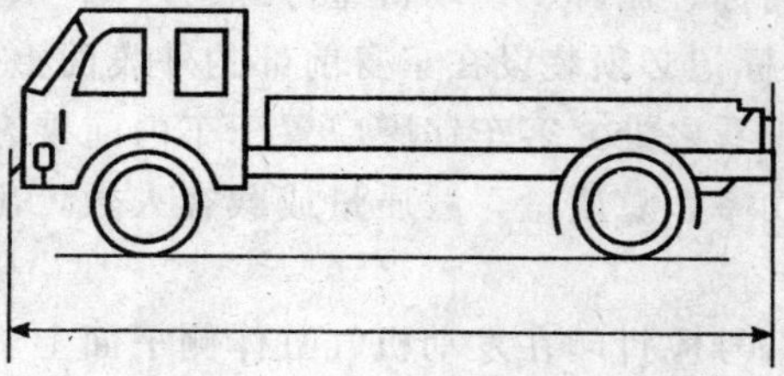

图 2-1　车辆长度示意图

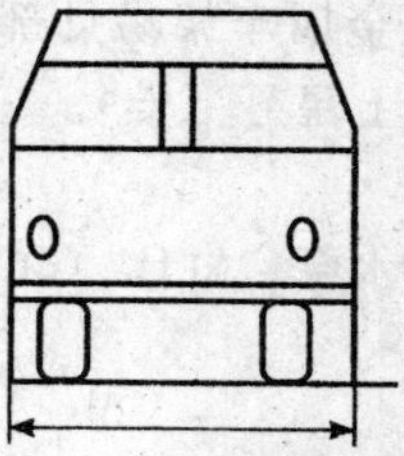

图 2-2　车辆宽度示意图

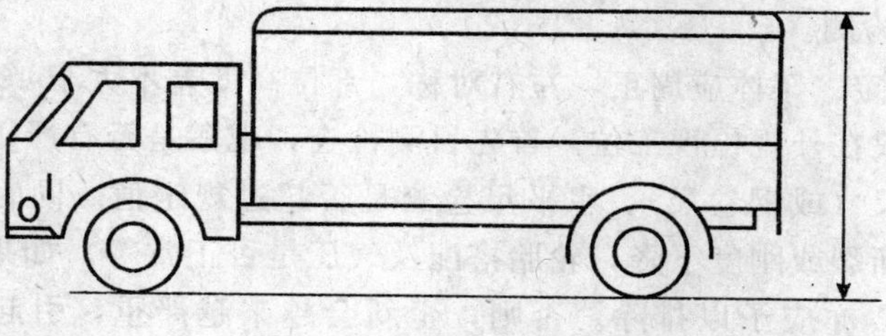

图 2-3　车辆高度示意图

我国对汽车的外廓尺寸限界规定如下：

车辆高≤4 m；车辆宽≤2.5 m；车辆长：货车、越野车≤12 m，客车≤12 m，铰接式客车≤18 m，半挂汽车列车≤16.5 m，全挂汽车列车≤20 m。

2. 汽车的轴距

汽车的轴距是指汽车在直线行驶位置时，同侧相邻两轴的车轮落地中心点到车辆纵向对称平面的两条垂线间的距离。

3. 汽车的轮距

汽车的轮距是指在支承平面上，同轴左右车轮两轨迹中心间的距离（轴两端为双轮时，为左右两条双轨迹的中线间的距离）。

4. 汽车的前悬

通过两前轮中心的垂面与抵靠在车辆最前端（包括前拖钩、车牌及任何固定在车辆前部的刚性部件）并垂直于车辆纵向对称平面的垂面之间的距离。

5. 汽车的后悬

通过车辆最后端车轮的轴线的垂面与抵靠在车辆最后端（包括牵引装置、车牌及固定在车辆后部的任何刚性部件）并垂直于车辆纵向对称平面的垂面之间的距离。如图 2-4 所示。

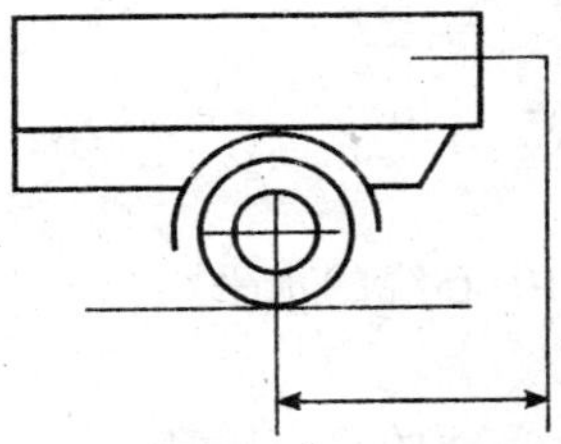

图 2-4　汽车的后悬示意图

后悬的长度取决于货厢的长度、轴距和轴荷分配情况，同时要保证车辆具有适当的离去角。一般地说，后悬不宜过长，否则上下坡时容易刮地；车辆转弯时，车辆通道宽度过大，容易引起交通事故。在《技术条件》中规定：客车及封闭式车厢的车辆，其后悬不得超过轴距的 65％，最大不得超过 3.5 m。其他车辆的后悬不得超过轴距的 55％。对于三轴车辆，若二、三轴为双后桥，其轴距以第一轴至双后桥中心线的距离计；若一、二轴为双转向桥，其轴距以一、三轴的轴距计。

（二）检测方法

测量前，需将车摆正，放在水平干燥的柏油或水泥路面上，将车辆的外廓尺寸投影在地面上（或垂直墙壁上）进行测量，或直接测量车辆的外廓尺寸、内部尺寸及人机工程参数，所用仪器是皮卷尺、2 寸以上钢板直尺、铅锤、粉笔等。检测计量单位均采用毫米。

三、质量与质心参数的测定

汽车质量参数主要包括：整车干质量、整车整备质量、总质量、装载质量、轴载质量等。质心位置参数主要包括：车辆质心水平位置、质心高度等。

（一）质量与质心参数的定义

1. 整车干质量

整车干质量是指装备有车身、全部电气设备和车辆正常行驶所需要的辅助设备的完整车辆的质量（不包括燃料和冷却液质量）与选装装置（包括：固定的或可拆装的铰接侧栏板、篷杆、防水篷布及系环、机械的或已加注油液的液力举升装置、连接装置等）质量之和。

2. 整车整备质量

整车整备质量是指整车干质量、冷却液质量、燃料（不少于整个油箱容量的 90％）质量与随车件（包括备用车轮、灭火器、标准备件、三角垫木和随车工具等）质量之和。

3. 装载质量

装载质量是指货运质量与客运质量之和。最大货运质量与最大客运质量之和称为最大装载质量。

4. 总质量

总质量是指整车整备质量与装载质量之和，整车整备质量与最大装载质量之和称为最大总质量。

5. 轴载质量

轴载质量可分为厂定最大轴载质量和允许最大轴载质量。前者是指制造厂考虑到材料强度、轮胎的承载能力等因素而核定出的轴载质量；后者是指车辆管理部门根据使用条件而规定的轴载质量。

6. 质心位置参数

(1) 质心水平位置

质心水平位置是指质心距前轴中心线的水平距离 a 和质心距后轴中心线的水平距离 b。

(2) 质心高度

质心高度是指质心距车辆支承平面的垂直距离 h。

(二) 质量与质心参数测定方法

1. 质量参数测定方法

车辆先从一个方向驶上秤台依次测量前轴、后轴质量。当台面较大时，可依次测量前轴、整车和后轴质量。然后，车辆调头从反方向驶上秤台按上述程序重复测量前述几个参数。以两次平均值作为测量结果。为保证测量精度，秤台入口地面应与台面保持同一水平面。测量时，车辆要停稳、发动机熄火、变速器置于空挡、制动器放松、不允许用三角木顶车轮。货厢内的载荷物装载应均匀、驾驶员和乘客座椅上放置 65 kg 的砂袋代替乘员质量。

2. 质心参数测定方法

(1) 质心水平位置测定方法

根据前面测定的轴载质量和轴距，按下式计算出汽车质心离前轴或后轴中心线距离。

$$a=\frac{m_2 \cdot L}{m_1+m_2} \tag{2-1}$$

$$b=\frac{m_1 \cdot L}{m_1+m_2} \tag{2-2}$$

式中：L——轴距，mm；

a，b——车辆质心至前轴、后轴中心线距离，mm；

m_1，m_2——前轴、后轴轴载质量，kg。

(2) 质心高度测定方法

车辆质心高度测定方法，包括摇摆法和质量反应法。

①摇摆法

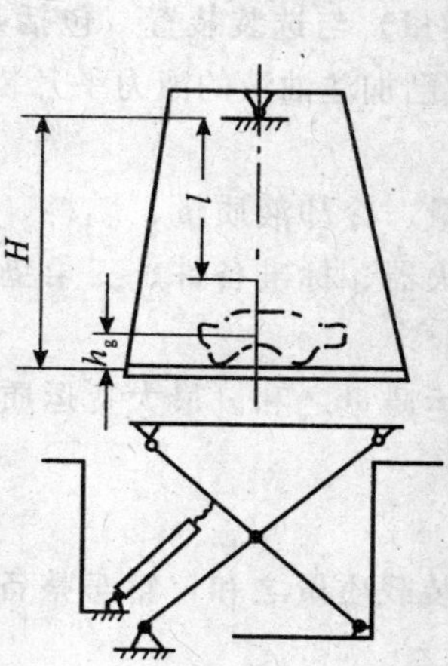

图 2－5 摇摆法测汽车质心高度装置图

试验装置如图 2-5 所示，图中 l 为平台框架自身重心至刀口距离；h_g 为汽车质心离度；H 为平台台面至试验台刀口的距离。

将车辆开上试验台的举升平台，使车辆纵向质心对准平台中心线，其偏差应不大于 5 mm。车辆停稳后拉紧驻车制动器，并在前后轮胎外缘处卡紧三角木，以防止车轮滚动或晃动。举升平台、挂上四条长摆的钢链、降下举升托架，此时停放有被测车辆的平面摆架应处于水平位置，无明显倾角，否则应重新对准车辆质心与平面中心线的位置。

摆动平台摆架使之在1°范围内摆振，待摆振稳定后，连续测量 10 个周期的长摆摆振时间，试验进行三次，各次的单摆周期的平均值之差应小于万分之五秒。长摆测定后，再次举升托架，使平台摆架升高至设计规定的短摆高度，挂上四条短摆钢链，重复上述操作，测定短摆摆振周期。最后，举升平台托架，卸下钢链，降下平台至地平面，试验结束。根据测定的试验数据先分别计算长、短摆摆振周期的平均值，即：

$$T_1 = \sum_{i=1}^{3} T_{10}/30 \qquad (2-3)$$

$$T_2 = \sum_{i=1}^{3} T_{20}/30 \qquad (2-4)$$

式中：T_1，T_2——长、短摆周期的均值，s；

T_{10}，T_{20}——长、短摆 10 个周期的摆振时间，s。

车辆质心高度 h_g 按下式计算：

$$h_g = \frac{B-A}{C} \qquad (2-5)$$

其中：

$$A = 4\pi^2 \left[J_1 - J_2 + (H_1^2 + H_2^2)\frac{m}{g}\right]$$

$$B = T_1^2 (m_0 l_1 + mH_1) - T_2^2 (m_0 l_2 + mH_2)$$

$$C = m(T_1 - T_2) 8\pi^2 \frac{m}{g} (H_1 - H_2)$$

式中：J_1，J_2——试验台长、短摆平台框架绕试验台刀口的转动惯量，kg·mm·s²；

l_1，l_2——试验台长、短摆平台框架自身质心至刀口距离，mm；

m_0——平台框架自身总质量，kg；

m——被测车辆总质量，kg；

g——重力加速度，m/s²；

H_1，H_2——试验台长、短摆平台台面至试验台刀口的距离，mm。

汽车绕自身质心横轴的转动惯量用下式计算：

$$J_0 = \frac{D-E}{10^3}$$

其中：J_0——汽车绕自身质心横轴转动惯量，kg·mm·s²；

$$D = \frac{T_1^2}{4\pi^2}\left[m_0 l_1 + m(H_1 + h_g)\right]$$

$$E = J + \frac{m}{g}(H_1 + H_g)$$

②质量反应法

测试前将悬架弹簧按空载状态下卡紧锁死。首先，在水平状态下测量轴载质量等有关参数，将后轴放置于已调整好的秤台上，前轴停放在另一秤台的支承物上，并保持在同一水平面，称出后轴载质量 m_2。以同样方法称出前轴载质量 m_1。分别沿通过前轴和后轴中心的垂线，在车身上左、右各标一记号点（以下简称前后轴左右记号点），测量其高度，计算出前后轴的左右记号点垂直高度的平均值 h_1，h_2。测量各车轮的静负荷半径 r_1。然后，使车辆保持在某一纵向倾角状态下，测量轴载质量等有关参数。抬高汽车前轴使其纵向倾角分别为 16°，18°，20°，测量每次抬高到规定角度时后轴载质量 m_2^a。分别测量每次抬高到规定角度时左右记号点离地高度，计算出前后轴左右记号点的垂直高度的平均值 h_1^a，h_2^a。

根据测得的试验数据，先按下式计算车轮静负荷半径：

$$r_s = \sum_{i=1}^{N} r_1 / N \tag{2-6}$$

式中：r_s——汽车车轮静负荷半径，mm；

N——该车车轮总数。

后轴轴载质量增量按下式计算：

$$\Delta m_2 = m_2^a - m_2 \tag{2-7}$$

式中：Δm_2——后轴载质量增量，kg。

左右记号点离地高度增量的平均绝对值之和按下式计算：

$$\begin{aligned} \Delta h_1^a &= h_1^a - h_1 \\ \Delta h_2^a &= h_2^a - h_2 \\ \Delta h^a &= |\Delta h_1^a| + |\Delta h_2^a| \end{aligned} \tag{2-8}$$

式中：Δh^a——汽车在某一纵向倾角时，左右记号点垂直位移增量均值绝对值之和，mm；

Δh_1^a，Δh_2^a——汽车在某一纵向倾角时，前后轴左右记号点垂直位移增量均值，mm。

最后，根据上述计算结果，按下式计算出汽车质心高度：

$$h_g^a = r_s + \frac{\Delta m_2^a \cdot L}{m_0} \sqrt{\left(\frac{L}{\Delta h^a}\right) - 1} \tag{2-9}$$

$$h_g = \sum_{i=1}^{3} h_g^a / 3 \tag{2-10}$$

式中：h_g——汽车质心高度，mm；

h_g^a——汽车在某一纵向倾角时的质心高度，mm。

四、通过性参数的检测

通过性参数主要包括：最小离地间隙、接近角、离去角、纵向通过角、转弯直径和转弯通道圆等。

（一）通过性参数的定义

1．最小离地间隙

最小离地间隙指车辆支承平面与车辆上中间区域内最低点之间的距离。中间区域为平行于车辆纵向对称平面且与其等距离的两平面之间所包含的部分，两平面之间的距离为同一轴上两端车轮内缘最小距离的 80%。

2. 接近角

接近角指水平面与切于前轮胎外缘（静载）的平面之间的最大夹角。前轴前面任何固定在车辆上的刚性部件不得在此平面下方。

3. 离去角

离去角指水平面与切于车辆最后轮轮胎外缘（静载）的平面之间的最大夹角。位于最后车轴后面的任何固定在车辆上的刚性部位不得在此平面的下方。

4. 纵向通过角

纵向通过角指当分别切于静载车辆前后轮胎外缘且垂直于车辆纵向对称平面的两平面交于车体下部较低部位时，车轮外缘两切面之间所夹的最小锐角。

5. 转弯直径

转弯直径指内、外转向轮（方向盘转到极限位置）的中心平面在车辆支承平面上的轨迹圆直径。

6. 转弯通道圆

转弯通道圆（方向盘转到极限位置）为如下两个内外圆：

(1) 车轮所有点在车辆支承平面上的投影均位于圆外的最大内圆。

(2) 包含车辆所有点在车辆支承平面上的投影的最小外圆。

（二）通过性参数的测量方法

1. 测量条件

(1) 测量场地应具有水平坚硬覆盖层的支承表面，其大小应允许汽车作全圆周行驶。

(2) 汽车转向轮应以直线前进状态置于测量场地上。

(3) 汽车轮胎气压应符合设计要求。

(4) 汽车前轮最大转角应符合该车的技术条件规定。

2. 测量仪器、设备

(1) 高度尺：量程 0～1 000 mm，最小刻度 0.5 mm。

(2) 离地间隙仪：量程 0～500 mm，最小刻度 0.5 mm。

(3) 角度尺：量程 0°～180°，最小刻度 1°。

(4) 钢卷尺：量程 0～20 m，最小刻度 1 mm。

(5) 行驶轨迹显示装置。

(6) 水平仪。

3. 测量部位及载荷状况

(1) 接近角、离去角、纵向通过角的测量部位按 GB 3730.3 的规定，测量的载荷状况为空车和满载两种状况。

(2) 最小离地间隙的测量部位：测量支承平面与车辆中间部分最低点的距离且指明最低点部件。测量的载荷状况为满载。

(3) 汽车转弯直径的测定方法：①在前外轮和后轮胎面中心的上方，在车体离转向中心最远点和最近点垂直地面方向，分别装置行驶轨迹显示装置；②汽车以低速行驶，方向盘转到极限位置，保持不动，待车速稳定后起动显示装置，使各测点分别在地面上显示出封闭的运动轨迹之后，将车开出轨迹外；③用钢卷尺测量各测点在地面上形成的轨迹圆直径，应在互相垂直的两个方向测量，取算术平均值作为测试结果。汽车向左转和向右转各测定一次。

五、稳定性参数的检测

汽车的静态横向稳定性是汽车设计和结构布置是否合理的重要方面，也是安全检验的重要内容之一。

一辆停放在坡度角为 α 的坡道上的汽车，其受力情况如图 2－6。汽车在横向坡道上停放，随着 α 角的增大，Z_1 减小，Z_2 增大。

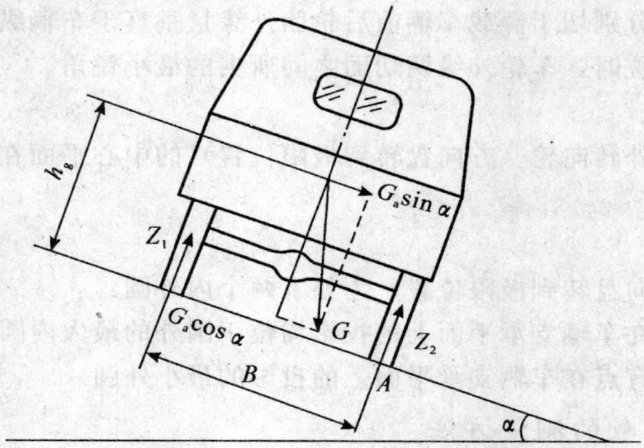

图 2－6　汽车静态在横向坡道上的受力图

当车辆处于横向侧翻的临界角度 α_0 时：

$$Z_1 = 0$$

此时对 A 点取矩，则有：

$$G_a \cos\alpha_0 \frac{1}{2} B = G_a \sin\alpha_0 h_g$$

整理后得：

$$\tan\alpha_0 = \frac{B}{2h_g}$$

从上面推导出的公式可以看出，当轮距一定时，汽车横向侧翻的临界角度 α_0 与汽车的轮距和质心高度有关。即汽车的静态横向稳定性是汽车设计和结构布置合理性的重要特性之一。它将影响汽车运行中的横向稳定性，所以要求进行这方面的检验。

我国《机动车运行安全技术条件》规定，汽车在空载、静态情况下，向左侧和右侧倾斜如下角度，不得翻车：汽车（被牵引的车辆除外）：≤35°；总质量为车辆装备质量的 1.2 倍以下的车辆：≤30°。

检验汽车静态横向稳定性可以在汽车倾斜试验台上进行。

将汽车驶上倾斜试验台，使汽车的纵向中心线平行于倾斜试验台转轴的中心线。将汽车制动，用绳索在汽车将出现滑移或翻倒的反方向上拴住，但绳索上不应预先施加拉力。此后，将试验台缓慢而稳定地倾斜，当倾斜角达到规定的值时，车辆不翻倒为合格。如若测取某车辆的最大横向稳定角时，则将倾斜试验台继续缓慢而稳定地倾斜，当汽车出现侧滑或翻转时，即刻从试验倾斜角度指示盘上记下读数值。如此进行，左右倾斜各 2～3 次，取其平均值。日本产 TA－2001 型倾斜角度试验台，最大倾斜角度为 45°；最大荷重20 t；

动作时间：上升至 45°为 240 s，下降至 0°为 100 s；台盘尺寸：3 m×9 m；电源为 AC200ZV，采用 3.7 kW 的电机为动力。

第二节　汽车车速表的检测

汽车在行驶过程中，驾驶员必须按照车速表来控制车速，为此，车速表本身一定要准确可靠。车速表经长期使用，由于驱动其工作的传动齿轮、软轴及车速表本身技术状况的变化以及因轮胎磨损使驱动车轮滚动半径的变化，车速表指示误差会愈来愈大。如果车速表的指示误差过大，驾驶员就难以正确控制车速，并且极易因判断失误而造成交通事故。为确保车速表的指示精度，必须适时对车速表进行检测、校正。

一、车速表及车速表指示误差的测量方法

车速表是以车轮为动力来驱动的，通过与车轮转速成一定速比的转轴和软轴机构来指示汽车车速。该机构的转速信号，对于前置式发动机的汽车一般取自汽车的变速箱；对于后置式发动机的汽车信号取自汽车的前轮。

车速表所指示车速与实际汽车行驶车速值的误差可用试验模拟测出，如图 2-7 所示，即将被测汽车的车轮置于车速试验台的滚筒上使之转动，来模拟汽车在道路上行驶的实际状态进行测量。滚筒的线速度可用下式求出：

$$V = Ln \times 60 \times 10^{-6}$$

式中：V——滚筒的线速度，km/h；

L——滚筒的圆周长，mm；

n——滚筒的转速，r/min。

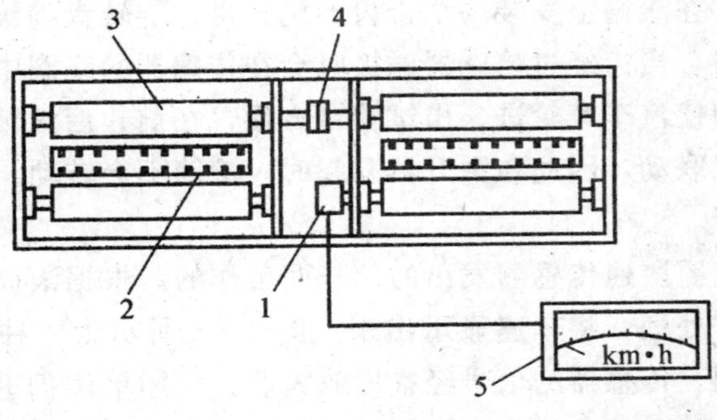

1—测速发电机；2—举升器；3—滚筒；4—联轴器；5—速度表指示仪表

图 2-7　标准型车速表试验台

用速度传感器将滚筒转速转换成电信号，将电信号送到试验台指示仪表上，并显示出滚筒的线速度，该速度值就是汽车的真正车速，把该值与车速表指示的车速值进行比较，即可测出车速表的指示误差。

GB 7258-87《机动车运行安全技术条件》规定：车速表允许误差范围为+15%～-10%。即当实际车速为 40 km/h 时，车速表指示值应在 36～46 km/h 之间。用试验台

检测时，当速度表指示值为 40 km/h 时，设试验台的测试值为 x，则：

$$x+0.15x=40,\ x=34.8\ (\mathrm{km/h})$$

$$x-0.1x=40,\ x=44.4\ (\mathrm{km/h})$$

即：汽车速度表指示值为 40 km/h 时，试验台测试值在 34.8～44.4 km/h 范围内，车速表为合格。

二、车速表试验台构造

车速表试验台可分为标准型和驱动型两类。标准型车速表试验台的本身不带驱动装置，它的滚筒由被检汽车的驱动轮带动旋转，进行速度测量。

驱动型车速表试验台的本身带有驱动装置，用滚筒带动车轮旋转，进行速度的测量。车速表试验台由速度检测装置、速度指示装置和速度报警装置等组成。

1. 标准型速度试验台

(1) 速度检测装置

如图 2-8 所示，速度检测装置主要由滚筒、速度传感器、联轴器和举升器等组成。

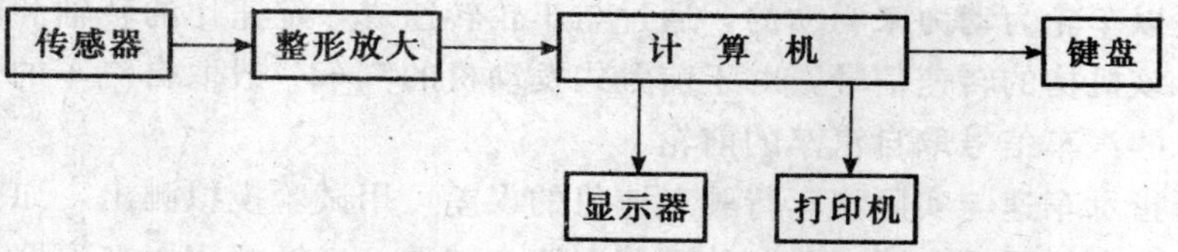

图 2-8　速度指示装置工作原理图

滚筒常为四个（也有两个），直径为 185 mm 或 370 mm，通过轴承安装在试验台的框架上。为防止汽车差速器齿轮的滑动，四个滚筒结构中的两个前滚筒，用万向节联轴器或普通联轴器左右连在一起。速度传感器常用测速发电机或磁电传感器等。用测速发电机作为传感器时，将它装在滚筒的一端，把对应于滚筒转速所产生的电信号送至速度指示装置；用磁电传感器时，在滚筒上安装一个带齿的旋转盘，旋转盘随滚筒一起旋转，而传感器不动，旋转盘转动时，当齿经过传感器磁极时会在传感器的线圈中产生出一个脉冲信号送给速度指示装置。为使汽车车轮进、出试验台方便，在前、后滚筒间设有举升器。由于举升器和滚筒固定装置联动，因此在举升器升起时，滚筒不会转动。

(2) 速度指示装置

速度指示装置是按照测速传感器发出的信号而工作的。根据滚筒外圆周长尺寸与转速算出线速度，通过信号处理，将车速显示出来。图 2-8 所示为一种国产速度表试验台速度指示装置工作原理图。传感器的信号经整形放大后，采用单片机进行全数字化采集和处理，具有对检测结果进行存储、打印和数字显示的功能。

(3) 速度报警装置

为了在测量时便于判明车速表是否合格而设置的。譬如在指示装置上 36～46 km/h 的范围涂成绿色区域，在低于 36 km/h 和高于 46 km/h 的范围涂成红色区域，或在超过绿色区域就有报警灯或蜂鸣器等。

2. 驱动型车速表试验台

驱动型车速表试验台是为检测车速表由从动轮驱动的汽车而设计生产的。它的基本结构与标准型试验台相同，仅是在滚筒的一端安装一台电动机，用以驱动滚筒转动，通过滚筒带动车轮转动。

驱动型车速表试验台的滚筒和电动机间一般装有离合器。如离合器将电动机和滚筒脱开，即和标准型试验台具有同样的功能。

三、车速表试验台的使用方法

1. 测量前的准备

汽车轮胎气压应符合规定值；除掉轮胎上粘的水、油或花纹沟槽内的小石头等。

2. 测量步骤

(1) 接通试验台电源。

(2) 升起举升器。

(3) 将被测车辆输出车速信号的车轮尽可能地与滚筒垂直停放在试验台上。

(4) 将举升器落下，并确保滚筒与举升器分开。

(5) 为使被测车辆在测量时不至从试验台上驶出，把三角木挡块抵在不测试车轮前。

(6) 对于标准型试验台，汽车在试验台上停稳后，开动发动机使车轮平稳的运转；驱动型试验台，合上试验台离合器，使滚筒与电机接合，接通电机电源，带动车轮转动。在车轮运转过程中，一边看车速表指示值，一边提高车速，当速度表指示值为测定速度（40 km/h）时读取试验台的测量值。

(7) 检测完后，轻踩制动踏板，使滚筒停止转动。对于驱动型车速表试验台，必须先切断电动机的电源，然后再踩制动踏板。

(8) 升起举升器，去掉车轮挡块，缓缓地将汽车开出。

(9) 如果不再测量，应切断试验台电源。

第三节 转向轮侧滑的检测

就一般意义而言，侧滑是指车轮胎面在前进过程中的横向滑移现象。造成侧滑的原因，既可能是由车轮定位（即车轮各个角度参数）不合适所引起，也可能是由于紧急制动时地面附着力的变化所造成。本节主要介绍转向轮侧滑的检测。

一、侧滑量与车轮定位的关系

侧滑量的大小与前束和车轮外倾角是否匹配有关。检测汽车转向轮的侧滑量，可以判断前束与车轮外倾角是否匹配恰当。

转向轮外倾角的作用是提高转向轮的安全性，并使转向操纵轻便。但仅有车轮外倾角时，滚动的车轮由于刚性转向桥的限制，会出现向内滑动的现象。如图 2-9（a）所示，若在车轮下放置可以左右自由滑动的滑板，当汽车前进（或后退）通过滑板时，滑板会向内滑动。反之，如图 2-9（b）所示，若仅有前束，车轮前进通过滑板时，由于转向桥的限制，滑板会向外滑动。但若没有前束，而车轮后退通过滑板时，滑板会向内滑动（此时相当于具有负前束的车辆前进通过滑板时的情况)。

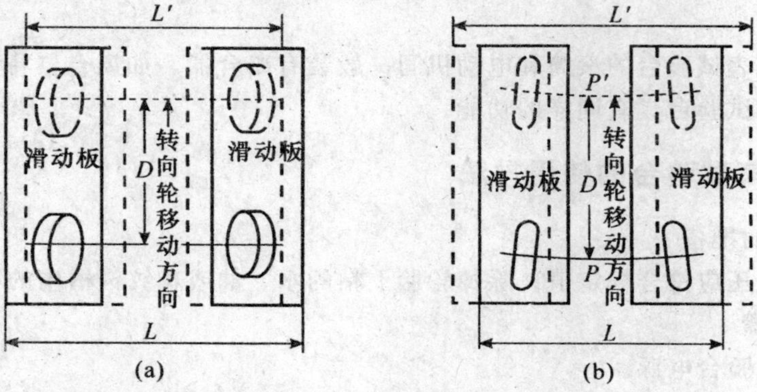

(a) 外倾角引起的侧滑　　　　(b) 前束引起的侧滑

图 2-9　车轮外倾角和前束引起侧滑板的侧滑

显然,车轮外倾角和前束匹配恰当,则车轮滚动时就没有向内或向外的滑动现象。因此,通过检测侧滑量,即可检查出车轮外倾角与前束是否匹配恰当。若滑板向内滑动,说明车轮外倾角过大(或前束过小或为负前束);若滑板向外滑动,则前束过大(或车轮外倾角过小或车轮内倾)。

检测转向轮的横向侧滑量或侧滑力可以分析车轮定位各参数之间的匹配关系,目前多是在滑板式试验台上检测转向轮的横向侧滑量。这里的“侧滑”不是汽车转弯行驶由于离心力的作用使整个汽车向外的滑动,也不是制动时车身的左右滑动,而是由于前束和车轮外倾角配合不恰当,使汽车正常行驶时转向轮轮胎除滚动外还有向内或向外滑动的状态。侧滑量过大,会使汽车操纵稳定性变坏,轮胎磨损加剧,燃料消耗量增加。

二、侧滑试验台的结构

检测转向轮侧滑量应使用侧滑试验台。侧滑试验台可分为单滑板式和双滑板式。汽车在单滑板式试验台上检测时,只有一侧的转向轮从滑板上驶过;在双滑板式试验台上检测时,左右转向轮分别从试验台的左右滑板上通过。双滑板式侧滑试验台的两个滑板是联动的,即可以同时向内滑动或同时向外滑动。目前,双滑板式试验台使用较多。

双滑板式侧滑试验台主要由机械部分、测量装置、指示装置等组成,如图 2-10 所示。

试验台的机械部分包括框架、左右滑动板、联动杠杆机构、滚轮及滑道、回位弹簧等。左右滑动板支撑在滚轮上,可以左右自由滑动;联动杠杆机构限制滑板只能同时向内或向外滑动;当车轮驶离滑板后,在回位弹簧的作用下滑板可恢复到检测前的初始位置。测量装置是指位移传感器,可以把滑板的位移量转换为电信号,位移传感器可分为电位计式、差动变压器式、机械式和电气式等几种。差动变压器式位移传感器的结构由初级线圈、铁芯和次级线圈等组成。工作时在初级线圈通入交流电后,其次级线圈即感应输出电压信号,滑动板移动时引起铁芯的移动,从而使线圈互感系数变化,此时次级线圈的输出电压也相应随之变化。

指示装置即指示仪表部分,有指针式和数字显示两种。侧滑量的显示单位为 m/km,即汽车每行驶 1 km 时转向轮的侧滑量。指示仪表还能指示出侧滑方向,若指向“OUT”

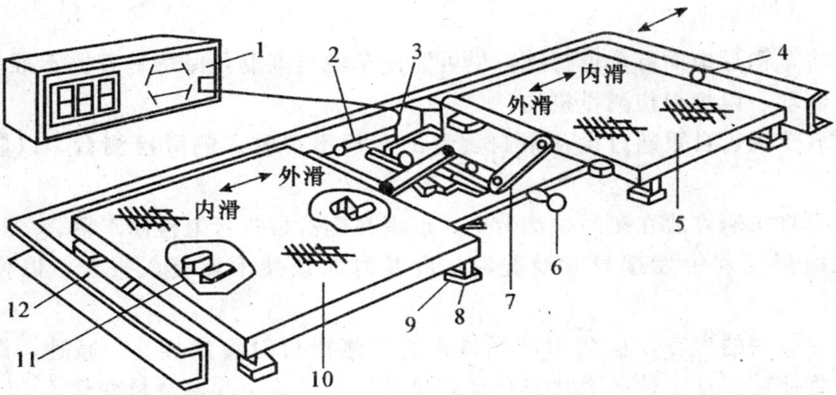

1—侧滑台仪表；2—传感器；3—回位机构；4—限位装置；5—右滑板；6—锁定装置；
7—双摇臂杠杆机构；8—滚轮；9—导轨；10—左滑板；11—导向装置；12—框架

图 2-10　侧滑试验台的结构

区域或有“+”号时表示向外侧滑，若指向“IN”区域或有“−”号时表示向内侧滑。单板式侧滑台的结构主要有两种，一种为便携式，一种为固定式，便携式单板侧滑台主要由上、下滑动板、杠杆机构、滚动棒保持架和导轨、回位弹簧等组成。当被测车轮通过滑板时，车轮的侧滑使上滑板左右横向滑动，通过杠杆机构带动指针偏转，从而在刻度尺上显示侧滑量的大小和方向。对于固定式侧滑检验台，其结构特点是在上下滑板之间装有位移传感器，其工作原理与单板式相同。

三、检测方法

（一）检测员的操作要求

不同型号的侧滑台，其使用方法有所区别，应根据使用说明书制定操作规程，双滑动板侧滑检测台操作方法如下：

1. 检测前的准备

首先应对检测设备进行必要检查，其次，对被测车辆进行检查，具体准备工作如下：

(1) 在不通电的情况下，检查仪表指针是否指在零位上；接通电源，晃动滑动板，待滑动板停止后，查看指针是否仍在零位或数据显示仪表上的侧滑量数值是否为 0。如发现失准应进行调整。

(2) 检查侧滑台及周围场地有无油、水、石子、泥污等杂物，保持测试环境清洁。

(3) 检查各种导线有无损伤，导线连接是否良好，视情况进行修理或更换。

(4) 被检车左、右转向轮的轮胎气压应符合汽车制造厂出厂规定的轮胎充气标准。

(5) 检查并清除轮胎上的油污、水渍和嵌入的石子、杂物等。

2. 检查步骤

(1) 松开滑动板的锁止手柄，接通电源。

(2) 汽车以 3～4 km/h 的低速，保持直线行驶通过滑动板。速度过高会因滑板的惯性力、仪表的动态响应迟滞而影响测量精度；速度过低也会引起误差。

（二）检测过程中的注意事项

(1) 车辆应以 4 km/h 的低速、平稳、直行通过侧滑台。经常注意保持试验台的内、外部清洁。

(2) 应将车辆沿地面行车道行驶，尽可能使车辆与侧滑台保持垂直。不准在侧滑检测台上转向、制动，以免损伤测量机构。

(3) 重载车辆、自重超过设备限制重量的车辆不得驶入侧滑检测台，以防损坏承载机构。

(4) 不得将车辆停放在侧滑检测台上，或者在侧滑检测台上检修车辆。

(5) 在检测过程中发现异常情况时，应及时向该技术负责人报告，以便及时进行处理。

(6) 前轮驱动的汽车在检测中，严禁在通过侧滑台时突然加速、减速、踩离合器踏板，否则，将使前驱动车轮受力状态和定位角发生变化，引起侧滑量变化。

四、检测标准及检测结果分析

《机动车运行安全技术条件》(GB 7258 —1997) 规定：汽车转向轮的横向侧滑量，用侧滑试验台（包括双板和单板侧滑试验台）检测时应不大于 5 m/km。

转向轮侧滑量过大，会造成汽车行驶阻力增大、加速性能变坏、油耗增加；还会使轮胎磨损加剧，汽车直线行驶的稳定性变坏。某汽车试验时，当转向轮侧滑量从0.2 m/km增大到 5.2 m/km 时，汽车的滚动阻力增加了约 30%，加速性能降低约 17%，油耗增加约 5%，轮胎磨损量增加一倍以上。

侧滑检测不合格时，一般情况通过调整前束就能使侧滑合格。但若调整后，驾驶员反映汽车更难以操纵，应首先测量汽车的前束值，再检查左右两侧轴距及转向轮定位的其他参数是否合格。另外，轮毂轴承松旷、转向传动机构松旷、轮胎气压不符合规定、检测时车速过高，都会导致侧滑检测不合格。

第四节 汽车密封性检测

汽车车身或驾驶室的密封是整车质量的一项重要指标，密封性不好，尘土和雨水都会浸入车内，影响乘坐的舒适性。同时，对于装有空调的车辆来说，也不能保持必需的温度。汽车的密封主要是门窗的密封，管路通过孔洞的密封，地板的密封等。本节主要介绍客车防雨的密封、连接件的密封以及制动系统的密封性检测。

一、客车防雨密封性

客车防雨密封性对车辆驾驶员及乘客的舒适性、驾驶室及车厢内装备正常工作与内饰完好、甚至行车安全等都有很大影响，汽车进行防雨密封检测对提高营运车的行车安全具有重要意义。

1. 客车防雨密封性检测标准

《客车防雨密封性试验方法》(GB 12481—1990) 中对车身各部位的渗、滴、流等渗漏情况进行扣分后规定了相应的限值，如表 2-1 所示。《客车防雨密封性试验方法》中所规定的渗、滴、流的定义如下：

表 2-1　客车防雨密封性限值

客车类型		限值（分）
轻型客车		≥93
中型客车	旅游客车	≥92
	团体客车	≥90
	城市客车	≥88
	长途客车	≥80
大型客车	旅游客车	≥90
	团体客车	≥88
	城市客车	≥87
	长途客车	≥87
特大型客车	铰接式客车	≥84

（1）渗是指水从缝隙中缓慢出现，并附着车身在内护而上漫延开去。

（2）滴分为慢滴和快滴两种。所谓慢滴是指水从缝隙中出现，并且以少于或等于 60 滴/min 的速度离开车身内护面，断续地落下；快滴是指水从缝隙中出现，并且以多于 60 滴/min 的速度离开车身内护面，断续地落下。

（3）流是指水从缝隙中出现，并沿着或离开车身内护面连接不断地向周围或向下流淌。

（4）检测中，每辆受试客车的初始分值为 100 分，按下列规定的检查部位，每个检查部位出现一处渗扣 1 分、慢滴扣 3 分、快滴扣 6 分，每出现一处流扣 14 分。将所有检查部位的扣分值累积，得到总扣分值。用初始分值减去总扣分值得到实际得分值，将实际得分值与表中规定进行对照，观察其是否符合标准。出现负数按零分计算。

2. 车厢渗、漏、流水的检查部位

进行客车防雨试验检测的部位有：风窗、侧窗、顶盖、后窗、驾驶舱门、乘客门、行李舱、前围、后围、侧围、地板等 11 个部位。淋雨时间为 15 min，室内温度、水压、喷水位置都应符合《客车防雨密封性试验方法》中的规定。

3. 汽车防雨密封性检测装置

汽车防雨检测装置是指根据《客车防雨密封性试验方法》中的要求，对汽车进行防雨密封性试验的专用设备。

（1）组成。汽车防雨系统设备主要由水泵及其驱动电动机、底阀、压力调节阀、节流阀、截止阀、水压表、流量计、输水管路、喷嘴、蓄水池、支架和喷嘴架驱动、调整装置等组成。

（2）工作原理。汽车防雨密封性检测装置工作原理，如图 2-11 所示。汽车防雨设备工作时，由电动机驱动水泵，水从蓄水池内不断泵入主管路，经过压力调节和流量调节，进入防雨管路，通过喷嘴射向车体表面。喷射出的水被汇集流入蓄水池，经过多级沉淀、过滤后，循环使用。

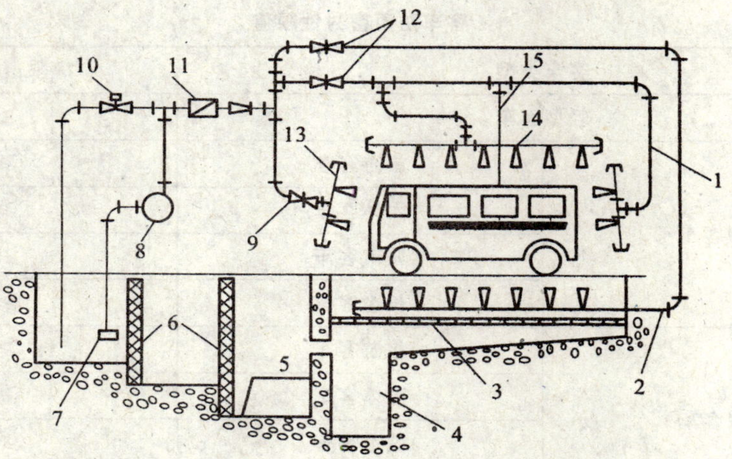

1—淋雨管路（后）；2—淋雨管路（底）；3—盖板；4—泥沙沉淀池；5—多级沉淀池；
6—滤网；7—吸水口滤网；8—水泵；9—闸阀；10—压力调节阀；11—小流量计；
12—闸阀；13—淋雨管路（前）；14—淋雨管路（顶）；15—淋雨管路（侧）

图 2-11　汽车防雨密封性检测装置工作原理图

4. 汽车防雨密封性的检测方法与步骤

防雨密封性检测时，要求在车身前围、前风窗迎风面上的降雨强度为 8～10 mm/min；车身及其他受淋部位降雨强度为 4～6 mm/min；对设有行李舱的客车其底部受雨部位的降雨强度为 6～8 mm/min。尼龙喷嘴喷射压力为 69～147 kPa；气温应在 5～35 ℃，气压应在 99～102 kPa，风速不超过 1.5 m/s。

检测方法与步骤：

(1) 检测员将被测车辆开到淋雨试验场。

(2) 检测员进入车厢内，然后关闭全部车门、窗、孔、口、盖。

(3) 起动淋雨设备，进入稳定工作状态后检测开始。5 min 后观察车厢渗漏水情况，并填写《车厢渗漏水情况》表。

(4) 达到规定的淋雨时间 15 min 后，关闭淋雨设备，结束检测。

(5) 对车厢渗漏水情况进行数据整理和评分。检测结束后由检测员将被测车辆开离淋雨检测场。

二、连接件的密封性检查

连接件的密封性系指各连接部件对油、水、气的密封性，要求汽车上的各连接件无漏油、渗水和漏气现象。

(1) 凡内有润滑油、制动液的总成、部件，例如发动机油底壳、油泵等连接部位，液压制动的主缸、轮缸和管路，转向器、液压助力装置、主减速器等的连接部位，均不得有渗漏油的现象。

(2) 水箱、水泵、缸体、缸盖、暖风装置等各连接部位及连接管路不得有渗水现象。

(3) 气压制动连接管路、制动阀、贮气筒等不得有漏气现象。

三、制动系统的密封性检验

1. 气压制动系统的密封性

(1) 非制动状态下的密封性采用气压制动的车辆，当气压升至 600 kPa 时，关闭空气压缩机 3 min 后，其气压的降低值应不大于 10 kPa。

(2) 制动状态下的密封性在气压为 600 kPa 时，将制动踏板踏到底，待气压稳定后观察 3 min；单车气压降低值不得超过 20 kPa，汽车挂车气压降低值不得超过 30 kPa。

2. 液压制动系统的密封性

采用液压制动的汽车在保持踏板力为 700 N 达到 1 min 时，踏板不得有缓慢向地板移动的现象。

[思考题]

2-1　汽车外观检测一般有哪两种方法？

2-2　汽车的结构参数主要有哪些？《技术条件》中有何特殊规定和要求？

2-3　汽车的质量参数主要有哪些？汽车质心参数的测定有几种方法？

2-4　汽车的通过性参数主要有哪些？

2-5　汽车的静态横向稳定性是如何检测的？

2-6　车速表指示误差范围是多少？

2-7　车速表指示误差过大有何危害？

2-8　简述滚筒式车速表检测台的测试原理。

2-9　汽车转向轮的侧滑量有何规定？

2-10　双板式侧滑试验台的结构和工作原理是什么？

2-11　影响侧滑量检测结果的因素是什么？有何影响？

2-12　客车防雨密封性的检查部位有哪些？

2-13　汽车连接件中有哪些部件需要进行密封性检查？

2-14　汽车制动性系统密封性有何检验要求？

第三章　汽车动力性检测

汽车是一种高效率的运输工具，其运输效率的高低主要取决于汽车的动力性，该性能是汽车各种使用性能中最基本最重要的性能。本章主要介绍了汽车动力性的检测项目、检测标准、主要检测设备和具体的动力性检测方法。

第一节　汽车动力性检测项目与有关标准

汽车动力性检测项目主要有加速性能检测、最高车速检测、汽车底盘输出功率检测等。动力性检测可依据的标准有：《汽车技术等级评定标准》（JT/T 198—1995）、《汽车维护、检测、诊断技术规范》（GB 18344—2001）、《营运车辆综合性能要求和检验方法》（GB 18565—2001）、《机动车运行安全技术条件》（GB 7258—1997）。

发动机功率要求：一级车大于（等于）额定功率的85%；二级车大于（等于）额定功率的75%，小于85%；三级车小于额定功率的75%。其中一级车指汽车技术状况完好；二级车指汽车技术状况不良；三级车指汽车不能再继续使用。

汽车底盘输出功率：驱动轮输出功率的检测是在汽车发动机额定转矩或额定功率时检测。采用校正驱动轮输出功率（实测功率校正到标准状态下）与相应的发动机输出总功率的百分比作为驱动轮输出功率的限值：

$$\eta_{vm}=\frac{P_{VMO}}{P_{M}}\geqslant\eta_{Ma}$$

$$\eta_{vp}=\frac{P_{VPO}}{P_{e额定}}\geqslant\eta_{Pa}$$

式中：η_{vm}——汽车在额定转矩工况下的校正驱动轮输出功率与额定转矩功率的百分比，%；

η_{vp}——汽车在额定功率工况下的校正驱动轮输出功率与额定功率的百分比，%；

P_{VMO}——汽车在额定转矩工况下的校正驱动轮输出功率，kW；

P_{VPO}——汽车在额定功率工况下的校正驱动轮输出功率，kW；

P_{M}——发动机在额定转矩工况下的输出功率，kW；

$P_{e额定}$——发动机的额定功率，kW；

η_{Ma}，η_{Pa}——校正驱动轮输出功率/额定转矩功率的限值和校正驱动轮输出功率/额定功率的限值，见表3-1。轿车在额定转矩工况下检测，其余车辆两种工况任定。

表 3-1　　汽车驱动轮输出功率的限值

汽车类别	汽车型号		额定转矩工况		额定功率工况	
			直接挡检测速度 V_M/（km/h）	校正驱动轮输出功率/额定转矩功率的限值 η_{Ma}/%	直接挡检测速度 V_P/（km/h）	校正驱动轮输出功率/额定转矩功率的限值 η_{Ma}/%
载货汽车	1010，1020 系列	汽	60	50	90	40
	1030 系列 1040 系列	汽	60	50	90	40
		柴	55	50	90	45
	1050 系列 1060 系列	汽	60	50	90	40
		柴	50	50	80	45
	1070，1080 系列	柴	50	50	80	45
	1090 系列	汽	40	50	80	45
		柴	55	50	80	45
	1100，1110 系列 1120，1130 系列	柴	50	45	80	40
	1140，1150，1160 系列	柴	50	50	80	40
	1170，1190 系列	柴	50	50	80	40
半挂列车[1]	10t 半挂列车系列	汽	40	50	80	45
		柴	50	50	80	45
	15t，20t 半挂列车系列	柴	45	45	70	40
	25t 半挂列车系列	柴	45	50	75	40
客车	6600 系列	汽	60	45	85	35
		柴	45	50	75	40
	6700 系列	汽	50	40	80	35
		柴	55	45	75	35
	6800 系列	汽	40	40	85	35
		柴	45	45	75	35
	6900 系列	汽	40	40	85	35
		柴	60	45	85	35
	6100 系列	汽	40	40	85	35
		柴	40	45	85	35
	6110 系列	汽	40	40	85	35
		柴	55	45	85	35
	6120 系列	柴	60	40	90	35
轿车	富康		95/65[2]	40/35[2]	—	—
	桑塔纳		95/65[2]	45/40[2]	—	—

注：5010～5040 系列厢式货车和罐式货车驱动轮输出功率的允许值按同系列普通货车的允许值下调 2%，其他系列厢式货车和罐式货车驱动轮输出功率的允许值按同系列普通货车的允许值下调 4%。

(1) 半挂列车是按载质量分类。

(2) 为汽车变速器使用三挡时的参数值。

例如东风 EQ1091 货车，采用 EQ6100 汽油发动机，额定功率为 99 kW，在底盘测功机上以 80 km/h 的车速测得驱动轮功率为 50 kW。气温 20 ℃，干空气压 100 kPa，查得校正系数 α_a 为 0.978。试判断其动力性是否合格。

由于额定功率 P_e=99 kW，校正驱动轮输出功率/额定功率的限值 η_{Pa}=45%，而汽车在额定功率工况下的校正驱动轮转出功率 P_{VPO}=50 kW×0.978=48.9 kW，所以：η_{VPO}=P_{VPO}/P_e=48.9 kW÷99 kW=49.4%>45%。

即该车动力性满足 GB 18565－2001 的要求。

第二节　汽车动力性检测设备

一、底盘测功机

在底盘测功机上检测汽车动力性时，驱动车轮放置在滚筒表面驱动滚筒旋转，测功机以滚筒表面模拟路面；加载装置通过给滚筒加载，模拟各种阻力；测量装置可以测出驱动车轮上的输出功率或驱动力。汽车检测站和维修企业使用的双滚筒底盘测功机如图 3－1 所示。

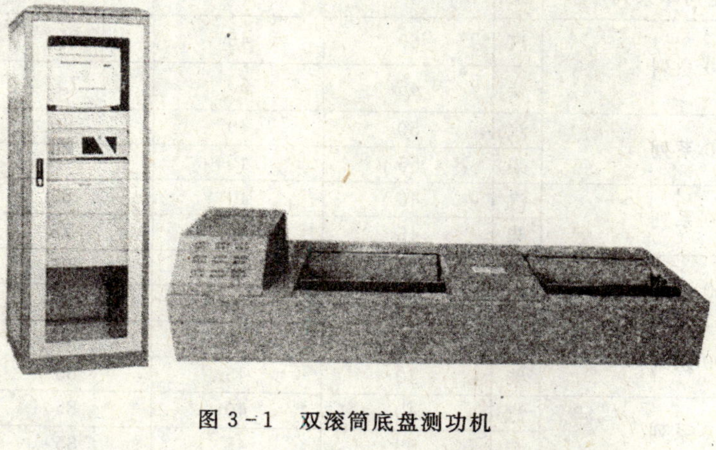

图 3－1　双滚筒底盘测功机

底盘测功机主要由滚筒装置、加载装置、飞轮装置、测量装置、控制与指示装置和辅助装置等部分组成，各部分支撑在型钢焊接成的框架上。图 3－2 为某型底盘测功机机械部分结构示意图。

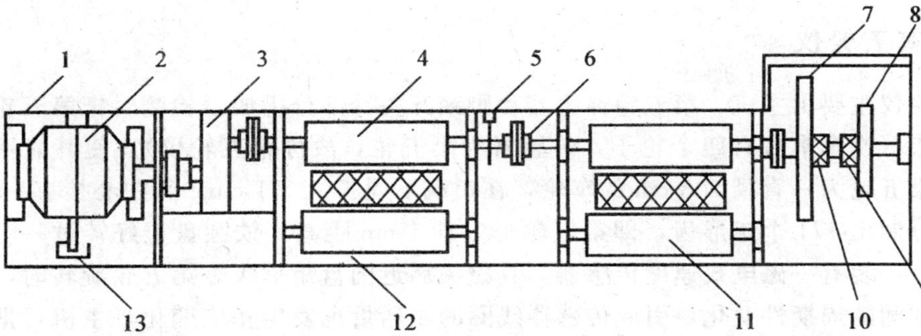

1—框架；2—电涡流测功机；3—变速器；4—主动滚筒；5—速度传感器；6—联轴节；7—大飞轮；8—小飞轮；9，10—电磁离合器；11—举升器；12—从动滚筒；13—力传感器

图 3-2　底盘测功机机械部分结构示意图

（1）滚筒及飞轮装置

底盘测功机的滚筒相当于一个连续移动的路面，被测汽车的车轮放置在两滚筒之间驱动滚筒旋转。在进行汽车加速性能、滑行性能检测时，为了模拟汽车行驶的惯性，在滚筒的一端安装有飞轮组。检测时根据汽车质量的不同，挂接大小不同的飞轮。飞轮与滚筒的挂接由电磁操纵离合器或气压传动离合器控制。

（2）加载装置

底盘测功机的加载装置用于吸收和测量驱动轮上的功率和驱动力。加载装置就是测功机，有水力式、电力式、电涡流式等。电涡流式测功机使用较多。

电涡流式测功机主要由定子和转子两部分组成。在定子四周装有励磁线圈，转子与测功机主动滚筒相连，在定子中间转动，当励磁线圈通以直流电时，线圈周围的定子、转子之间产生磁场。转子的外圆周上加工或镶有齿环，其齿顶与定子励磁线圈之间有很小的空气间隙，主动滚筒带动转子在磁场中转动时，转子边缘的齿环上会产生涡电流，该涡电流存在于定子磁场中，使转子产生一个与其转动方向相反的转矩。由于转子与滚筒相连，相当于给滚子施加了一个转动阻力，这样就模拟了汽车在道路上行驶的阻力。调节定子励磁电流的大小，可改变磁场强度，因而可以方便地调节测功机的制动力矩。

（3）测量装置

驱动车轮的输出功率是根据测出的转速、转矩或车速、驱动力计算得出的，测量装置包括测力、测速及测距装置。

（4）控制与指示装置

控制与指示装置以微机为中心，对传感器输送过来的电信号进行运算、处理，指示出检测结果。同时，根据试验要求，对加载负荷、试验车速等进行控制调节。

（5）辅助装置

辅助装置包括举升装置、冷风装置和纵向约束装置等。举升装置是为方便汽车驶入、驶出而在两滚筒之间设立的举升器和托板，举升器主要有气压式（气缸式或气囊式）、液压式（液压油缸）和机械式（机械千斤顶）等；冷风装置是可移动的风扇或冷风机，由于汽车在底盘测功机上试验时没有迎面风，采用冷风装置可以加强发动机及驱动车轮轮胎的散热；纵向约束装置是在汽车前后设置的钢索或三角木，防止试验时驱动车轮驶出测功机。

二、第五轮仪

第五轮仪主要由主机、第五轮传感器和脚踏开关等部分组成。检测时把第五轮安装在汽车车身上（汽车本身有四个轮子，传感器为第五轮，故称第五轮仪），使其能够在地面上滚动。第五轮为一直径 508 cm 的车轮，在负载下周长为 171 cm，其中心接有一铁圆盘，圆盘上等分制出 171 个矩形齿，即第五轮每滚动 1 cm 距离，铁圆盘正好转过一个齿。第五轮支架上，装有一磁电式速度传感器。其磁头靠近圆盘矩形齿。第五轮旋转时，磁头与矩形齿间的间隙周期性变化，引起传感器线圈的磁通量也发生相应变化，主机可据此计算出汽车行驶距离及行驶速度。

有些第五轮仪采用了光电式速度传感器，还有一些采用了非接触式速度传感器。非接触式速度传感器没有滚动的第五轮，检测时把传感器安装在汽车保险杠（或其他部位）下部，这种传感器可以向路面发射某种波束，并能接收路面的反射波，根据反射波的变化情况，可测出汽车的行驶速度。

第五轮仪主机由单片计算机控制，有传感器信号接口、键盘、显示器、微型打印机等部分，如图 3-3 所示。第五轮、脚踏开关等传感器产生的电信号经电缆线输送到主机，再经主机放大、处理、运算后，在显示器上显示出检测过程的数据变化及检测结果，微型打印机可把检测结果及检测过程中汽车行驶速度的变化曲线打印出来，还可以通过键盘输入检测项目及预先设定的初始值等。

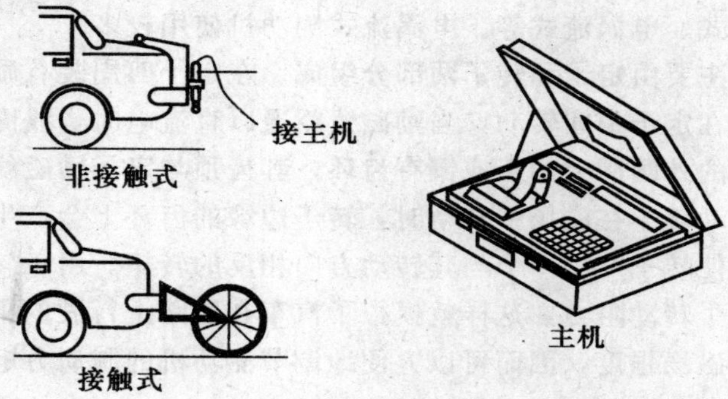

图 3-3 第五轮仪

第三节 汽车动力性检测方法

一、汽车动力性道路试验

1. 试验条件

（1）试验汽车的装载质量为厂定的最大装载质量，且装载物均匀分布，固定牢靠，不因潮湿等条件变化而改变其质量。

（2）轮胎气压应符合该试验车技术条件的规定，误差不超过±10 kPa。

(3) 试验车使用的燃料、润滑油（脂)、制动液的牌号和规格均应符合该车技术条件和现行国家标准的规定，同一次试验必须使用同一批燃料和润滑油。

(4) 试验必须在无雨无雾的天气中，相对湿度小于95%，气温0～40 ℃，风速不大于3 m/s。

(5) 试验道路应是清洁、干燥、平坦的混凝土或沥青铺成的平直路面，长 2～3 m，宽不小于8 m，纵向坡度在0.1%以内。

(6) 试验用仪器、设备必须经过检查，符合精度要求。

2. 汽车最高车速

试验前应检查试验汽车的转向机构、各部分紧固件的紧固情况及制动系统的效能。试验时应关闭车门窗，以保证试验安全。

在符合试验条件的道路上，选择中间200 m为测量路段，并用标杆做好标志，测量路段两端为试验加速区间。选择合适的加速区间，使汽车在驶入测量路段前能够达到最高的稳定车速。试验汽车在加速区间以最佳的加速状态行驶，在到达测量路段前保持变速器（及分动器）在汽车设计最高车速的相应挡位，节气门全开，使汽车以最高稳定车速通过测量路段，以秒表或光电测时仪记录通过时间（也可以用第五轮仪直接测出汽车车速)。试验往返各进行一次，记录试验结果。

3. 汽车加速性能

测定汽车进行加速试验前应检查汽油发动机节气门能否全开，柴油发动机喷油泵供油拉杆行程能否达到最大位置。

汽车最高挡或次高挡加速性能试验，是在试验路段上选取合适长度的路段，作为加速性能的测试路段，在两端放置标杆作为记号。汽车在变速器预定挡位，以稍高于该挡最低稳定车速起（选5的整数倍的速度，如30 km/h，35 km/h，40 km/h）作等速行驶，用第五轮仪监测初速度；当车速稳定后（±1 km/h)，驶入试验路段，迅速将加速踏板踏到底，使汽车加速行驶至该挡最高车速的80%以上；对于轿车应达到100 km/h以上；用第五轮仪记录汽车的初速度和加速行驶的全过程。试验往返各进行一次，往返加速试验的路段应重合。

汽车起步连续换挡加速性能试验时，将汽车停于试验路段一端，变速器置于该车的起步挡位（I挡或II挡)，迅速起步，并将加速踏板快速踏到底，使汽车尽快加速行驶，当发动机达到最大功率转速时，力求迅速无声地换挡，换挡后立即将加速踏板快速踏到底，用第五轮仪测定汽车加速行驶的全过程，往返各进行一次，往返试验的路段应是同一段道路，记录试验结果。

二、汽车动力性台架检测

汽车底盘输出功率的检测方法：

(1) 在动力性检测之前，必须按汽车底盘测功机说明书的规定进行试验前的准备。台架举升器应处于上升状态。无举升器者滚筒必须锁定。车轮轮胎表面不得夹有小石子或坚硬之物。

(2) 汽车底盘测功机控制系统、道路模拟系统、引导系统、安全保障系统等必须工作正常。

(3) 在动力性检测过程中，控制方式处于恒速控制，起动汽车，逐步加速并换至直接挡，当车速达到表 3-1 设定车速（误差±0.5 km/h）并稳定 15 s 后（时间过短，检测结果重复性较差），计算机方可读取车速与驱动力数值，并计算汽车底盘输出功率。

(4) 输出检测结果并记录环境状态。

三、检测结果分析

当被测车辆的检测结果低于标准值时，说明驱动轮输出功率不足。其原因主要有两个方面：一是发动机技术状况不良，本身输出功率低；二是传动系的功率损失大。发动机的功率可用无负载测功方法来检查，传动系的功率损失可能在离合器、变速器（分动器）、中央制动器、万向传动机构、主减速器、差速器和轮毂等处。如果是滑行距离不足，说明底盘技术状况不良。

汽车使用中，机械效率随着传动系技术状况的变化而变化。新车的机械效率并不是最高，只有在传动系完全走合后，各部调整到最佳时，才使机械效率达到最大值，滑行距离最长。但是，随着车辆的继续使用，磨损逐渐扩大、润滑条件变差，配合情况逐渐恶化，摩擦损失也逐渐增加，因而机械效率也就逐渐降低。所以底盘测功能为评价底盘总的技术状况提供重要的参考数据。

[思考题]

3-1 汽车动力性检测项目及相关标准有哪些？

3-2 简述底盘测功机的组成及工作原理。

3-3 简述第五轮仪的组成及工作原理。

3-4 简述汽车道路试验的试验条件有哪些。

3-5 简述汽车底盘输出功率的检测方法。

第四章　汽车燃油经济性检测

石油是重要的战略物资，是交通运输的主要能源，又是重要的化工原料，因此汽车的燃油经济性受到世界各国的广泛关注。在汽车的运输成本中，汽车燃油消耗的费用占20%～30%，提高汽车的燃油经济性、节约燃油对降低汽车运输成本意义重大。同时，汽车的燃油消耗量又与汽车发动机和底盘的技术状况密切相关，因此汽车的燃油经济性可作为综合指标评价汽车的技术状况。

第一节　汽车燃油经济性的两种基本试验方法

汽车燃油经济性试验有道路试验和台架试验两种基本方法。

GB/T 12545—1990《汽车燃料消耗量试验方法》对汽车在路试条件下燃油消耗量试验的规范和项目的规定如下：

试验规范：

汽车路试的基本规范依照GB/T 12534—1990《汽车道路试验方法通则》。

试验项目：

①直接挡全油门加速燃油消耗量试验；

②等速燃油消耗量试验；

③多工况燃油消耗量试验；

④限定条件下的平均使用燃油消耗量试验。

一般而言，汽车检测站因受到场地条件限制，无法用道路试验检测汽车的燃油经济性，因此常在底盘测功机上参照有关规定模拟道路试验来检测汽车的燃油经济性。中华人民共和国交通行业标准JT/T 199—1995《汽车技术等级评定的检测办法》作了以下规定：

检测项目：

汽车等速百公里油耗。

检测方法：

用底盘测功机检测等速百公里油耗。

起动发动机，使汽车运转至正常热工况。在测功机上，变速器置于直接挡（无直接挡的用最高挡），测功机加载至限定条件，使汽车稳定在测试车速，测量燃油消耗量，并换算成百公里燃油消耗量。

在具有可模拟汽车行驶动能的飞轮机构，并采用自动控制的底盘测功机上也可按规定的试验循环测定其多工况燃油消耗量。

以下主要介绍燃油经济性的台架试验方法，除试验条件不同外，台试和路试的基本试验原理、油耗传感器在汽车油路中的连接等都无区别。

第二节　常用油耗仪工作原理

汽车的燃油消耗量是由油耗仪来测量的。油耗仪种类很多，按测试方法可分为：容积式油耗仪、质量式油耗仪、流量式油耗仪和流速式油耗仪。油耗仪由油耗传感器和显示装置构成。以下主要介绍容积式和质量式油耗仪。

一、容积式油耗仪

容积式油耗仪通过测量发动机运转时累计消耗的燃料总容量，将汽车行驶时间和行驶里程换算为汽车的燃油消耗量。

图 4－1 为行星活塞式油耗传感器的流量变换机构的工作原理图。该装置由十字形配置的四个活塞和旋转曲轴构成，用于将一定容积的燃油流量转变为曲轴的旋转。

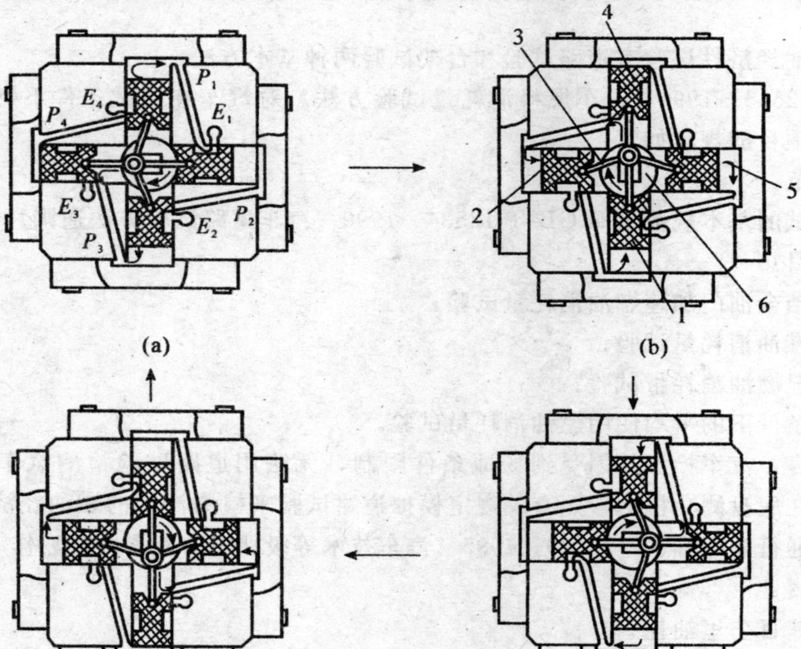

1，2，4，5—活塞；3—连杆；6—曲轴；P_1，P_2，P_3，P_4—油道；E_1，E_2，E_3，E_4—排油口

图 4－1　行星活塞式油耗传感器原理图

在泵油压力作用下，燃油推动活塞往复运动，4 个活塞各往复运动一次则曲轴旋转一周，完成一个进排油循环。活塞在油缸中处于进油行程或是排油行程，取决于活塞相对于进排油口的位置。图 4－1（a）表示活塞 1 处于进油行程，来自曲轴箱的燃油由 P_3 推动其下行，并使曲轴作顺时针旋转。此时，活塞 2 处于排油行程终了，活塞 3 处于排油行程中，

燃油从活塞3上部经 P_1 从排油口 E_1 排出，活塞4处于进油终了；当活塞和曲轴位置如图4-1 (b)时，活塞1处于进油行程终了，活塞2处于进油行程，通道 P_4 导通，活塞3处于排油行程终了，活塞4处于排油行程，燃油从通道 P_2 经排油口 E_2 排出。图4-1 (c) 和图4-1 (d)的进排油状态及曲轴旋转方向如图中箭头所示。如此循环往复，曲轴每旋转一圈，各缸分别泵油一次，从而具有连续定容量泵油的作用。曲轴旋转一周的泵油量为：

$$V=4\cdot\frac{\pi d^2}{4}\cdot 2h=2h\pi d^2$$

式中：V——四缸排油量，cm^3；

h——曲轴偏心距，cm；

d——油塞直径，cm。

由此可见，经上述流量变换机构的转换后，测燃油消耗量转化为测定流量变换机构曲轴的旋转圈数。这可由装在曲轴一端的信号转换装置完成。一般采用光电测量装置进行信号转换，把曲轴旋转圈数转化为电脉冲信号。

信号转换装置由主动磁铁、从动磁铁、转轴、光栅、发光二极管和光敏管等组成。主动磁铁装在曲轴端部、从动磁铁装在转轴端部，两磁铁相对安装但磁铁之间留有间隙，其作用在于构成磁性联轴器；光栅固定在转轴上，由转轴带动旋转；光栅两侧相对位置上固定有发光二极管和光敏管，光敏管用于接收发光二极管发出的光线，光栅位于二者之间，其作用是把发光二极管发出的连续光线转变为光脉冲。当曲轴转动时，通过磁性联轴器带动转轴及光栅旋转，光栅在发光二极管和光敏管之间旋转使光敏管接收到光脉冲，由于光敏管的光电作用将光脉冲转换为电脉冲信号输入到计量显示装置。显然，该电脉冲数与曲轴转过的圈数成正比，从而经过运算处理，在显示装置上显示出燃油的消耗量。

二、质量式油耗仪

质量式油耗仪由称量装置、计数装置和控制装置构成，见图4-2。

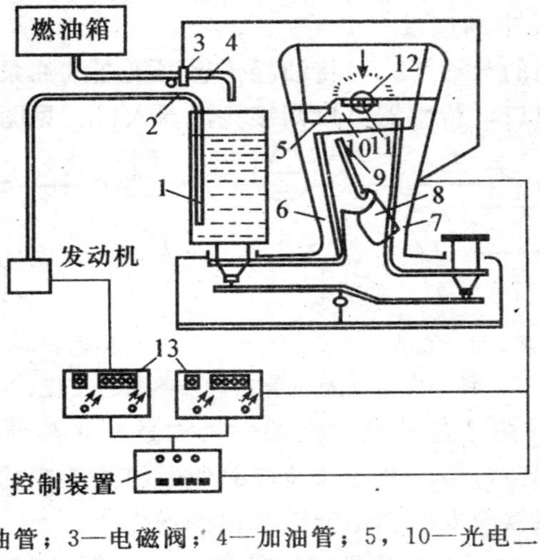

1—油杯；2—出油管；3—电磁阀；4—加油管；5，10—光电二极管；
6，7—限位开关；8—限位器；9—光源；11—鼓轮机构；12—鼓轮；13—计数器

图4-2　质量式油耗仪

质量式油耗仪测量消耗一定质量的燃油所用的时间，燃油消耗量可按下式计算：

$$G=3.6\cdot\frac{\omega}{t}$$

式中：ω——燃油质量，g；

t——测量时间，s；

G——燃油消耗量，kg/h。

称量装置的秤盘上装有油杯1，燃油经电磁阀3加入油杯。电磁阀的开闭由装在平衡块上的行程限位器8拨动两个微型限位开关6和7进行控制。光电传感器由两个光电二极管5，10和装在菱形指针上的光源9组成，用于给出油耗始点和终点信号。光电二极管5为固定式，光电二极管10装在活动滑块上，滑块通过齿轮齿条机构移动，齿轮轴与鼓轮12相连，计量的燃油量通过转动鼓轮12从刻度盘上读出。计量开始时，光源9的光束射在光电二极管5上，光电二极管发出信号使计数器13开始计数，随着油杯中燃油的消耗，指针移动。当光束射到光电二极管10上时，光电二极管10发出信号，使计数器停止计数。

第三节　燃油经济性的台架试验

台架试验时，汽车燃油经济性检测是把底盘测功机和油耗仪配合使用完成的。底盘测功机用于提供活动路面并模拟汽车在道路上行驶时的阻力，油耗仪则用于燃油消耗量的测量。汽车燃油经济性检测结果的准确性除与油耗仪的测试精度有关外，还取决于底盘测功机对汽车行驶阻力的模拟是否准确。

一、油耗传感器在燃油管路中的安装

1. 油耗传感器在油路中的连接

对于一般无回油管路的汽油车，可将油耗传感器接在汽油泵与化油器之间，使油耗传感器的入口接汽油泵的出口，传感器出口则接化油器入口，见图4-3所示。

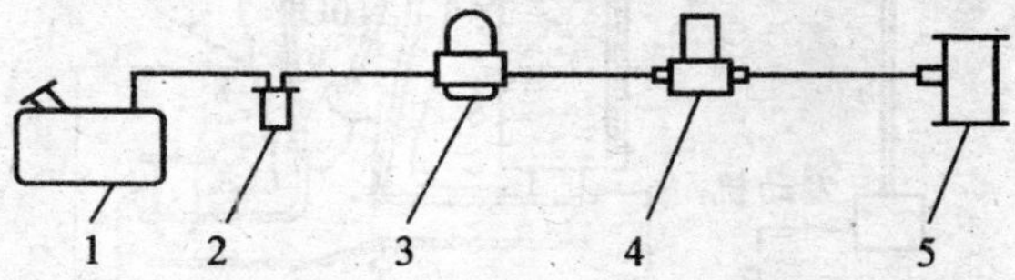

1—油箱；2—滤清器；3—汽油泵；4—传感器；5—化油器

图4-3　无回油管路时传感器的安装

轿车上多没有回油管路，这种汽车汽油泵供油量较化油器的出油量大得多，多余燃油经回油管流回油箱。此时，传感器的安装应避免因回油造成的多余计数。如：桑塔纳轿车是从储油罐回油，传感器应安装在储油罐与化油器之间。

在柴油车的供油系统中，全部设置回油管路，输油泵的供油量比喷油泵的出油量多3～4倍。为保持喷油泵油室中有一定压力，一般在喷油泵低压油出口装有溢流阀，大量多余燃油经溢流阀和回油管路流回输油泵入口或直接流回油箱；此外，从喷油器工作间隙处泄漏的少量燃油也经回油管流回油箱。图 4－4 为油耗传感器在柴油车中的连接方法，油耗传感器接在油箱到高压油泵之间的油路上，回油管路则用三通接在油耗传感器的出油管路上，以免燃油被油耗传感器重复计量。或者采用双传感器，即在输油管路和回油管路上分别安装一只传感器。

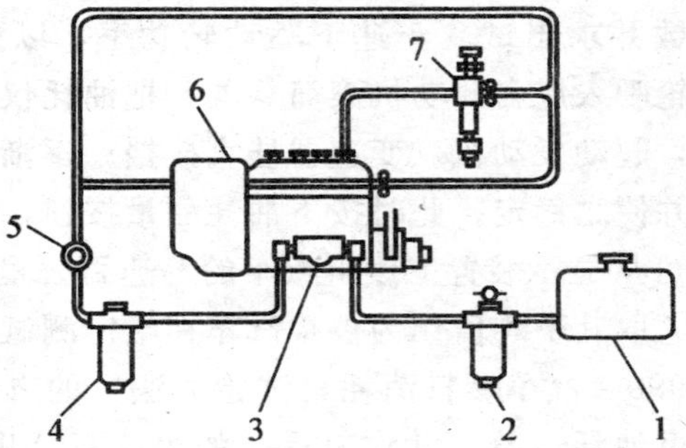

1—油箱；2—粗滤器；3—输油泵；4—细滤器；5—油耗传感器；6—喷油泵；7—喷油器

图 4－4 检测柴油机时传感器的安装

2. 油路中空气泡的排除

排除油路中空气泡对保证检测结果的准确性影响极大，这是因为油耗传感器会把空气泡所占的容积当成所消耗燃油的容积，从而使检测结果偏大而失准。因此，在安装油耗传感器后，必须把空气泡排除干净。排除空气泡时，用手动泵泵油，同时卸开化油器油管接头，连续泵油直至泵出的油不含气泡为止。传感器壳体上也设有放气螺钉，可以排出传感器内的气体。

在柴油车油路中装好油耗传感器后，也须用手动泵泵油以排除油路中的空气泡。柴油车与汽油车的差别之一是汽油车可以在发动机发动后排除空气泡，而柴油车必须在发动前排除空气泡；差别之二在于汽油车在拆去油耗传感器恢复原油路时，无须排除空气泡，而柴油车在拆去传感器恢复原油路后仍需排除油路中刚产生的空气泡。

二、模拟加载量的确定和试验循环

（一）等速百公里油耗测试模拟加载量

中华人民共和国交通行业标准 JT/T 199—1995《汽车技术等级评定的检测办法》规定了用底盘测功机检测汽车的等速百公里油耗时的测试条件为：汽车为正常热状态；变速器挂直接挡或最高挡；加载至限定条件并使汽车稳定在试验车速。GB/T 12545—1990《汽车燃料消耗量试验方法》规定限定条件下的试验车速为：轿车 60±2 km/h，铰接式客车 35±2 km/h，其他车辆 50±2 km/h。

在台架试验汽车的等速百公里油耗时，合理确定测功机的加载量以模拟汽车在 III 级以上平直道路上以规定车速行驶时所受到的阻力极其重要。此时，汽车克服滚动阻力和空气阻力所消耗的驱动轮功率为：

$$P_k = \left(G \cdot f + \frac{1}{21.15} C_D \cdot A \cdot v^2\right) \cdot \frac{v}{3600}$$

式中：P_k——驱动轮输出功率，kW；

G——汽车总重，N；

f——滚动阻力系数；

C_D——空气阻力系数；

A——迎风面积，m^2；

v——试验车速，km/h。

合理确定式中各个系数并求出试验车速下驱动轮功率，以此作为测功机的模拟加载量。试验时，把汽车驱动轮驶入底盘测功机滚筒装置，把油耗仪油耗传感器接入汽车的燃油管路；设定好试验车速，起动发动机，变速器挂直接挡；逐渐踩下加速踏板，使测功机指示的功率值等于计算值并使之稳定；此时按下油耗测量按钮，当驱动轮在短筒上驶过不少于 500 m 的距离时，即可从显示装置上读得汽车的等速百公里油耗值。为消除偶然因素的影响，应重复试验三次，取其平均值作为被检汽车在给定测试条件下的百公里油耗值。

参照 GB/T 12545—1990《汽车燃料消耗量试验方法》的有关规定，可在不同试验车速下进行汽车的等速百公里油耗试验，并作出汽车的等速百公里油耗特性曲线。试验时，汽车使用常用挡位，试验车速从 20 km/h（最小稳定车速高于 20 km/h 时，从 30 km/h）开始，以车速的 10 km/h 的整倍数均匀选取试验车速，直到最高车速的 90%。至少测定 5 个试验车速。

显然，在不同试验车速下，底盘测功机所对应的加载功率不同。在不同试验车速和所对应加载功率条件下，每个试验车速测试三次，取其测试值的平均值作为被测汽车在给定试验车速时的百公里油耗量。每个规定车速下的百公里油耗量测出后，便可在以车速为横坐标、百公里油耗量为纵坐标的坐标系中给出该车的百公里油耗特性曲线图。图 4－5 为某些车型的等速百公里油耗特性曲线。

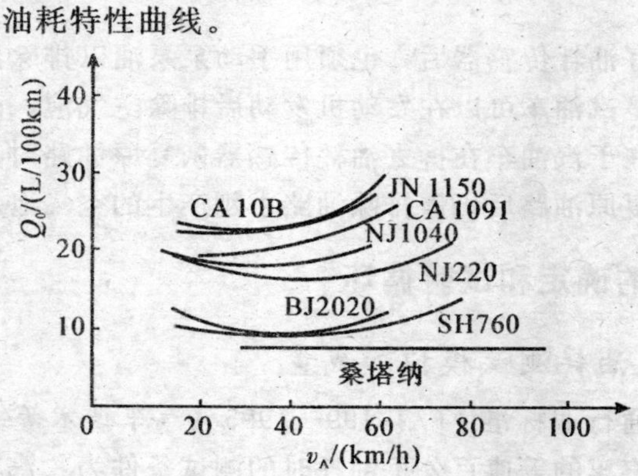

图 4－5 某些车型的 Q_0-v_A 曲线

（二）汽车多工况燃油消耗量测试模拟加载量和试验循环

汽车多工况燃油消耗量测试，需在具有可模拟汽车行驶动能的飞轮机构并采用自动控制的底盘测功机上，按规定的试验循环进行。其测试结果取决于飞轮机构对道路试验时，汽车在相应车速的动能的模拟程度和完成试验循环的准确性。

1. 模拟加载量——飞轮机构转动惯量的确定

进行多工况燃料消耗量试验时，底盘测功机飞轮机构转动惯量所应满足的要求与加速能力和滑行能力试验相同。

2. 试验循环

（1）试验载荷

①轿车为规定乘员数的一半（取整数）。

②微型汽车为空载加两名乘员（含驾驶员）。

③城市客车为总质量的 65%。

④其他车辆为满载。

（2）试验循环

根据 GB/T 12545—1990《汽车燃料消耗量试验办法》，各类汽车进行多工况燃油消耗量试验时的试验循环如下：

①轿车。试验循环按图 4-6 进行。

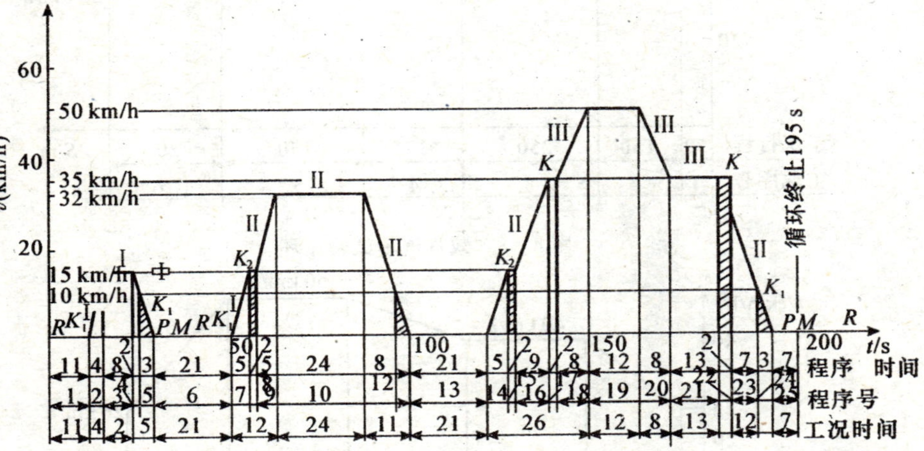

K—离合器分离；K_1，K_2—离合器分离，变速器接合 1 挡或 2 挡；Ⅰ，Ⅱ，Ⅲ—变速器 1 挡、2 挡、3 挡；PM—空挡；R—怠速（图中阴影表示换挡）

图 4-6　轿车试验循环

②微型汽车。试验循环按图 4-7 进行。

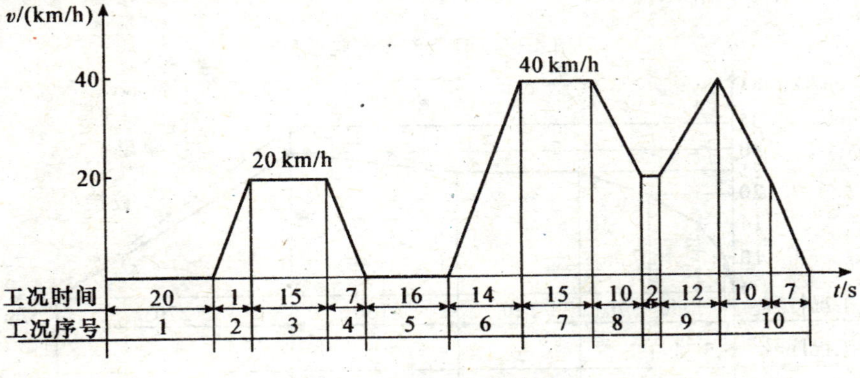

图 4-7　微型汽车试验循环

③载货汽车。总质量小于 3 500 kg 时，试验循环见图 4-6；总质量为 3 500～14 000 kg时，试验循环见图 4-8；总质量大于 14 000 kg 时，试验循环见图 4-9。

④客车、城市客车（包括铰接式客车）。试验循环见图 4-10。

其他客车的试验循环见图 4-8。

汽车在进行多工况试验时，加速、匀速和用车辆的制动器减速时，在每个试验工况，除单独规定外，车速允许偏差为±2 km/h；在工况改变过程中，允许车速的偏差大于规定值，但在任何条件下超过车速偏差的时间不大于 1 s，即时间偏差为±1 s。

每辆车的多工况燃油消耗量试验应进行四次，取四次试验结果的算术平均值为多工况燃料消耗量试验的测定值。

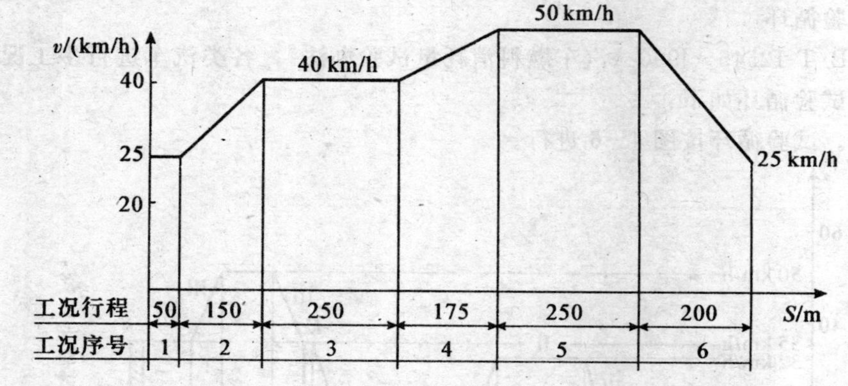

图 4-8　载货汽车试验循环

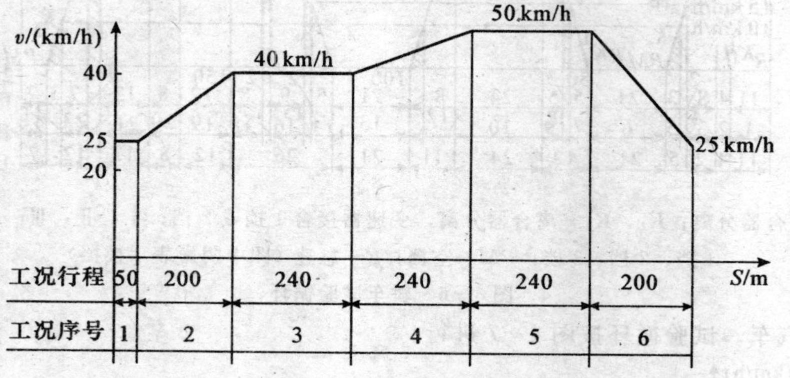

图 4-9　载货汽车试验循环

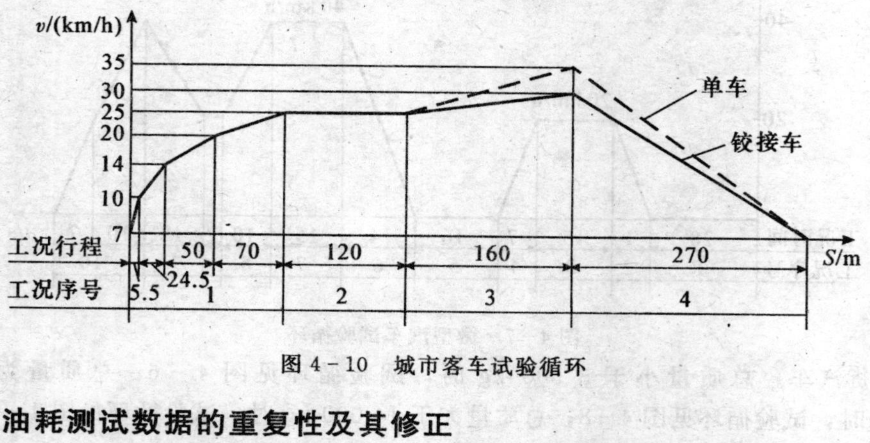

图 4-10　城市客车试验循环

三、油耗测试数据的重复性及其修正

1. 数据的重复性

汽车的燃油消耗量测试数据必须满足下式要求：

$$\frac{Q_{max}-Q_{min}}{Q_A}\leqslant R$$

式中：Q_{max}——百公里油耗量测试数据中的最大值，L/100km；

Q_{min}——百公里油耗量测试数据中的最小值，L/100km；

Q_A——百公里油耗量测试数据的算术平均值，L/100km；

R——比例系数，其取值见表 4－1。

表 4－1　比例系数 R 的取值

试验次数 n	2	3	4	5	10
R	0.053	0.063	0.069	0.073	0.085

若测试数据的重复性达不到上述要求，必须排除测试仪器及发动机或底盘的有关故障重新进行检测。

2. 数据的修正

汽车的燃油消耗量测试数据应修正为标准状态下的数值。标准状态指：气温 20 ℃、气压 100 kPa、汽油密度 0.742 g/mL、柴油密度 0.830 g/mL。修正公式如下：

$$Q_C=\frac{Q_A}{C_1\times C_2\times C_3}$$

$$C_1=1+0.0025\ (20-T)$$

$$C_2=1+0.0021\ (P-100)$$

$$C_3=1+0.8\ (0.742-\rho)\ (\text{汽油车})$$

$$C_3=1+0.8\ (0.830-\rho)\ (\text{柴油车})$$

式中：Q_C——修正后的燃油消耗量，L/100km；

Q_A——实测的燃油消耗量均值，L/100km；

C_1——环境温度修正系数；

C_2——大气压力修正系数；

C_3——燃油密度修正系数；

T——试验时的环境温度，℃；

P——试验时的大气压力，kPa；

ρ——试验时的燃油密度，g/mL。

经修正后的燃油消耗量数值 Q_C 与制造厂给出的百公里油耗量数值 Q_0 比较，可评价汽车的燃油经济性和汽车的技术状况：一级车 $Q_C\leqslant Q_0$；二级车 $Q_0\leqslant Q_C\leqslant 1.1Q_0$；三级车 $Q_C>1.1Q_0$。

四、注意事项

1. 为使汽车燃油经济性检测结果准确可靠，应注意以下各点：

（1）发动机冷却液温度应在 80～90 ℃范围内，温度过高时应采用冷却风扇降温；轮胎气压应符合规定，误差不超过±0.01 MPa，且左右轮胎的花纹一致；被测车底盘温度应随室温变化严格控制，室温低于 10 ℃时，底盘温度应控制在 25 ℃以上。

（2）试验仪器的精度应满足要求，车速测定仪器和燃料流量计：精度为 0.5%；计时器最小读数为 0.1 s。

（3）正确连接油耗仪传感器，并注意排除油路中的空气泡。

（4）测试车速、挡位、载荷、试验循环等应满足 GB/T 12549—90《汽车燃料消耗量试验方法》的规定。

2. 为保证台架试验汽车燃油经济性时的安全，应注意以下各点：

（1）被测车辆旁必须配备性能良好的灭火器。

（2）油耗传感器所用油管应透明、耐油、耐压，油管接头用合格的环形夹箍，不得用铅丝缠绕，并确保无渗漏。

（3）拆卸油管时，必须用沙盘接油，不允许用棉纱或其他易燃物接油，不允许燃油流到发动机排气管上。

（4）测试时，发动机盖应打开，以便观察有无渗漏现象，测试完毕安装好原管路后起动发动机，在确保无任何渗漏时，方可盖上发动机盖。

[思考题]

4-1　汽车燃油经济性试验有道路试验的试验项目有哪些？

4-2　简述汽车燃油经济性台架试验检测方法。

4-3　简述容积式和质量式油耗仪的工作原理。

4-4　汽车燃油经济性检测的注意事项有哪些？

第五章　汽车前照灯信号装置检测

第一节　前照灯性能要求

前照灯是汽车在夜间或在能见度较低的条件下，为驾驶员提供行车道路照明的重要设备，而且也是驾驶员发出警示、进行联络的灯光信号装置，所以前照灯必须有足够的发光强度和正确的照射方向。由于在行车过程中，汽车受到振动，可能引起前照灯部件的安装位置发生变动，从而改变光束的正确照射方向；同时，灯泡在使用过程中会逐渐老化，反射镜也会受到污染而使聚光的性能变差，导致前照灯的亮度不足。这些变化会使驾驶员对前方通路情况辨认不清，或在与对面来车交会时造成对方驾驶员炫目，从而导致事故的发生。因此，前照灯的发光强度和光束照射方向被列为车辆运行安全的必检项目。

一、前照灯光学基础知识

1. 发光强度与照度

发光强度是指光源在给定方向上所能发出的光线强度。发光强度的单位是坎德拉，简称坎，量的符号为 cd。坎德拉（cd）是国际标准单位中七个基本单位之一。国际单位制中给出的发光强度定义为：一光源发出频率为 540×1012 Hz 单色辐射光，若在一定方向上的辐射强度为每球面度 l/683 W 时，则此光源在该方向上的发光强度为 1 cd。一般资料中也常把发光强度规定为：1 cd 等于在铂凝固点（1 769 ℃或 2 042 K）的温度下，1 cm^2 黑体平滑表面垂直方向上发光强度的 1/60。国家标准对汽车前照灯的发光强度有明确的要求。

照度是不发光物体被光源照明的程度，是表示受光面明亮程度的物理量。照度等于物体受光面上的光通量除以受光面积。照度的单位为勒克斯，量的符号为 lx。1 lx 表示 1 lm（流明）的光通量均匀分布在 1 m^2 表面上所产生的光照度。

发光强度是针对光源本身而言的，而照度是针对被照亮的物体而言。发光强度与照度之间有一定的关系，在光源发光强度不变的情况下，物体离光源越远被照明的程度越差。不计光源大小时（把光源看作是点光源），照度与离开光源距离的平方成反比，即：

$$照度=\frac{发光强度}{物体与光源距离的平方}$$

也就是说，若物体在距离一定发光强度的光源 1 m 的地方，照度为 2 000 lx；则在距离该光源 2 m 的地方，照度为 2 000/4=500 lx。

2. 前照灯的配光特性

配光特性是指前照灯灯光的光形分布特征。把前照灯照向屏幕，再把屏幕上照度相同的点连成一条曲线，形成等照度曲线。等照度曲线的形状与分布反映了前照灯的配光特性。

前照灯的配光特性可分为美国式（SAE）标准和欧洲式（ECE）标准，两种标准的远光配光方式基本相同，都采用了对称式配光，以达到良好的照明效果；但其近光配光方式不同，美国式配光方式的特点是前照灯近光灯丝位于反射镜焦点上方，近光光束经反射后大部分向下倾斜照向路面，光线的明暗部分无明显的分界线；欧洲式配光方式的近光灯丝呈直柱状，位于焦点前面，略高于前照灯轴心线，并与轴心线平行，灯丝前面的金属遮光罩对光线的遮挡具有明显的明暗分界线的非对称特性。

图 5-1 为前照灯远光对称配光示意图。这种配光特性具有水平方向宽、垂直方向窄的特点，使前照灯可以均匀地照亮路面。前照灯前面散光玻璃上有许多竖条，竖条上棱柱形和透镜形的复合波纹对光线反射和折射，形成了对称配光特性。

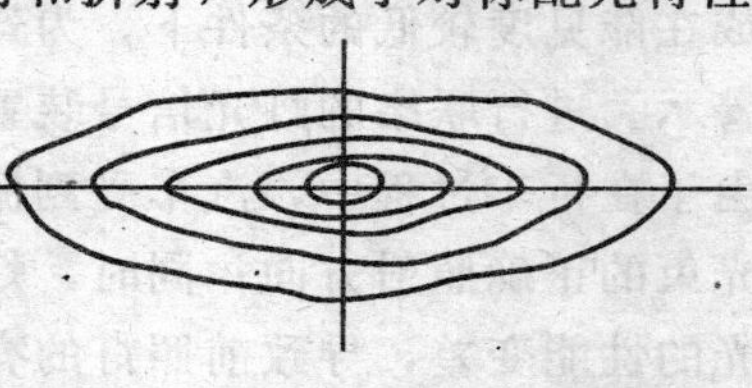

图 5-1 前照灯远光对称配光示意图

图 5-2 为欧洲式（ECE）标准近光非对称配光。非对称配光特性具有明显的明暗截止线，其水平部分在 $v-v$ 垂直线的左侧，右侧为与水平线向上 15°的斜线（图 5-2（a）)，或向上成 45°斜线至水平线垂直距离为 25 cm 处转向水平折线（图 5-2（b））。我国规定前照灯的近光采用欧洲式（ECE）标准非对称配光。

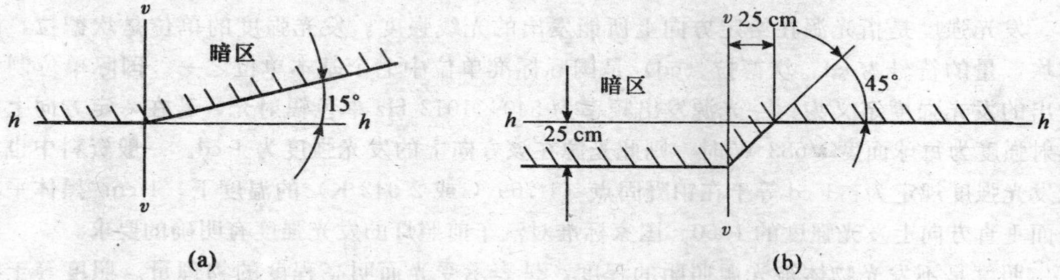

$v-v$—汽车纵向中心平面在屏幕上的投影线　$h-h$—汽车前照灯基准中心高度水平线

图 5-2 近光非对称配光示意图

对称配光特性的前照灯，一般把光束最亮区域的中心称为光轴的中心。以光轴中心相对于前照灯配光镜几何中心在垂直方向偏上或偏下、水平方向偏左或偏右的距离表示前照灯的光束照射位置。

非对称配光特性的前照灯，一般以光束明暗截止线的转角作为检测点，据此检测光束照射位置。

二、前照灯检测标准

《机动车运行安全技术条件》中，对光束照射位置及前照灯的发光强度规定如下。

1. 前照灯光束照射位置要求

(1) 在检测机动车前照灯的近光光束照射位置时，前照灯应距屏幕 10 m 处，光束明暗截止线转角或中点的高度应为 0.6～0.8H（H 为前照灯基准中心高度，下同），其水平方向位置向左向右均不得超过 100 mm。近光检测点照射区域，见图 5-3。

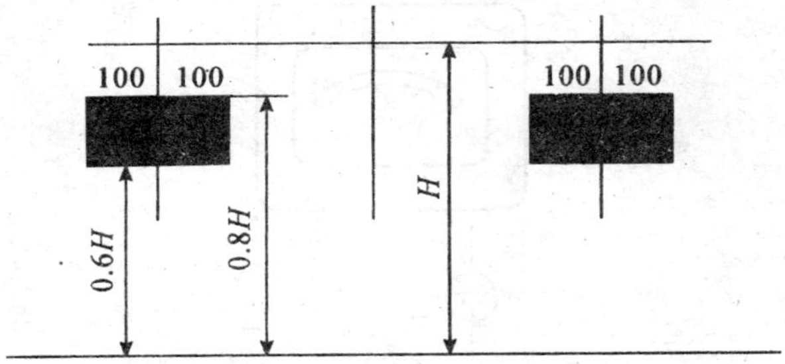

图 5-3　近光检测点照射区域

（2）调整四灯制前照灯（远光单光束灯），要求屏幕上光束中心离地高度为 0.85～0.90H，水平位置左灯向左偏不得大于 100 mm，向右偏不得大于 170 mm；右灯向左或向右偏均不得大于 170 mm。远光检测点照射区域，见图 5-4。

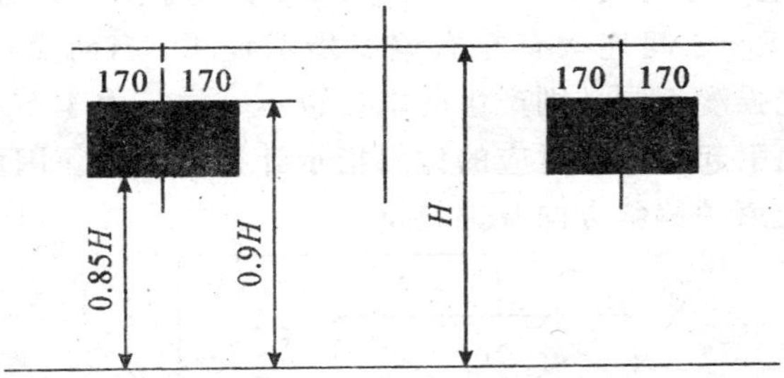

图 5-4　远光检测点照射区域

（3）机动车装用远光和近光双光束灯时，以调整近光光束为主；对于只能调整远光单光束灯的机动车，调整远光单光束。

2. 前照灯发光强度要求

机动车每只前照灯远光光束的发光强度应达到如下的要求：两灯制为 12 000 cd；四灯制为 10 000 cd。

测试时，其电源系统应处于充电状态。采用四灯制的汽车，其中两只对称的灯达到两灯制的要求时，可视为合格。

第二节　前照灯检测仪及检测方法要求

一、前照灯检测仪的检测原理

前照灯检测仪是采用具有把光能转变为电能的光电池，按照前照灯主光速照射光电池产生电流的强弱及比例来测量前照灯的发光强度和光轴偏斜量。

1. 发光强度的检测原理

图 5-5 所示的发光强度检测电路由光电池 1、光度计 2 和可调电阻 3 组成，当前照灯在规定距离照射光电池时，光电池立刻产生电流，电流的大小与光的强弱成正比。改变电

路中可变电阻的大小，可以使光度计的指针回零。

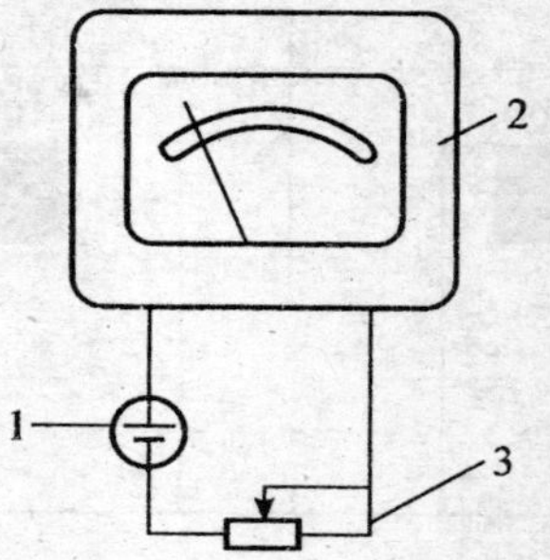

1—光电池；2—光度计；3—可调电阻

图 5-5 发光强度检测电路

2. 光速偏斜量的检测原理

图 5-6 把光电池组 2 分割成 $S_上$，$S_下$，$S_左$，$S_右$ 四份。在 $S_上$ 与 $S_下$ 之间连接有上下偏斜指示计 3；在 $S_左$ 与 $S_右$ 之间连接有左右偏斜指示计 1。当前照灯的光束照射到光电池时，四份光电池如受光强度不同，则产生的电流也不一样。由于 $S_上$ 与 $S_下$ 和 $S_左$ 与 $S_右$ 之间的电流不相等，从而引起与之相对应的偏斜指示计指针摆动。因此，从指针摆动的方向与幅度，即可测量出光束的偏斜方向及偏斜量。

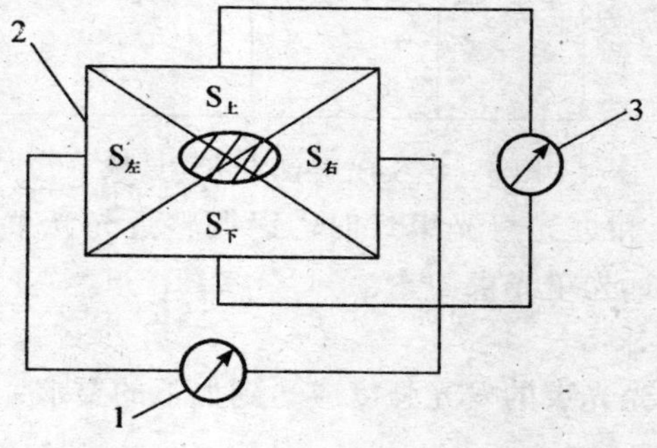

1—左右偏斜量指示计；2—光电池组；3—上下偏斜指示计

图 5-6 光束偏斜量的检测原理

二、全自动前照灯检测仪的工作原理

全自动追踪光轴式检测仪的受光器设有两组电池组。在聚光镜上下与左右设有一组四个对称分布的光电池，如前照灯的照射方向有偏差时，上下光电池输出电流通过电动机控制受光器上下移动；左右光电池输出电流控制检测仪底箱在导轨上左右移动。当四个光电池受光量相等时，受光器的位置对准光轴，四个光电池所构成的回路中无回路电流，受光器便不再移动。因此，这四个光电池是用于受光器自动追踪主光轴方向的。主光轴找正后，可由光度计上读出前照灯的发光强度。

为了检测光束照射位置，在受光器内另设置了一组四个上下左右对称的光电池，这一组光电池与聚光透镜上的一组光电池相互平行，且其对称中心轴线在初始位置应与灯的几何中心轴线平行。

当前照灯主光轴方向无偏斜时，它的四个光电池受光量应相等，光轴偏斜指示计无偏斜。

如果前照灯光轴有偏斜，主光轴穿过受光器上的两组光电池。因为两组光电池虽然平行，但前一组光电池受光量相等，后一组光电池受光量却不相等，根据该组光电池的差值，光轴偏斜指示计会有指示，即可测出主光轴在水平与垂直方向的倾斜角。全自动前照灯检测仪的外形结构如图 5－7 所示。

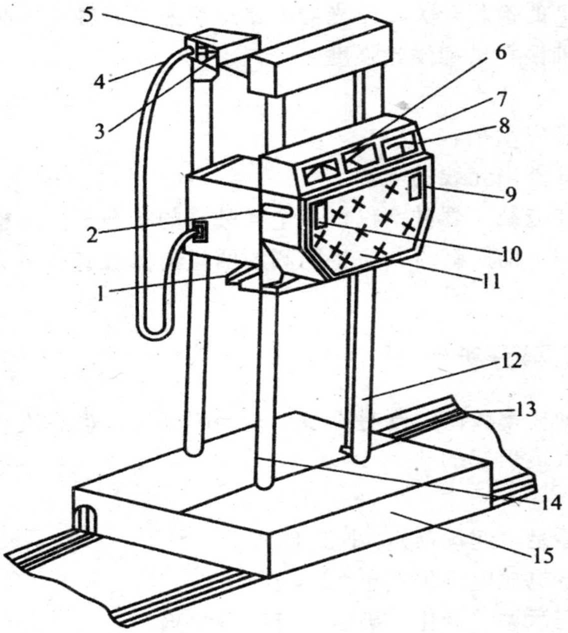

1—调整手轮；2—车辆找准器；3—输出信号插座；4—控制盒插座；5—接线盒；
6—光轴上下偏斜量指示表；7—光度计；8—光轴左右方向偏斜量指示表；9—测定指示灯；
10—电源指示灯；11—光接收箱；12—右立柱；13—轨道；14—左立柱；15—底座

图 5－7　全自动前照灯检测仪的外形结构

三、前照灯的检测方法

使用前照灯检测仪检测前照灯时，由于前照灯检测仪的型号不一样，检测方法也有所不同，使用时应按使用说明书的要求进行。

1. 被检测车辆在检测前应做的准备工作

（1）清洁前照灯。

（2）保持轮胎气压正常。

（3）保持蓄电池状况良好。

2. 前照灯检测仪的准备

（1）前照灯检测仪不受光时，光度计和光轴偏移指示计的指针应指向“0”，否则应调整。

（2）聚光透镜和反射镜的镜面应清晰。

（3）水准器的气泡应处于规定的位置。

（4）导轨移动平顺、灵活。

3. 全自动追踪光轴式前照灯检测仪的检测步骤

(1) 被检车距检测仪 3 m，且方向与检测仪导轨垂直。

(2) 用车辆找准器使检测仪与车辆对正。

(3) 打开前照灯，接通检测仪电源，用控制盒上的位置开关调整受光器的位置，使前照灯光束直射受光器。

(4) 按下控制盒上的检测开关，受光器即追踪前照灯光轴，根据光轴偏移指示计和光度计的指示，得出光轴偏斜量和发光强度。

4. 注意事项

(1) 检测仪的底座应水平。

(2) 检测仪要避开外来光线的干扰。

(3) 被检车辆应在空载、驾驶室仅留一个驾驶员的状态下进行检测。

(4) 被检车辆有四个前照灯时，应将同侧的两只前照灯遮住一只进行检测，随后再换测另一只。

四、灯光检测结果分析

灯光检测不合格的概率较高，既有设备、车辆的因素，也有人为的因素，其中主要原因是由于环境和检测人员引起的。

1. 光强度不合格

(1) 蓄电池电压不足（起动前），小于 12 V。

(2) 充电状态下蓄电池电压仍低于 12 V。

(3) 前照灯罩外壳污垢、老化、破裂，有明显缺陷。

(4) 仪表板前照灯远光无显示。

(5) 变光失效。

(6) 灯泡缺陷。

(7) 反光镜缺陷。

(8) 线路接触不良。

(9) 引车员操作失误。

(10) 前照灯检测仪寻不到光。

(11) 外来光线对检测仪干扰。

2. 光轴上下偏差不合格

(1) 车体外缘左右对称部位高度超出 40 mm。

(2) 车架变形。

(3) 悬架弹簧断裂、缺损。

(4) 左右轮胎气压不一致，差值大于 9.8×10^4 Pa。

(5) 前照灯光轴角上下偏差过大。

(6) 车辆抖动，引起前照灯仪振荡。

(7) 灯箱上下抖动。

(8) 外来光线对检测仪干扰。

3. 光轴左右始差不合格

(1) 前轴左右轮距偏差过大。

(2) 车架变形。

(3) 悬架弹簧断裂、缺损。

(4) 前照灯光轴角左右偏差过大。

(5) 车辆停车与地面车道线不平行（车辆与前照灯仪导轨不垂直）。

(6) 车辆抖动，引起前照灯仪晃动。

(7) 前照灯检测仪左右抖动。

(8) 外来光线对检测仪干扰。

前照灯的调整主要是光束照射位置的调整（发光强度不可调整）。若发光强度减弱，可通过更换灯泡、反射镜或前照灯总成来解决。要改变光束的照射方向，只要调整固定前照灯的紧固螺钉等即可。

第三节　对照明、信号装置和其他电气设备的性能要求

按照《机动车运行安全技术条件》和《营运车辆综合性能要求和检验方法》的要求，对汽车的照明、信号、仪表、线路等用电设备有以下要求：

(1) 汽车的灯具应安装牢靠、完好有效，不得因车辆振动而松脱、损坏、失去作用或改变光照方向；所有灯光开关应安装牢固、开关自如，不得因车辆振动而自行开关。

(2) 所有前照灯的近光都不得炫目。按照有关规定，夜间在没有路灯或照明不良的道路上，须距对面来车 150 m 以外互闭远光灯，改用近光灯。也就是说，夜间会车时允许采用近光灯，如果近光灯炫目，会车双方的驾驶员无法辨别前方的交通情况而易导致交通事故。

(3) 装有前照灯的车辆应有远近光变换装置，并且当远光变近光时，所有的远光应同时熄灭。同一车辆上的前照灯不允许左、右远、近光灯交叉使用。

(4) 车辆外部照明和信号装置的数量、位置、光色以及最小几何可见角度等，应符合汽车及挂车外部照明和信号装置的安装规定。

(5) 车辆的前位灯、后位灯、示廓灯、挂车标志灯、牌照灯和仪表灯应能同时启闭，当前照灯关闭和发动机熄火时仍能点亮。

(6) 危险报警闪光灯和转向信号灯的闪光频率为 (1.5±0.5) Hz，即每分钟 50 次左右。起动时间应不大于 1.5 s。

(7) 车辆仪表板上应设置与行驶方向相适应的转向指示信号。

(8) 仪表板上应设置仪表灯。仪表灯点亮时，应能照清仪表板上所有仪表并不得炫目。

(9) 各种客车应设置车厢灯和门灯。车长大于 6 m 的客车应至少有两条车厢照明电路，仅用于进出口处的照明电路可作为其中之一。当一条电路失效时，另一条电路应能正常工作，以保证车内照明，但不得影响驾驶员的视线和其他机动车的正常行驶。

(10) 车辆照明和信号装置的任一线路出现故障，不得干扰其他线路的正常工作。

(11) 车辆前、后转向信号灯、危险报警闪光灯及制动灯白天距 100 m 可见；侧转向信号灯白天距 30 m 可见；前、后位置灯、示廓灯和挂车标志灯夜间（好天气）距 300 m 可见；后牌照灯夜间（好天气）距 20 m 能看清牌照号码。制动灯的亮度应明显大于后位灯，一般制动灯的亮度应是后位灯亮度的 5 倍以上。在检查时，应按规定的天气，以正常人的眼睛在规定的距离内进行观察，清晰可见为合格。

(12) 车身大于 6 m 的客车应设置电源总开关（分线路保险完善的客车除外）。

(13) 车速表、水温表、机油压力表、电流表、燃油表、气压表等各种仪表和信号装置应齐全有效。

(14) 发电机技术性能应良好，蓄电池应保持常态电压，所有电气导线应捆扎成束、布置整齐、固定卡紧、接头牢固、并有绝缘套，在导线穿越孔洞时需设绝缘套管。此外，各种照明和信号装置允许采用复合式结构。例如，前位灯、后位灯可分别与前转向信号灯、后转向信号灯采用复合式结构。

[思考题]

5-1 发光强度和照度有什么关系？

5-2 何为前照灯的配光特性？

5-3 前照灯检测时对光束照射位置和发光强度有哪些要求？

5-4 简述前照灯发光强度的检测原理。

5-5 简述前照灯光轴偏斜量的检测原理。

5-6 简述前照灯的检测方法。

第六章　发动机综合性能检测

发动机是汽车最重要的总成之一。由于结构复杂，工作条件差，主要零部件既承受着高温、高压，又处在交变的转速和负荷下连续运转，致使故障率极高，而成为汽车检测的重点。

用于诊断发动机技术状况的参数较多，本文选择与发动机磨损量、功率、燃料消耗量、综合性能参数相关的检测项目进行讲解。在实际工作中，应视具体条件合理地选择检测项目，以判断发动机技术状况。

第一节　密封性检测

气缸密封性是表征气缸活塞组磨损程度的重要参数，也是判断发动机总的技术状况的依据。直接影响气缸密封性的因素有：气缸、缸盖、缸盖垫片、活塞和活塞环，以及气阀、气阀座圈、气阀导管、气阀弹簧等相关零件的工作状态。

一、气缸压缩压力检测

发动机气缸压缩压力与压缩比、曲轴转速、润滑油粘度和气缸活塞组等技术状况有关。通过气缸压缩压力检测，可以判断发动机技术状况，同时，根据检测时出现的故障症状，还能判定是气缸活塞组漏气，还是气阀与气阀座圈密封不严，分析各缸的磨损和漏气情况。

1. 气缸压力表结构及原理

气缸压缩压力常用气缸压力表检测。图 6－1 为气缸压力表。它由压力表头、导管、单向阀和接头等组成。压力表头的驱动元件是一根扁平的弯成圆圈状的金属管子，它的一端固定在表头底座上，另一端通过杠杆、齿轮机构和仪表指针相连。当气缸压缩气体进入弯管时，弯管在气体张力作用下伸直，驱动杠杆、齿轮机构带动指针转动，从而在表盘上指示出气缸压缩压力的大小。压力表接头有两种：一种为金属硬导管与橡胶锥形接头相连，直接压紧在火花塞安装孔上；另一种为软导管与螺纹接头相连，拧紧在喷油器螺纹孔内，用于柴油机气缸压缩压力的就车检测。单向阀控制弯管内压力是否与大气相通，当单向阀处于关闭位置时，以保持压力表指针示值稳定易于读数。检测结束后，打开单向阀，弯管内压力与大气压力相等，仪表指针迅速回落到零位，方便下次检测。

2. 使用方法

(1) 将发动机预热至正常热状态（水冷式汽油机出水水温为 80～90 ℃；柴油机出水水温 75～85 ℃；风冷式发动机润滑油油温 80～90 ℃）后熄火。卸下空气滤清器，用压缩空气吹净火花塞（或喷油器）周围的灰尘，再拆除全部火花塞（或喷油器）。

（2）检测汽油机，应先拔下分电器中央电极高压线并可靠接地，以防止电击和着火。将节气门和阻风门置于全开位置（减少运动阻力），然后将气缸压力表锥形橡胶接头，压紧在被测气缸的火花塞孔上。检测柴油机需选用螺纹接头。

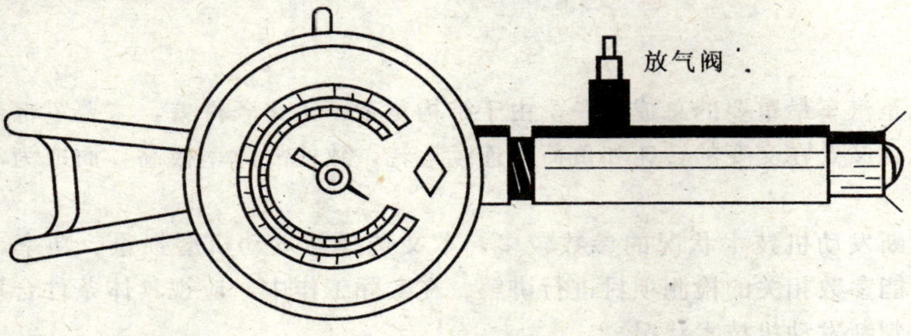

图 6-1　气缸压力表

（3）用起动机驱动曲轴 3～5 s，同时，用转速表监控曲轴转速（汽油机转速应为 130～150 r/min，柴油机为 500 r/min 左右），待压力表指针稳定后记录示值。按下单向阀，指针恢复到原始状态，以准备检测下一气缸。为提高测量数据的可靠性，各缸应依次测量两次，取平均值为测量结果。

3. 技术要求及测量结果分析

对发动机气缸压缩压力和各缸压力差的技术要求见表 6-1。

表 6-1　气缸压缩压力及各缸压力差的技术要求

作业项目	标准代号	汽油机		柴油机	
		气缸压缩压力	各缸压力差	气缸压缩压力	各缸压力差
在用车二级维护前	JT/T 201—1995	大于标准值的 85%	小于各缸平均压力的 10%	大于标准值的 90%	小于各缸平均压力的 8%
发动机总成送修标志	交通部 13 号令	气缸压缩压力小于标准值的 75%			
发动机大修竣工	GB 3799—83	符合标准值	小于各缸平均压力的 8%	符合标准值	小于各缸平均压力的 10%

测量结果大于标准值，并不能表征气缸密封性能好，应结合发动机使用、维修情况进行综合分析。如燃烧室内积炭过多、缸盖垫片过薄、缸体或缸盖接合面经多次磨削加工等，导致燃烧室容积减小，使压缩比增大，从而提高了气缸压缩压力。若测量结果小于标准值时，可向被测缸的火花塞（或喷油器）孔注入 20～30 mL 新鲜润滑油，摇转曲轴数圈后再测该气缸压缩压力，如测量值与加润滑油前相同，说明气阀漏气，应修磨气阀或铰削气阀座圈。如测量值比加注润滑油前有所增加，说明气缸、活塞、活塞环等严重磨损。也可在发动机高速运转时，打开加润滑油口盖，若有气体连续窜出，表明活塞环已过度磨损或环口对齐，应卸下缸盖，更换活塞环。

4. 检测时注意事项

用气缸压力表检测气缸压缩压力，虽然应用较广泛，但测量数据稳定性差。图 6-2 为发动机气缸压缩压力与曲轴转速关系曲线，图示说明，在低速范围内，较小的转速差值 Δn，能够引起测量结果 Δp 较大的变化，只有曲轴转速达到一定值后其影响才逐渐减小。为此，使用气缸压力表检测时，必须控制曲轴转速，以保证测量精度。

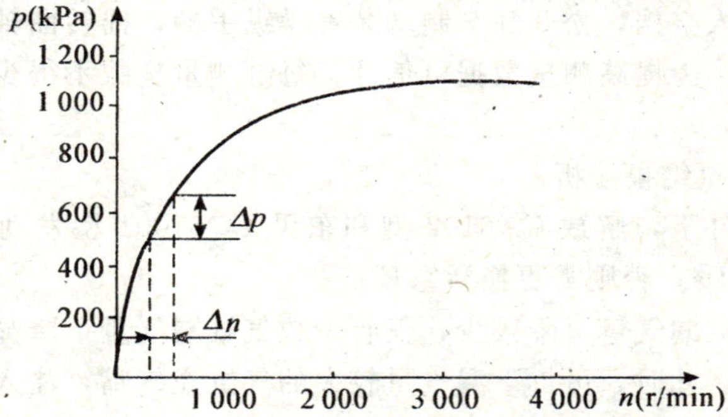

图 6-2　气缸压缩压力与曲轴转速关系曲线

二、气缸漏气量检测

1. 气缸漏气量检测仪结构及原理

图 6-3 为气缸漏气量检测仪简图。仪器由减压阀、进气压力表、测量表、校正孔板、橡胶软管、快换管接头、充气嘴、指针和活塞定位盘等组成。它是利用充入气缸内的压缩空气，测量活塞处于压缩行程上止点时，气缸内压力变化情况，来判断气缸活塞组和气阀组的磨损程度，从而检查发动机技术状况。

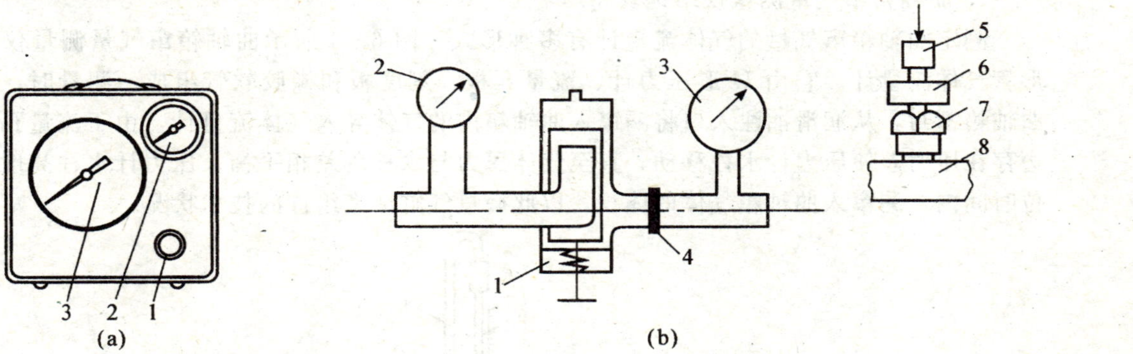

1—减压阀；2—进气压力表；3—测量表；4—校正孔板；
5—橡胶软管；6—快换管接头；7—充气嘴；8—缸盖

图 6-3　气缸漏气量检测仪简图

2. 使用方法

(1) 将发动机预热至正常热状态，然后用压缩空气吹净缸盖和火花塞孔周围的灰尘。拆除全部火花塞换装充气嘴，用橡胶软管连接空气压缩机和检测仪。

起动空气压缩机，使检测仪的进气压力表读数，相当于被测发动机气缸压缩压力的设计值，一般在 0.9～1.27 MPa 之间。在检测仪出气口完全封闭的条件下，调节减压阀使测量表指针示值稳定在 0.4 MPa 位置。

(2) 卸下发动机原分电器盖和分火头，换装上指针和活塞定位盘，摇转曲轴，按发动机点火顺序及定位盘缸序刻度，确定第一缸压缩行程上止点位置。将变速器挂入低速挡，拉紧驻车制动装置操纵手柄。

(3) 迅速将快换管接头插入第一缸充气嘴，读取测量表指针下降值。同时，察听化油器口、排气消声器口、散热器加水口和润滑油注入口等处是否有漏气声，以确定故障部位。

(4) 将变速器换入空挡，松开驻车制动装置操纵手柄，摇转曲轴，按点火顺序依次测量其他缸压缩压力值。为提高测量数据可信性，每缸测量次数不得少于两次，取平均值为测量结果。

3. 技术要求及测量结果分析

在规定的检测条件下，解放 CA6102 型和东风 EQ61001 型发动机气缸漏气量，测量表气压值应≥0.25 MPa。否则需更换活塞环。

检测中若多数气缸漏气量下降较少，仅有少数气缸漏气量下降显著，可初步判定为气阀密封不严引起漏气。此时，可拆下漏气量较大的气缸充气嘴，注入少量新鲜润滑油作进一步检查。

4. 检测时注意事项

检测仪所接的空气压缩机应有油水分离装置，保证减压工作可靠。仪器使用后，减压阀应旋回至原始状态。

发动机气缸漏气状况，既可用气缸漏气量，也可用气缸漏气率进行评定。而漏气量检测仪与漏气率检测仪的构造、工作原理和使用方法完全相同。

三、曲轴箱窜气量检测

1. 曲轴箱窜气量测量仪结构及原理

测定曲轴箱窜气量的气体流量计有多种形式。图 6-4 所示曲轴箱窜气量测量仪为 U 形管气体流量计。它由 U 形压力计、流量孔板、刻度板和橡胶软管组成。测量时，须将曲轴箱密封，从润滑油注入口将漏窜入曲轴箱内的气体导入气体流量计，由于流量孔板两边存在压力差使压力计水柱移动，直至气体压力与水柱落差相平衡。压力计水柱高度为单位时间内，漏窜入曲轴箱气体的体积，以此衡量气缸活塞组件的技术状况。

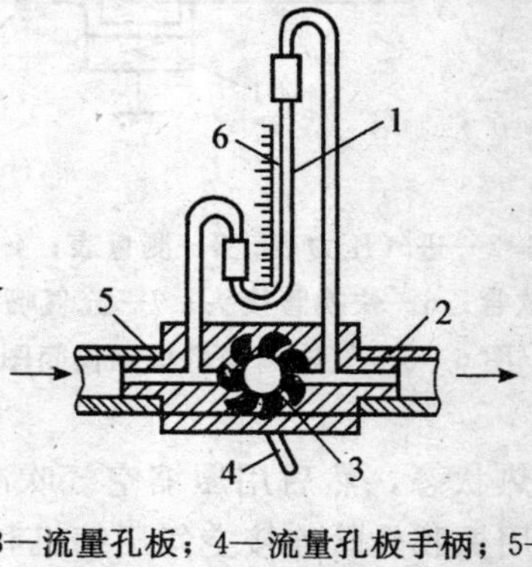

1—U 形压力计；2—通入气管；3—流量孔板；4—流量孔板手柄；5—通曲轴箱橡胶软管；6—刻度板

图 6-4　曲轴箱窜气量测量仪简图

2. 仪器使用方法

(1) 密封曲轴箱进、排气通道，然后用橡胶软管连接曲轴箱润滑油注入口与测量仪进气口。

(2) 在汽车底盘测功机上，通过该滚筒驱动车轮经传动系对发动机加载，当发动机处于正常热状态时，全开节气门（柴油机供油拉杆推到底），在最大扭矩转速下调节流量孔板，通过选择不同直径的小孔，使U形管一端的气体压力，与另一端的水柱落差相平衡。刻度板上所示水柱高度，为单位时间内窜入曲轴箱的气体流量。如无底盘测功机，也可在坡道上选用合适挡位，或在平路上使用制动装置进行加载，测量曲轴箱内漏窜的气体流量。这种检测方法，因试验工况欠稳而影响测量结果。

3. 技术要求及数据分析

曲轴箱窜气量与气缸活塞组总的技术状况相关。还与发动机气缸数、缸径、转速和负荷有关，为此，国家暂未制定统一的技术要求。表6－2为国外标准和我国地方标准推荐值。

曲轴箱窜气量较大时，一般由气缸活塞组严重磨损、活塞环粘结或折断、活塞烧顶和气缸拉伤等造成。测量结果应结合使用、维修和配件质量等进行综合分析。曲轴箱窜气量只能表征发动机总的工作能力，根据它难以确定各缸磨损程度。

曲轴箱窜气量诊断标准有待维修企业逐渐积累资料制定。推荐按单缸平均窜气量作为检测诊断标准。

在非标准状态下，测量的曲轴箱窜气量应校正为标准状态进行评定。标准状态是指气温20 ℃、气压100 kPa，校正公式：

表6－2　曲轴箱窜气量推荐值

类型	推荐值 L/min	
	汽油机	柴油机
轻型车发动机，怠速时曲轴箱窜气量	<40	
中型（含中型以上）车发动机，怠速时曲轴箱窜气量	<70	
发动机总成送修时，单缸平均窜气量	<16～22	<18～28
新发动机单缸平均窜气量	<2～4	<3～8

$$Q_0=\frac{\overline{Q}}{C_1 \cdot C_2}$$

式中：$\overline{Q}$——实测曲轴箱窜气量，L/min；

Q_0——校正的曲轴箱窜气量，L/min；

C_1——环境温度校正系数：$C_1=1+0.0025\ (20-T)$；

C_2——大气压力校正系数：$C_2=1+0.0021\ (P-100)$；

T——测量时的环境温度，℃；

P——测量时的大气压力，kPa。

四、进气管真空度检测

利用发动机进气支管的真空度或化油器喉管处的真空度工作的装置有：化油器副腔节气门真空开启装置、化油器阻风门真空微开装置、分电器点火正时真空提前装置、电喷发动机燃油压力调节器和主腔节气门真空控制负荷自动调节装置等。进气支管真空度检测能直接反映进气系统的密封程度，以及真空控制装置的功能。

1. 真空表结构及原理

发动机专用真空表，表头结构与气缸压力表头结构相同。当表头弯管内抽成真空时，弯管在真空作用下更加弯曲，从而带动杠杆、齿轮机构驱动指针动作，在表盘上指示出真空度值。真空表量程通常为 0～101.325 kPa，精度±0.15 kPa。

检测时，将带有真空表的手动真空泵所配置的橡胶接头与检测管路相连接，既可抽真空又能指示真空度。检测进气系统密封性和真空控制装置是否失灵。

2. 真空度检测方法及检测结果分析

(1) 进气系统密封性检测。将真空表接在发动机进气支管或化油器喉管的下方，发动机在正常热状态下怠速运转，真空度应稳定在 50～70 kPa 之间，波动值应小于或等于 5 kPa。若节气门全开指针示值为 5～7 kPa，当节气门迅速地开、闭时，真空度指针应在 6.3～84.6 kPa 间灵敏摆动，即真空度对节气门开度随动性较好，说明进气系统密封性状况良好。

(2) 点火正时检测。动态下发动机的最佳的点火提前角所对应的真空度也比较大。发动机在某一缸工作正常时，若进行断火试验，真空度须明显跌落，当加大或减小点火提前角时，真空度则有所下降。当真空度低于正常值时，可以转动分电器外壳直至真空表示值最大为止，所对应的转角为最佳点火提前角。

(3) 排气系统堵塞的检测。现代汽车为了降低排放污染物，大多装有三效触媒催化剂。使用时，催化剂因结胶、积炭和破碎而引起排气系统局部堵塞，使排气负压增加，真空度过低，造成进气不充分而排气不彻底现象。怠速时真空度只达到 53 kPa，甚至迅速跌落至零点，若堵塞严重，发动机只能维持低速运行。

(4) 真空控制装置性能检测。拔下通往分电器真空室的软管，用手动真空泵对真空室施加 66.7 kPa 的负压，真空表指针示值稳定不动，说明发动机分电器的真空提前装置膜片密封良好。在怠速状态打开汽车空调后，怠速转速下降过低，可用手动真空泵对负荷自调真空室抽真空，若怠速升高，证明负荷自调真空室工作正常。

3. 检测中注意事项

进气支管真空度检测，只能判断发动机总的技术状况，难以确定故障的具体部位，仅是一种辅助检测诊断方法。检测中真空度随海拔升高而降低，海拔每升高 1 000 m，真空度降低 10 kPa，检测结果需按所在地海拔位置，修正采用的诊断标准。

五、工业内窥镜无损伤检测

1. 工业内窥镜结构及使用方法

工业内窥镜由电源、导线、电缆、窥视管、物镜和目镜等组成。它利用光学纤维传光、像原理及柔软弯曲性能，对被校对象内部肉眼观察不到的隐蔽部位，进行有效的远距离检查。

使用内窥镜时，首先要拆下需检查的气缸的火花塞或将发动机的火花塞全部拆下，将内窥镜的物镜从火花塞孔插入燃烧室，当活塞位于下方或下止点时，用目镜观察：气缸套内壁有无划伤或拉伤，活塞顶面有无烧蚀和严重积炭、积垢，燃烧室周围积炭分布和积炭程度，进排气阀上有无积炭和密封环带密封状况等，根据观察情况和异常现象的拍片分析，决定发动机是拆检还是进行不解体维护。

当发动机仅是燃烧室、进排气阀积炭过多，活塞与活塞环和缸套磨损较轻时，可采取解体维护技术恢复发动机技术状况。

2. 不解体维护技术的应用

(1) 在润滑油中添加清净剂、分散剂进行机内清洗。洁净剂能防止或抑制润滑油氧化而生成沉积物，软化和清洗活塞、缸壁和进排气阀上的积炭。分散剂用于吸附发动机低速时形成的油泥，防止油泥凝聚生成沉积物，而使油泥分散悬浮于润滑油中，不致堵塞油路和滤清器。

(2) 在燃料中添加燃料系统清洗剂，清洗燃料喷射系统或化油器系统的积炭和积胶。清洗剂在汽车运行过程中，自动地清洗油路、化油器、进气支管、喷嘴、进排气阀和燃烧室积炭。

(3) 在润滑油中添加减摩耐磨添加剂或油性剂，能在发动机各摩擦表面形成吸附膜，修复磨损表面，恢复发动机压缩比，消除发动机冒蓝烟或黑烟现象。

在多种添加剂复合使用或混合时应注意，由于发动机运行工况和添加剂性能相异，切忌将添加剂随意复合，破坏润滑油效果。

第二节 油品质分析及消耗量测定

发动机使用时，润滑油因老化而变质，颜色会变黑，黏度会变稠或变稀，添加剂失效等，致使润滑油失去润滑、冷却、清洗和密封等功能。引起润滑油品质恶化的原因有：高温下生成氧化物，破坏了润滑油的理化性能，其次是机械杂质的污染，机械杂质包括气缸吸入的灰尘、零件表面剥落的微粒、未完全燃烧的重质燃料、未燃烧的蒸气等。氧化物与机械杂质混合形成胶状物，从润滑油中大量析出，成为油泥沉积物而堵塞油路，少量的悬浮于润滑油内，对零件造成一定程度的腐蚀。

定期对发动机润滑油品质和消耗量进行测定，可判断发动机磨损部位和程度，并有助于制定合理的换油周期。润滑油品质分析常用以下方法：理化性能指标检测法、滤纸斑点分析法、清净性分析法、介电常数分析法、磁性探测器法、光谱分析法等。现仅讲述在运输或维修单位采用较多的几种方法。

一、滤纸斑点分析法

1. 分析原理

将在用润滑油按规定条件滴在专用滤纸上，油滴将逐渐向滤纸四周浸润并扩散。因润滑油内所含机械杂质的数量、粒度和剩余清净分散剂不同，油滴扩散的程度也不一样，在滤纸上形成颜色深浅不一的三层环状斑点图。滴定的斑点图与标准斑点图谱进行对比、分析油样剩余清净分散性和老化变质程度，确定合理的换油时刻。图 6－5 为滤纸斑点形态示意图。

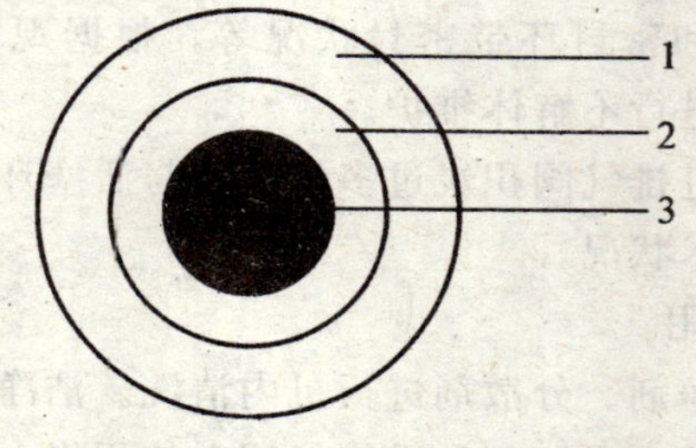

1—油环；2—扩散环；3—沉积环

图 6-5　滤纸斑点形态示意图

沉积环在斑点图中心，是润滑油内粗颗粒的机械杂质沉积区域，从颜色的深浅可粗略判断油样被污染的程度。

扩散环是沉积环外围的环带，由油样中悬浮的细颗粒机械杂质向外扩散时形成。杂质颗粒愈细，扩散环留下的环带痕迹便放宽，颜色逐渐变浅。观察扩散环的环带宽窄与颜色变化均匀程度，可分析润滑油清净剂消耗情况。

油环是扩散环外围的环带，颜色由浅黄渐成棕红，它表征润滑油被氧化的程度。

2. 检验与评定方法

滤纸斑点试验，按照国家标准 GB 7607—87 中附录 A《内燃机油滤纸斑点试验方法》的规定：

滤纸采用直径为 70 mm 试验滤纸或直径为 90 mm 定性快速滤纸。

滴油棒用直径为 2 mm、长 150 mm 的金属棒。棒的滴油端需磨尖。

框架用长、宽各为 120 mm 和 70 mm 的有机玻璃或塑料板制成一式两片框架，中间挖成直径为 50 mm 的孔。框架一边用胶布粘结，避免滤纸放置时框架的圆孔错位，又可避免滤纸背面接触台面影响油斑的扩散。

滴油油样，从热状态正常、未添加新油前的发动机底壳内采集。

滴油温度及油量，滤纸斑点试验在室内常温下进行，油温与室温须一致，便于油样充分扩散。滤纸在两片框架间压平，待油样充分搅拌后，迅速将滴油棒插入油样 3～5 mm 深。垂直提起待油样间断滴落时，取第三或第四滴油样滴在滤纸中心，将滴过油的滤纸连同框架平放在无风尘的环境中，静置 2～4 h。

将静置后的油样滤纸斑点图与标准滤纸斑点图谱对照，从而判断油样品质。图谱各级别特征及油样品质分析见表 6-3。

滤纸斑点分析法直观、简捷、易于操作，适宜现场作业。但只能对油样品质给予定性判断。

表 6-3　　**图谱各级别特征及油样品质分析**

级别	图谱特征	油样品质分析
一	核心区域和扩散环光亮无色或颜色很浅，无明显沉积环	为新鲜润滑油或使用时间很短的润滑油，未被污染，可以继续使用
二	沉积环与扩散环界限明显，扩散环较宽，油环明亮	润滑油使用时间较短，被污染程度较轻，清净分散性良好，能继续使用
三	沉积环暗黑，扩散环较宽，油环明亮	润滑油使用时间很长，被污染程度较重，清净分散性较好，允许继续使用

续表

级别	图谱特征	油样品质分析
四	沉积环深黑，扩散环开始缩小，油环颜色呈浅黄	润滑油已经使用很久，被污染严重，沉积物增多，清净分散性差，能勉强使用
五	沉积环深黑，出现胶状油泥，扩散环狭窄，油环黄色区扩大	润滑油已严重污染和氧化，清净性下降，不能继续使用，需更换新润滑油
六	扩散环消失，沉积环极黑，油环颜色为棕红色	润滑油已经变质恶化，机械杂质污染物凝聚于沉积区域，润滑油所含的清净分散剂已耗尽，不能继续使用，必须更换新润滑油

二、介电常数分析法

介电常数是指物质作为电介质时的电容与它在真空时电容的比。介电常数是物质最基本的电化学特性之一，它反映了物质传递电能的能力。当被测油样被污染和变质时，氧化物成了带有电荷的基团，当基团分子数目增加，油样的介电常数相应增大，据此表明，油样被污染、氧化程度较严重。润滑油的介电常数值，常用润滑油质量微电脑检测仪检测。

1. 仪器结构及原理

润滑油质量微电脑检测仪，由传感器、数字显示屏、清零按键、测量按键、电源开关以及单片机等组成。平面电容式传感器是两条螺旋形金属引线，从外缘绕向中心，以被测油样作为电容器介质。传感器得到电信号，通过单片机的数字电路转换成数字信号，数字信号经微电脑处理，并与参考信号进行比较，由数字显示屏显示出被测油样介电常数的变化量，当数字变化量愈大时，油样被污染、氧化愈严重。

2. 仪器使用方法及数字分析

国产 RZJ—2A 型润滑油质量微电脑检测仪质仪（简称油质仪）面板如图 6－6 所示。

（1）仪器准备

油质仪可直接采用 9 V 方电池供电，也可用 220 V 交流电通过电源转换器供电。选择 9 V 挡位时，十字型插头外为负极，内为正极。当十字型插头插入油质仪侧面插座内时，将自动切断电池电源，不必取出电池。

打开电源开关，油质仪数字显示屏将依次显示“＋00.0”“＋11.1”……“＋99.9”直至“－0”。表示仪器自校合格，功能正常，可投入使用。

（2）测量程序

用脱脂棉轻轻地擦拭传感器油槽，然后用 3～5 滴与被测油样同牌号的新鲜润滑油滴入油槽内且与油槽边沿平齐。经 2～5 s 后润滑油在油槽内充分扩散，再轻按“清零”按键，约 2 s 后清零，显示“±0.00”（按下“清零”按键，显示屏先显示上一个零点的变化量，一定要等 4 s 以后擦净新油）。再彻底清洁传感器油槽，并保持清洁、干燥。用 3～5 滴被测油样滴入传感器油槽内，约 2～5 s 油样扩散，按下“测量”按键，显示屏先显示被测油样相对新鲜润滑油介电常数改变值（简称油样综合测量值），约 30 s 后显示油样水分含量。以后每隔 2 s 分别交替显示油样综合测量值与水分含量范围。测量结束后，需再次清洁传感器油槽，保持干燥，切断电源。若连续测量时，要间歇调整零点。

油质仪测定的被测油样水分含量在 4.2～4.7 范围内为汽油机润滑油换油标准，5.0～5.5 为柴油机润滑油换油标准。

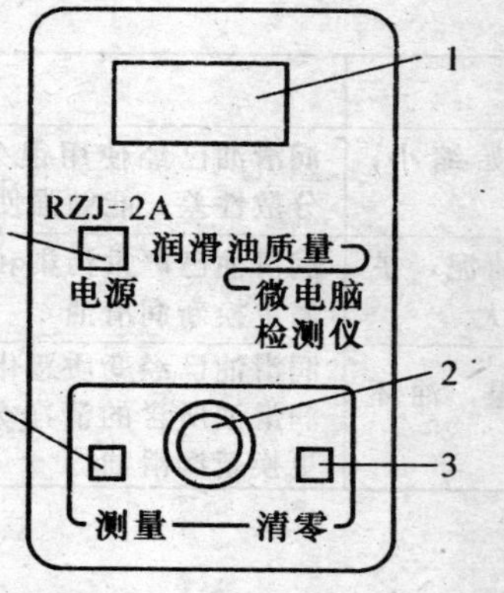

1—数字显示屏；2—机油传感器；3—清零按键；4—测量按键；5—电源开关

图 6-6 润滑油质量微电脑检测仪面板图

（3）仪器显示值分析

油质仪数字显示屏所出现的数字和符号含义见表 6-4。

表 6-4 显示屏上数字和符号含义

显示屏显示	数字或符号含义
0.2	被测油样水分含量 0～0.2%
2.4	被测油样水分含量 0.2～0.4%
4.0	被测油样水分含量 0.4～0.6%
6.8	被测油样水分含量 0.6～0.8%
8.0	被测油样水分含量 0.8%以上
数字为“+”稳定不动	被测油样为一般性污染、变质，含氧化物、积炭和酸性物质等
数字向“+”方向激烈漂移	被测油样含有较多水分、防冻液和粗颗粒金属杂质
数字向“−”方向漂移	被测油样被汽油稀释
+12.3	微电脑“中央处理器”有故障
+23.4	清零按键或测量按键有故障
45.6	微电脑程序有故障
78.9	金属颗粒引起传感器两条螺旋线之间短路，需清洁传感器油槽
LO BA－T	电池电压低于 7.5 V，应更换电池

三、润滑油消耗量测定

就车式发动机润滑油消耗量，可结合车辆实际运行进行定期测定。测量前，发动机预热至正常热状态，待油温稳定后熄火，通常采用方法有：

1. 油标尺测定法

被测在用车停置在平坦、硬实地面上，预热后熄火。将润滑油添加到油底壳规定的油面高度，用油标尺测量其油面高度，并标记出油面位置。车辆投入实际运行作业，待润滑油消耗至油标尺上允许的油量下限刻度时，或行驶一定的里程时停止运行。依照前次测量条件、地点，再向发动机油底盘内注入已知质量或容积的新鲜润滑油，使油平面恢复至原刻线位置，添加的已知油量为发动机润滑油消耗量。

2. 质量测定法

被测车辆停置在平坦、硬实的地面上，发动机预热至正常温度后熄火。迅速拧下油底壳放油螺塞，放掉油底壳内全部润滑油，再摇转曲轴数圈，直至油流成滴，记录下5 mm内油滴落数，拧上放油螺塞。按发动机润滑系容量（不包括润滑油滤清器容量），加入已知质量的润滑油至油标尺规定刻线。车辆投入实际运行，按作业里程或需要添加润滑油量时，仍按上次测量条件、地点、滴油时间和油滴数目放出全部润滑油。称量加入与放出全部油量之差为发动机润滑油消耗量。

比较两种测定方法，后者较为费时、费力但测量精度较高。

为了使测量结果具有可比性，一般将润滑油消耗量除以两次测量间隔内的行驶里程，或者换算成百公里（或千公里）润滑油消耗量。用测定值与核算定额值相比较，在外部检视无润滑油渗漏前提下，若润滑油消耗量明显增加或超标，再结合发动机运行时间、排气烟色、积炭和火花塞油污等现象，综合分析并判断发动机磨损及技术状况。

第三节 发动机参数综合检测

一、微机发动机综合检测仪简介

运用微机发动机综合检测仪，对发动机在不同的工况下诸多技术状况参数进行自动检测、比较和分析，是提高检测精度和检测效率较为理想的方法。现以国内使用比较普遍的QFC--5型微机发动机综合检测仪为例。

1. 设备的工作原理及主要功能

QFC--5型微机发动机综合检测仪外观图如图6－7所示。微机由主机、显示器和键盘三大件组成，另配置有一台打印机，各件之间由控制电缆相连接，通过电缆交换信息。

微机发动机综合检测仪，是以微处理机为核心的测量和数据处理系统。该系统通过各种不同的传感器，从发动机的适当部位采集到各种信号，这些信号经过放大和处理后送往主机，在相应软件的支持下，通过键盘操作，自动进行各种参数的测量和故障诊断，可以将测量结果按需要存储、重显和打印输出，可调出标准异响波形与实测波形进行比较、分析，并且能实现自动单缸断火。图6－8为设备的工作原理方框图，主要检测功能有：

（1）汽、柴油机起动电流、起动电压、起动转速和气缸压缩压力测量。

（2）汽、柴油机点火或喷油提前角度测量。

（3）汽、柴油机配气相位的动态检测。

（4）汽油机点火系的分电器重叠角、触点闭合角。

（5）柴油机燃油系检测。

（6）汽油机单缸动力性检测。

(7) 汽、柴油机动力性检测。

(8) 汽、柴油机异常声响分析。

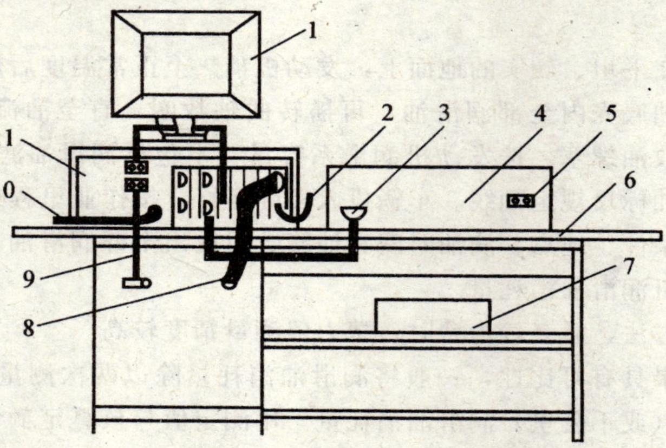

1—显示器；2—主机与异响盒电缆线；3—主机与打印机电缆线；4—打印机；
5—打印机电源插座；6—工作台；7—电源插盒；8—传感器信号线；
9—主机电源电缆线；10—主机与键盘电缆线；11—主机

图 6-7　微机发动机综合检测仪外观图

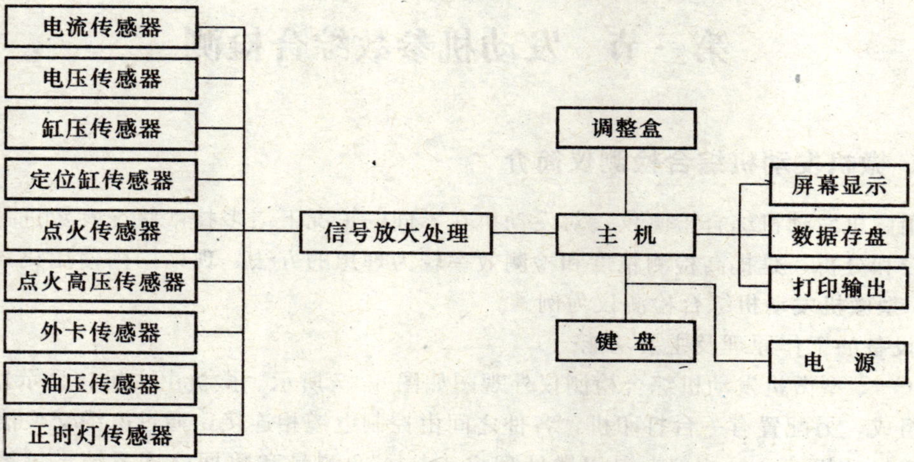

图 6-8　微机发动机综合检测仪工作原理方框图

2. 主要检测项目及技术要求

仪器主要检测项目及技术要求见表 6-5。

3. 检测前准备

检测前，按表板上接线标志或提示，连接主机、显示器和打印机电缆线，以及各传感器电缆线，图 6-9 为检测汽油机各传感器连接图。

表 6-5　　仪器主要检测项目及技术要求

检测项目	测量精度	技术要求
起动电流 起动电压	电流≤5% 电压≤2%	起动电流稳定值 100～150 A 起动前电压≥12 V，稳定电压≥9 V 蓄电池内阻≤20 m

续表

检测项目	测量精度	技术要求
触点闭合角	±1°（曲轴转角）	触点式点火系：四缸发动机闭合角 40°～45° 六缸发动机闭合角 36°～42°
分电器重叠角	≤1°	点火重叠角不大于标准闭合角的 5%；电子点火系重叠角不大于 3°
点火提前角	±1°	各转速下发动机点火提前角与发动机技术条件规定之差不大于 3°
点火高压	±200 V	点火线圈最高工作压力不小于 20 kV，各缸工作电压不小于 6～9 kV，各缸工作电压差不大于 2 kV，点火波形应正常
发动机功率	±5%	≥标准值的 80%
单缸转速降	±10 r/min	在规定转速下，四缸发动机单缸转速降 20～25 r/min；六缸发动机单缸转速降 10～15 r/min；各缸转速压差值<25%
配气相位	0.01	当气阀间隙为 0.25 mm 时，气阀开闭角度≤2°

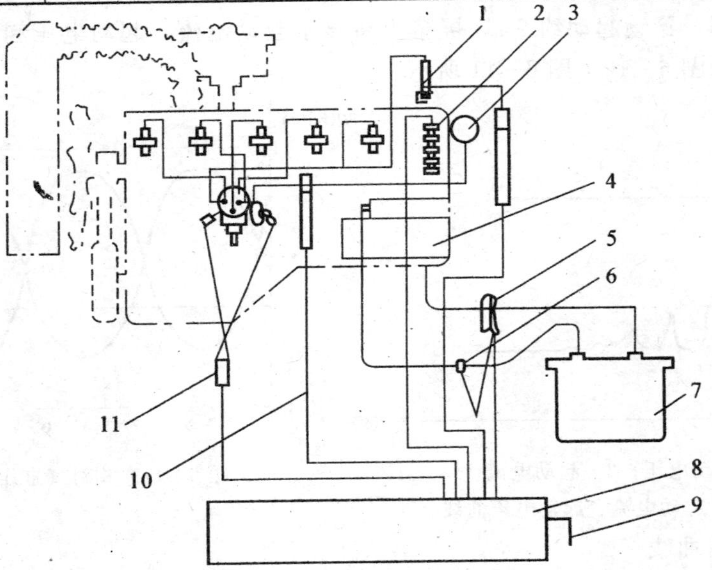

1—拆下的火花塞；2—缸压传感器连线；3—点火线圈；4—起动电机；
5—电流传感器接线；6—电压传感器接线；7—蓄电池；8—微机发动机综合检测仪；
9—检测仪电源线；10—点火高压传感器接线；11—点火传感器接线

图 6－9 检测汽油机各传感器连接图

(1) 电流传感器——将金属夹夹持在蓄电池接地线上（负极接地），传感器上标注的“↑”符号指向蓄电池负极，流向与电流方向一致。

(2) 电压传感器——红线夹接蓄电池正极，黑线夹接蓄电池负极。

(3) 缸压传感器——吹净火花塞周围的灰尘，拆下火花塞（或喷油嘴），将缸压传感器旋入火花塞孔内拧紧（最好是首、尾气缸）。

(4) 定位缸传感器——串接任一缸的火花塞与高压线之间，该缸作为定位缸。

(5) 点火传感器——触点式点火发动机，将点火传感器端口输出的红线夹接断电器触点上，黑线夹接地。电子点火式发动机、将点火传感器的红线夹与点火线圈初级的负端相连，黑线夹接地。

(6) 点火高压传感器——拆除原高压线，将点火高压传感器两端高压线分别串接在点火线圈与分电器之间。

(7) 外卡传感器——柴油机处在工作状态下，将外卡传感器拧紧于任意缸的高压油管上。

4. 仪器操作要点

按检测项目将传感器连接在发动机相应的测量部位。接通微机电源，经过内部自检后，键入规定的密码，进入检测仪程序及执行其他管理程序。待仪器处于实际工作状态时，再键入规定的密码，仪器将自动进行参数测量和波形显示。每次检测后，对下一个测量项目不用的传感器务必及时地拆除，恢复仪器的原有状态。

二、起动性能曲线的观测

连接电流传感器、电压传感器、缸压传感器和点火传感器的电线。接通起动机电源，键入规定的密码，连续起动约 5 s，屏幕上将显示起动电流、起动电压和相对气缸压力三条曲线，分别如图 6－10、图 6－11 所示。

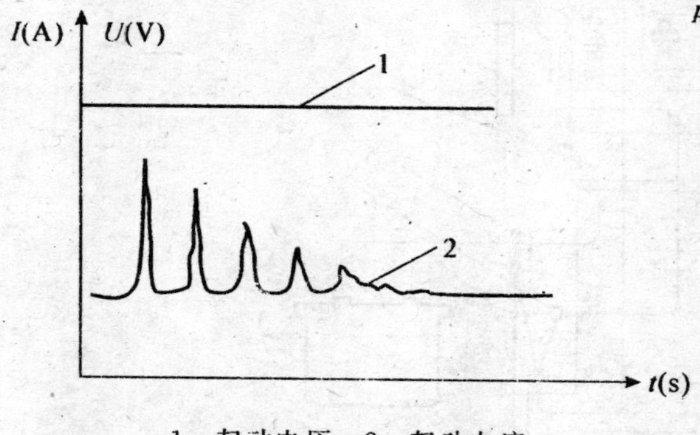

1—起动电压；2—起动电流

图 6－10　起动电流、起动电压曲线

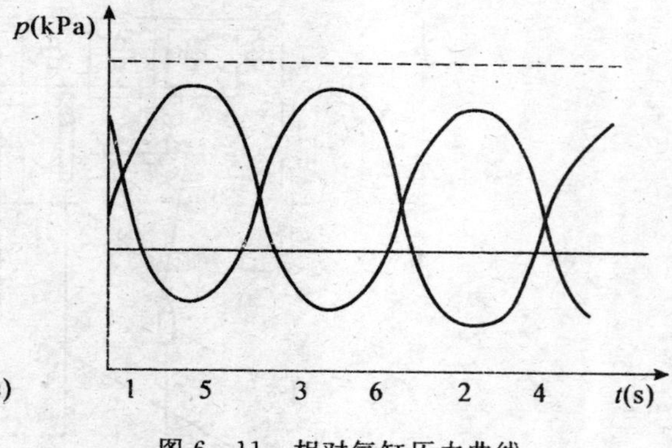

图 6－11　相对气缸压力曲线

1. 起动电流曲线

在开始起动瞬间，起动机所消耗的电流非常大，有峰值出现。经过 1～2 s 起动电流趋向稳定，稳定电流值对汽油机为 100～150 A；柴油机为 200～600 A。当屏幕上所显示的起动电流频带较宽时，说明蓄电池内阻较大，若更换新的蓄电池后频带仍然过宽，表明起动机性能欠佳。

2. 起动电压曲线

起动时蓄电池额定电压对汽油机为 12 V，柴油机为 24 V。选取显示起动电压波形的中间值为稳定电压值，通常稳定电压值应不小于蓄电池额定电压的 80%。若起动电压曲线稳定区较平，说明蓄电池性能良好；若曲线下降很陡，说明蓄电池放电严重，应检查蓄电池和充电系统是否良好。

3. 相对气缸压力曲线

以发动机第一缸为标准缸，该缸的气缸压力为绝对压力，其余各缸均为起动机带动各缸起动时，所用电流的大小换算成相对气缸压力。相对气缸压力曲线接近于正弦波波形。曲线在坐标图上由标准缸开始，按点火顺序表示各缸压力值。当波形幅度均匀时，表示各缸气缸压力相同。若出现共缸波形幅度偏小，说明该缸气缸压力不足，可能是活塞环、气阀或缸盖垫片等处漏气。若相邻气缸缸压低而其他缸正常，可能为两缸间缸盖垫片破损引起窜气，或缸盖螺栓未拧紧所致。若某缸或数缸相对缸压偏高，发动机工作时伴有突爆和过热现象，说明燃烧室积炭严重，或修理后发动机压缩比发生了改变。

三、点火波形的观测

连接点火传感器、定位缸传感器和点火高压传感器的电缆线。

汽油机点火系基本电路如图 6－12 所示。它由蓄电池、点火开关、点火线圈、分电器、断电器、电容器和火花塞等组成。图中任何部件发生故障，都会影响发动机的运行工况。在发动机实际运行时，观测和分析点火波形，能迅速、准确地判定点火装置的技术状况。

1. 单缸直列标准波形

图 6－13 为发动机在 1 500 r/min 时，经放大后的单缸直列标准波形，横坐标为时间，单位 ms；纵坐标为电压，单位 kV，其波形是由传感器跨接于断电器触点而测得、它反映点火线圈初级、次级（某一气缸）电压波形从断电器触点张开，经过一个循环后，到触点再次开启时的一个完整的点火循环过程。

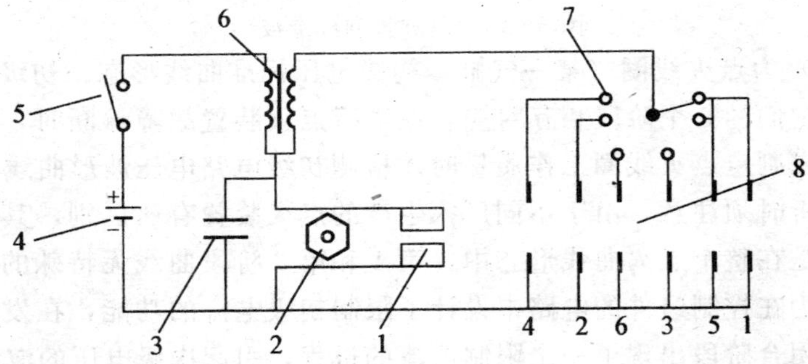

1—断电器触点；2—分电器凸轮；3—电容器；4—蓄电池；
5—点火开关；6—点火线圈；7—分电器；8—各缸火花塞

图 6－12　汽油机点火系基本电路图

图 6－13（b）为点火线圈次级电压标准曲线形态，它包括点火阶段、中间过渡阶段和初级电路闭合阶段 3 个部分，图中 *AD* 段为点火阶段，断电器触点张开，点火线 *AB* 几乎呈垂直状态，其高度表示击穿火花塞电极间隙所需的电压，正常情况下为 5～15 kV，高能固态点火时可达 25 kV。当发动机转速提高时，击穿电极间隙的电压会有所提高。火花延时线 *CD* 近似水平波折线，它在坐标系中的高度，表示火花塞电极间隙被击穿后导通的电压值，一般应小于 2 kV，在 1.3～1.8 kV 左右，在坐标系中的长度表示导通时间，一般在 1.5 ms。*DE* 为中间过渡阶段，它是点火结束后次级线圈中剩余能量耗散阶段，一般情况下，维持电压衰减低频振荡的次数不少于 4 次。*EF* 是初级电路闭合阶段次级电路

电压变化阶段，E点是初级电路的闭合点（断电器触点闭合），从此刻起次级电路的感应电压发生变化；在F点初级电路断开，次级绕组产生高电压开始下一次的点火过程。

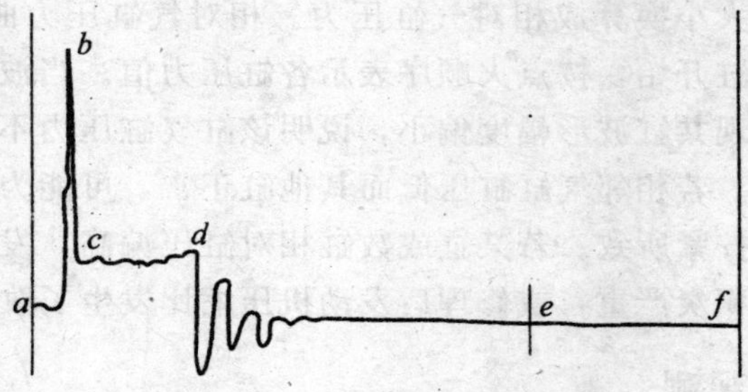

（a）单缸直列初级标准波形

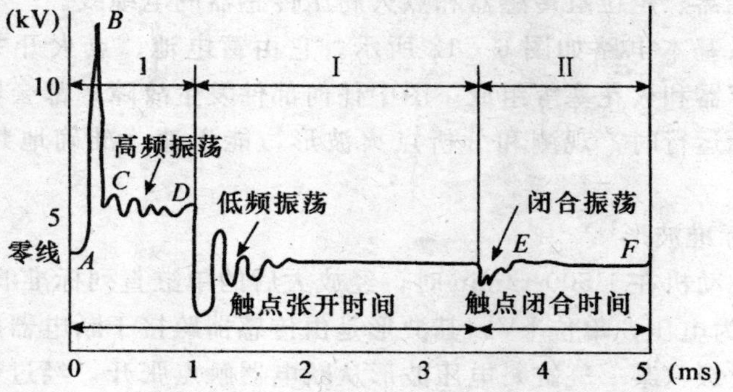

（b）单缸直列次级标准波形

图 6－13 单缸直列标准波形

图 6－13（a）为点火线圈（某一气缸）初级电压标准曲线形态。初级电压波形与次级电压波形相似，它们的 3 个阶段相互对应，在进行点火装置故障诊断时，通常用次级电压曲线形态，只是在判定点火线圈工作质量时才检测初级电路电压波形曲线形态。

在观测和分析时须注意，由于不同厂家生产的点火装置有所区别，其点火曲线也有所不同。一般规律是在整个点火曲线形态中，第 1 和第 2 阶段曲线无特殊的变化，而第 3 阶段有所不同。因为在控制组件的电路中设计了限制初级电流的功能，在发动机低速时点火曲线的初级电路闭合阶段出现了一个限制电流的过程，引起次级电压的波动。

2. 多缸重叠波、并列波和平列波标准波形

图 6－14 为仪器传感器跨接在电容器之间，凸轮转角与点火线圈初级波形的对比关系。图示说明，凸轮转至不同角度时触点的动作情况，以及点火线圈、电容器所组成的振荡回路产生的波形。若将波形截取出来，便得到：

（1）标准重叠波。标准重叠波是指各缸点火波形之首对齐，并重叠在一起如图 6－15 所示。重叠波可分析发动机各缸工作的均匀性。当各缸工作均匀性良好时，重叠波形在叠加时应与单缸波形是一致的。发动机任何一缸工作不良，其波形就会偏离重叠波。观测最长波形与最短波形重叠区段，凸轮轴所占的转角为各缸波形的重叠角。利用重叠角的大小，可判断分电器凸轮、凸轮轴制造质量和磨损不均匀程度，以及凸轮轴变形情况。一般允许重叠角在 2°以下，最理想的重叠角是零度。当重叠角增大时，说明发动机各缸之间点火间隔不均匀，转速波动率较大。

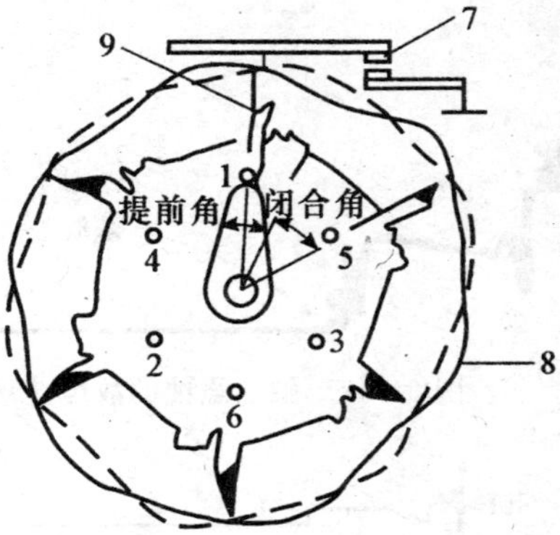

1，2，3，4，5，6—分火头盖；7—断电器触点；8—分电器凸轮；9—第一缸上止点位置

图 6－14　凸轮转角和点火波形对应关系

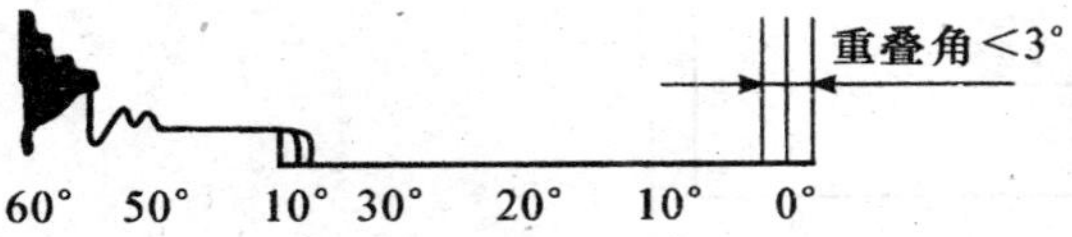

(a) 标准初级重叠波形

(b) 标准次级重叠波形

图 6－15　标准重叠波形

（2）标准并列波。标准并列波是指各缸点火波形之首对齐，并由下至上按发动机点火顺序分别排列如图 6－16 所示。正常的初级并列波形，各缸的火花线长度应相同，各缸的低频振荡波和闭合段波形应上下对齐。将实测的并列波与标准并列波进行对比，波形上不正常之处便反映出一定的故障。观测各缸触点闭合角平均值，可判断触点间隙的大小。当触点间隙为 0.35～0.40 mm 时，四缸发动机闭合角应为 40°～45°；六缸发动机闭合角应为 36°～42°之间。触点闭合角愈小，说明触点间隙愈大。在调整闭合角（触点间隙）时会改变点火提前角度，所以，在调整触点间隙时，应同时对点火提前角进行调整。观测并列波，在触点闭合点或张开点若有杂波，说明触点有烧蚀现象，如图 6－17 所示。若触点闭合点附近或闭合段内有杂波，可能是触点弹簧弹力不足，或触点接触不良所引起，如图 6－18 所示。若每缸跳火后低频振荡波形上下跳动，如图 6－19 所示，为点火线圈次级断路引起。

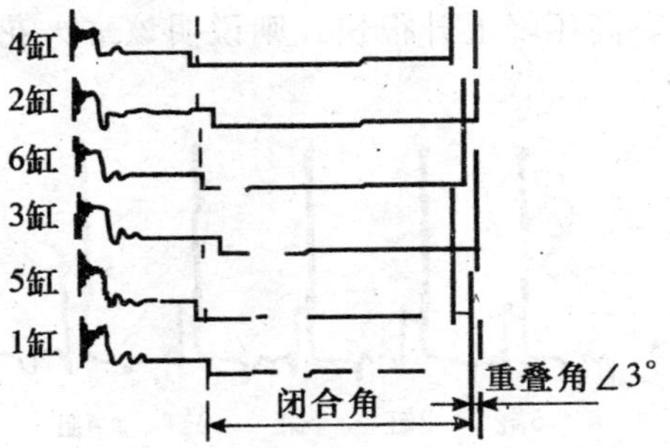

(a) 标准初级并列波形

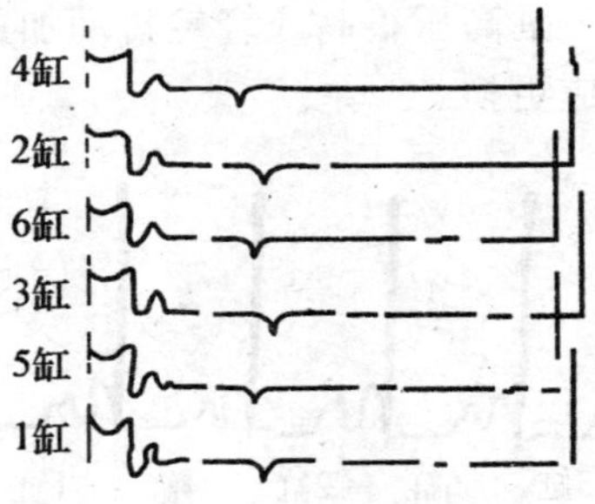

(b) 标准次级并列波形

图 6－16　标准并列波形

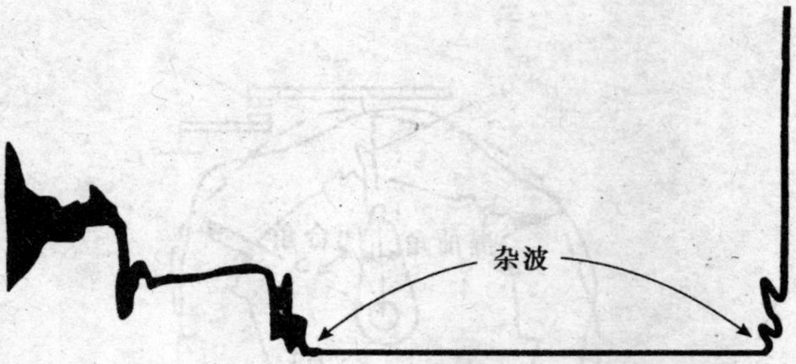

图 6－17　触点烧蚀的故障波形

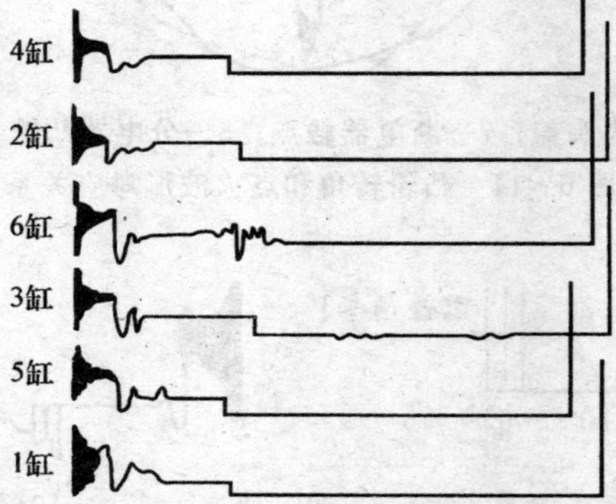

图 6－18　触点弹簧弹力不足或触点接触不良的故障波形

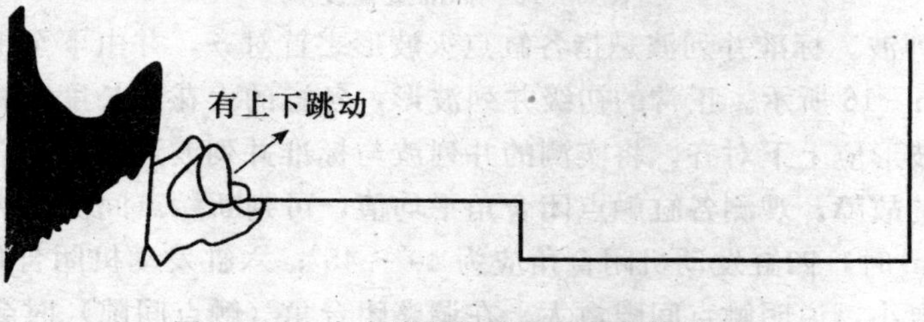

图 6－19　点火线圈次级断路的故障波形

（3）标准平列波。标准平列波是指各缸点火峰值，按发动机点火顺序从左至右排列，或从第一缸峰值后面将圆环形波形断开，并拉直而得到的波形，如图 6－20 所示。观测标准平列波形，可了解各缸点火高压峰值，点火高压一般为 6～9 kV。在发动机加速或急加速过程中，若某一缸点火高压过高，则应更换该缸火花塞。当发动机在怠速下稳定运转时，如某一缸高压很高或轻轻抖动加速踏板，高压峰上升很快，则说明该缸火花塞加速特性不良，应更换。

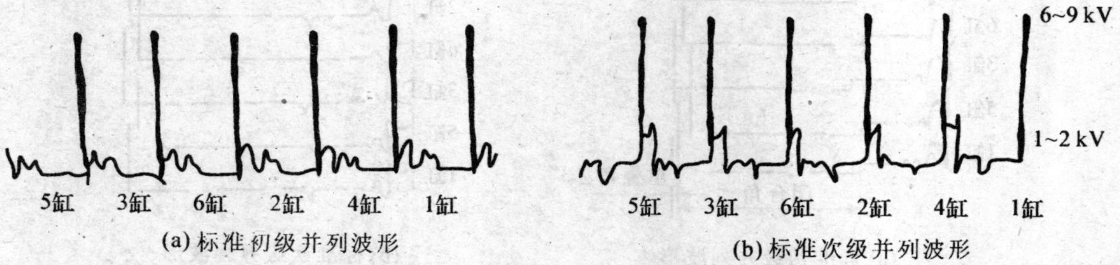

图 6－20　标准平列波形

四、压力波形及针阀升程波形的观测

柴油机的工作性能，在很大程度上取决于喷油泵和喷油器的技术状况，该状况可测量高压油管内压力的变化和喷油器针阀升程。

在被测缸的喷油器与高压油管间，串接油压传感器，并将外卡传感器夹紧在高压油管上，柴油机在中速下稳定运转。键入规定密码，屏幕上将显示出喷油泵凸轮轴旋转一周时，单缸高压油管内压力随凸轮轴转角的变化波形，如图 6－21 所示。若将油压传感器移接在其他缸，键入要求密码，也可显示、存储和打印各缸高压油管内压力变化的规律。

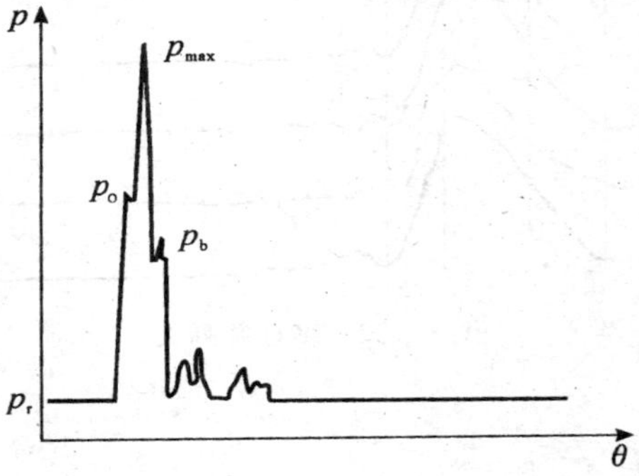

图 6－21　高压油管内压力随凸轮轴转角变化曲线

分析柴油机工作性能时，可将各缸高压油管内压力变化波形截取出来进行观测，如图 6－22 所示的多缸平列波，可分析各缸针阀开启压力（p_0）、针阀关闭压力（p_r）和高压油管内最大压力（p_{max}）各点的高度，以及高度的均匀性。图 6－23 为多缸并列波，可分析各缸波形在Ⅰ，Ⅱ，Ⅲ 3 个区域内面积的大小，说明各缸供油量的多少和供油不均匀度。图 6－24 为多缸重叠波，该波形可反映各缸压力在高度、长度和面积上的一致性，综合判断各缸泵端压力、嘴端压力、循环供油量、各缸供油不均匀度和喷油规律等。

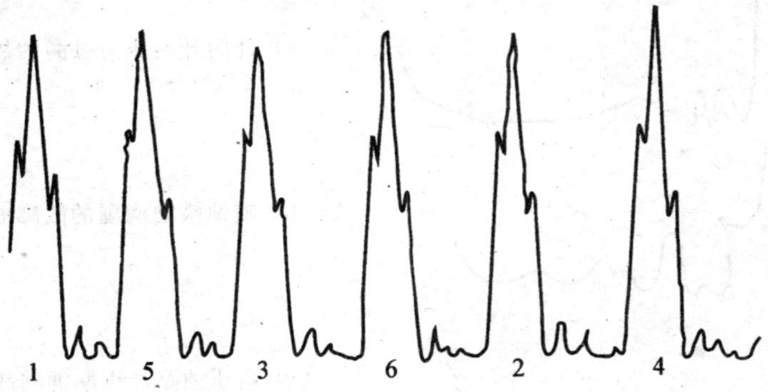

图 6－22　多缸平列波

观测针阀升程曲线，可判断喷油器有无间断喷射、二次喷射和停射等故障。

发动机处在工作状态，按屏幕提示操作，键入规定的密码和外卡传感器所在缸的缸号，屏幕上将出现该缸的外卡油压波形，观测各缸喷油状况和针阀升起压力。波形过低，说明该缸喷油量小；若无波形，说明该缸不喷油或不雾化。提高发动机转速，若仍无波形或波形过小，说明该缸不工作或工作很差，此时可进一步检测喷油嘴的针阀开启压力和雾化质量。若波形光滑无抖动点，可能是针阀开启压力过高、供油量过小或针阀关闭不严，如图 6-25（a）所示。若波形上除 p_0 点有抖动外，波形前沿上偏右处也有抖动点出现，说明喷油嘴喷油前存在滴漏故障，如图 6-25（b）所示。若高压油管内残余压力下降，高压油路有严重漏油存在，如图 6-25（c）所示。

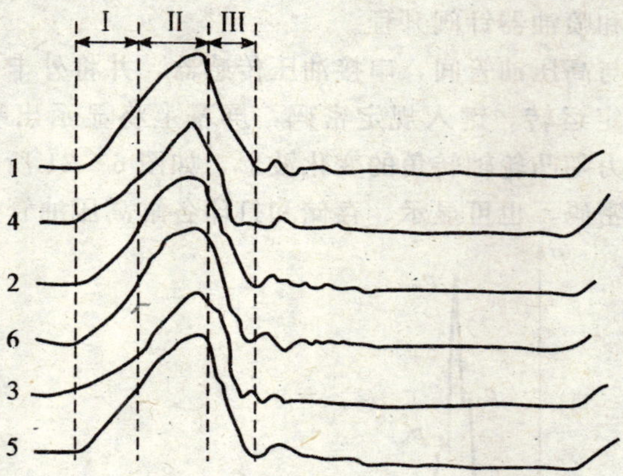

图 6-23 多缸并列波

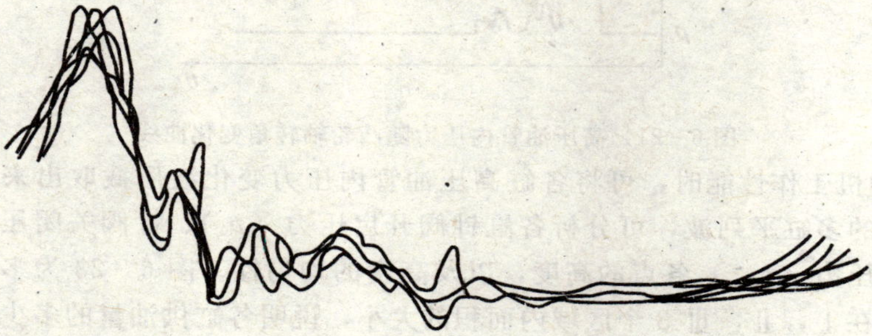

图 6-24 多缸重叠波

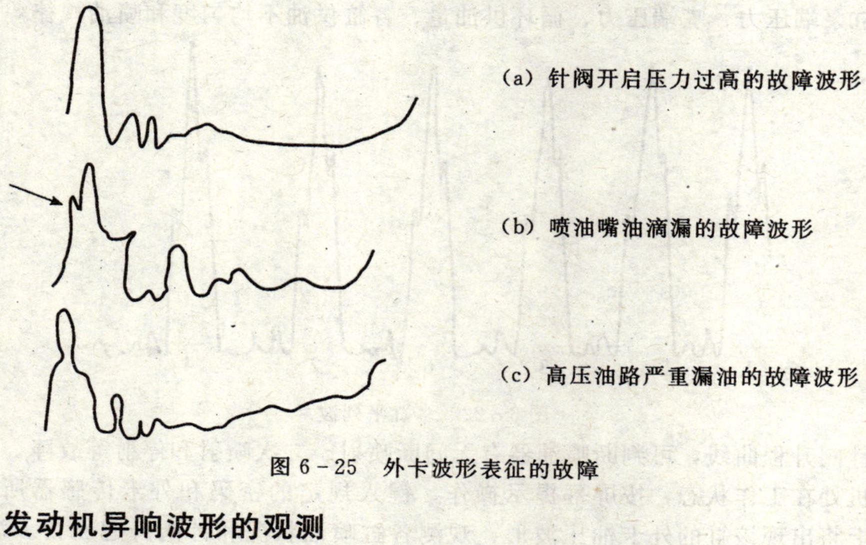

图 6-25 外卡波形表征的故障

五、发动机异响波形的观测

异响是物体发生振动所产生的声波。发动机异响是由于各部件装配调整不当，或配合表面过度磨损引起冲击和振动而形成。仪器通过振动传感器获取信号，经过选频放大，在屏幕上显示出波形，由主机准确地判断出异响种类、部位和严重程度，同时对异响进行频率和相位鉴别。辅以改变测量点位置、采取发动机单缸断火、增加或降低发动机转速等检测方法，能够有效地表征各种异响的特点，从而更准确地判断异响的原因。

发动机异响检测前，各传感器连接同点火波形的观测，振动传感器所接触的部位与人工凭经验检测异响的部位相同。

1. 曲轴主轴承异响检测

曲轴主轴承异响在发动机突然加速时尤为沉重而有力，严重时机体发生强烈的震动；响声随发动机转速的提高而增大，随负荷的增加而增强，响声的部位在缸体下部的曲轴箱内；单缸断火和温度变化对响声影响微弱，相邻两缸同时断火时，响声会明显变化；润滑油压力随之降低。检测时，键入规定的密码，进行异响选择，将振动传感器抵触在发动机油底壳中上部稍前位置，提高发动机转速，在响声较明显时，抖动加速踏板，观测屏幕有无瞬间异常波形出现，若有明显的异响波形时，调整异响盒旋钮，选择合适的频率挡位，使波形更清晰，在点火提前角正常时，一般规律是曲轴主轴承异响波段在波形最后部，波形频率低，如图 6－26（a）所示。

2. 连杆轴承异响检测

当发动机突然加速时，会有连续轻而短促的金属敲击声。连杆轴承响声随发动机负荷增加而加剧，润滑油压力降低，单缸断火时，响声明显减弱或消失，但发动机温度变化对响声无影响。检测时，键入规定的密码，进行异响选择，将振动传感器抵触在缸体侧面靠近连杆轴承处，发动机处在中、高速时检测，在响声最明显转速下微抖加速踏板，按曲轴主轴承异响的检测方法，使异响波段在波形中部出现，如图 6－26（b）所示。可视需要进行逐缸断火，测量从怠速至 2 000 r/min 时的异响波形，并结合经验法进行综合判断。

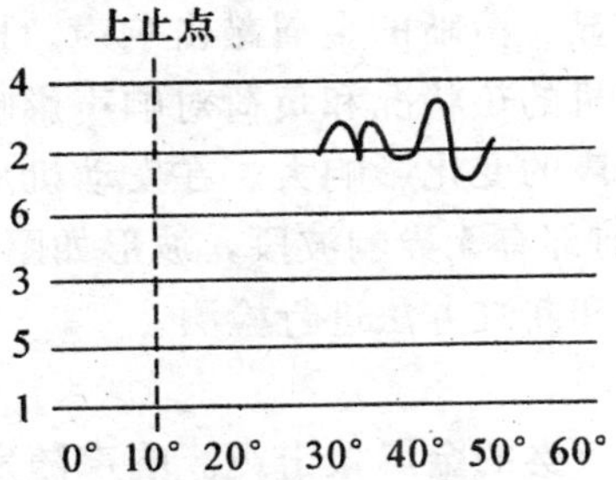

（a）曲轴主轴承异响波形

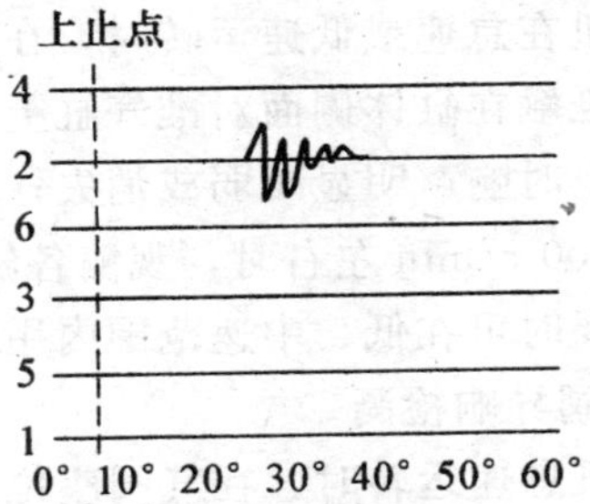

（b）连杆轴承异响波形

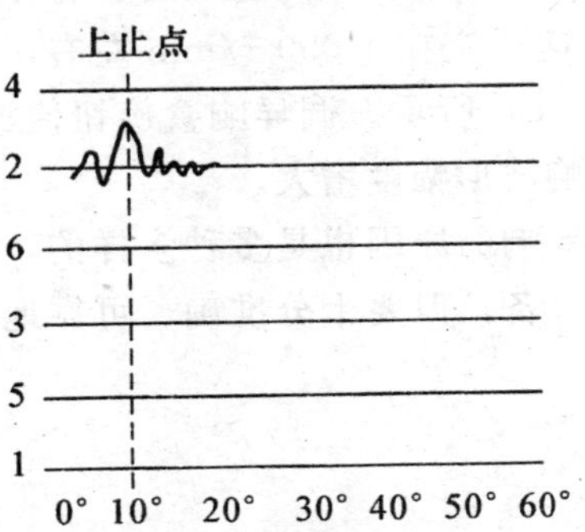

（c）活塞销异响波形

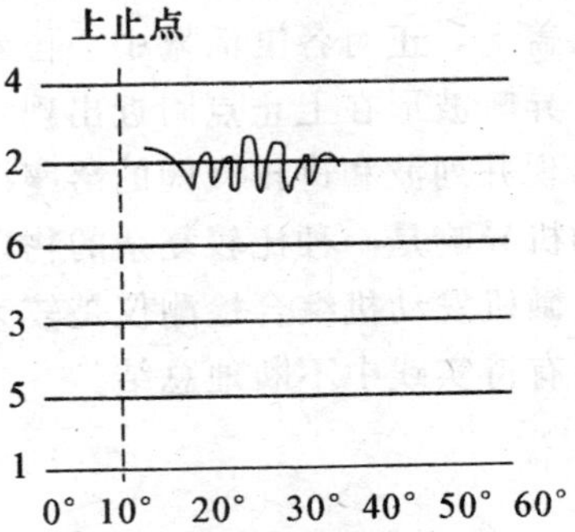

（d）活塞敲缸异响波形

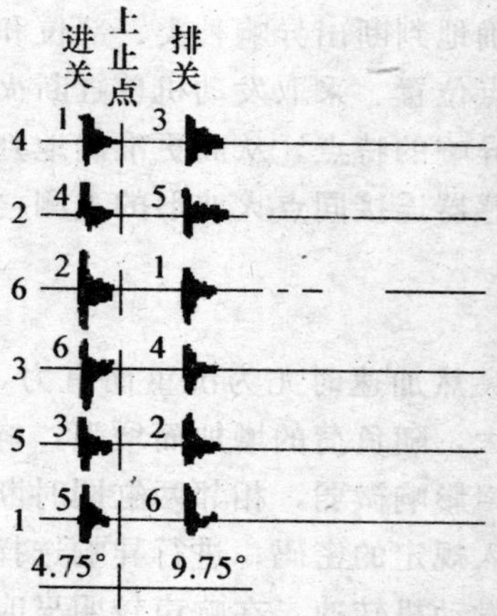

(e). 气阀落座异响波形和位置

图 6-26　发动机异响波形

3. 活塞销异响检测

发动机在怠速、低速和从怠速向低速抖动加速踏板时，会有连贯而清脆的金属敲击声。响声随发动机的负荷而加剧，发动机温度对响声影响较小，单缸断火时响声明显减弱或消失。检测时，按要求键入规定的密码，将振动传感器抵触在缸盖上对准活塞处，发动机转速从 800 r/min 逐渐提高到 2 400 r/min 左右，观测波形上各缸上止点附近有无异响波形，该波形在屏幕上窄而尖，在抖动加速踏板瞬间出现，必要时可进行逐缸断火检测，波形如图 6-26（c）所示。

4. 活塞敲缸异响检测

发动机在怠速或低速运转时，在气缸上部有明显、清晰的金属敲击响声。检测时，振动传感器抵触在缸体侧面对准气缸上部位置，发动机的热状况和负荷对响声影响明显；但在中速以上时响声明显减弱或消失；单缸断火对响声的变化影响大。在发动机从怠速逐渐提高到 1 000 r/min 左右时，观测各缸并列波的中前部有无异响波段，波形如图 6-26（d）所示。必要时可在低、中速范围内用抖动加速踏板和断缸方法进行检测。

5. 气阀异响检测

发动机怠速运转时，在气阀座位置发出连续有节奏的金属敲击声。响声随发动机转速增高而加大，在温度变化和单缸断火时响声不减弱。气阀落座响声检测时，将振动传感器抵触在缸盖上，正对各缸活塞中心位置、发动机转速稳定在 1 000 r/min 左右，键入规定的密码，异响波形在上止点附近出现，如图 6-26（e）所示。调异响盒旋钮使波形清晰，屏幕上出现并列波和进排气阀的落座波形。如有异响波形幅度增大。

发动机异响是一种比较复杂的物理现象，造成异响的原因也是多种多样的，其波形形式各异。微机发动机综合检测仪是较为先进的检测设备，但要十分准确、可靠地进行异响判断，还有待实践中不断地总结。

六、发动机其他参数的检测

1. 汽油机单缸动力性检测

将发动机处在怠速下运转，再急速踩下加速踏板，节气门在最大开度下自然加速。当发动机转速稳定在 1 200 r/min 时，键入规定的密码，主机将控制点火传感器自动进行各缸逐一断火，断火后须立即松开加速踏板，并迅速恢复至怠速状态，避免发动机高速下运行。每加速一次，键入规定的密码，仪器便进入实际检测，记录、打印各缸原始转速、断火后转速和转速差。若测得的转速下降量越大，说明该缸工作性能越好。转速下降量不大的原因有：火花塞工作性能不良、气缸压缩压力不足、发动机过热或缸内积炭过多等原因。

单缸动力性检测，有助于判断发动机摩擦功率损耗，检查发动机装配调整质量。

2. 汽、柴油机动力性检测

按图 6－9 连接缸压传感器。汽油机通过点火传感器从火花塞上取得信号，柴油机通过外卡传感器从高压油管上得到信号，键入规定的密码，测量发动机的加速时间。

发动机在怠速下稳定运转，急速踩下加速踏板，节气门全开，发动机达到一定转速后，点火传感器自动控制发动机断火，立即松开加速踏板，发动机自行恢复至怠速工况。测量加速时间增量 Δt 时，仪器将打印出加速时间和转速，若加速时间长、转速上升缓慢，表明发动机摩擦力大，有效功率将减小。

3. 缸压法测量提前角

汽油机测量点火提前角，须安装缸压传感器、定位缸传感器，键入规定的密码，仪器进入实测状态。调整化油器节气门限位螺钉，将发动机转速稳定在 400～600 r/min，测量该转速下点火提前角，再将发动机转速分别稳定在 1 200 r/min 和 2 000 r/min，键入相同的密码，测量对应转速下的点火提前角。所测的点火提前角符合技术规定，说明真空与离心提前装置功能正常。否则，拆下真空管重新进行检测、得到各转速下离心提前角，总的提前角减去离心提前角之差为真空提前角。要求发动机点火提前角应满足各种转速下技术要求的规定。

柴油机测量供油提前角，应拆下某缸喷油器，在孔内安装缸压传感器。拆下的喷油器再装回该缸的高压油管上，油压传感器串接在喷油器与高压油管之间。将发动机转速调至约 800 r/min，该缸喷油器在缸外喷油。键入规定的密码，显示屏将出现稳定的供油压力波，同时，可打印出该转速下的供油提前角。

第四节　发动机功率检测

发动机单位时间内所做的指示功称为发动机指示功率 P_i。发动机指示功率在传递过程中总有一定的损耗，它包括发动机内部运动件摩擦损失、驱动附属装置的消耗等，总称为机械损失功率 P_m。最后从发动机曲轴上所获得的净功率就是发动机有效功率 P_e，它是发动机总的工作能力技术指标。

发动机有效功率检测方法如图 6－27 所示。一类利用测功器进行带负荷测功，另一类利用无负荷测功仪进行无负荷测功。前者测量精度高，可靠性好，但设备庞大，操作复杂。后者随着大规模集成电路和计算机技术的普及，制成袖珍式或便携式仪器，以适应就车检测。仪器的测量功能也逐渐完善，得到广泛的应用。

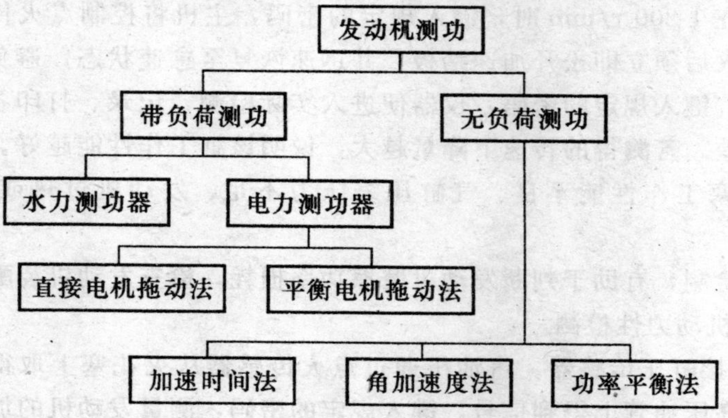

图 6－27　发动机有效功率检测方法

一、有负荷测功器结构、原理和应用

有负荷测功机一般由各种测功机、磅秤机构和转速表等组成。测功机用于吸收发动机某一工况下曲轴的转矩 M_e，磅秤机构则将吸收的转矩测量出来，转速表用于指示同一工况下发动机曲轴的转速 n。用下式求出该工况下发动机输出的有效功率 P_e：

$$P_e=M_e\frac{2\pi n}{60}\times 10^{-3}=\frac{M_e n}{9\ 550}$$

有负荷测功器按吸收发动机曲轴输出转矩所用介质的不同，分为水力和电力测功器两种。现以常用的水力测功器为例。

1. 水力测功器结构及原理

图 6－28 为水力测功器简图。水力测功器由转子、外壳、磅秤机构和转速表等组成。转子固定在测功器轴上，轴与外壳之间装有轴承和水封，外壳通过轴承支撑在底座上，如图 6－28 (a) 所示。转子在外壳内自由旋转，外壳又绕测功器轴偏转。测功器上方安装有进水管，下部有出水管，进出水量经过阀门由人工调节，转子外表面和壳体内表面均固定着带凸起的销钉，销钉间隔排列而留有一定的空隙。当发动机驱动转子旋转时，水在销钉空隙处，沿壳体内缘旋转形成水环，利用销钉对水环的切割、冲击和摩擦力所产生的阻力矩、吸收发动机有效功率。当水流一定，在不计摩擦损失时，测功器所承受的力矩将等于发动机的输出转矩。计算公式如下：

$$M_e=P_0L_0 \tag{6-1}$$

式中：P_0——磅秤机构上所承受的力，N；

L_0——测功器轴线至磅秤机构受力点的当量距离，m。

磅秤机构由连接杆、偏心轴、扇形齿轮、摆锤、指针齿轮、指针和刻度盘等构成，如图 6－28 (b) 所示。当水环带动测功器外壳沿水流方向偏转时，外壳上连接杆就拉动偏心轴上的摆锤，使摆锤离开竖直位置向逆时针方向偏转一定角度。在重力作用下，摆锤需恢复到原有状态，顺时针方向偏转产生反力矩，两个力矩大小相等而方向相反时，摆锤将稳定在某一偏转角度上。其力矩平衡方程式：

$$P_0 L_1 \cos\theta = G L_2 \sin\theta \tag{6-2}$$

式中：L_1——偏心轴的偏心距，m；

L_2——摆杆长度，m；

G——摆锤重力，N；

θ——摆锤偏转角度，(°)。

将式（6－2）代入式（6－1）中得：

$$M_e = \frac{L_0 L_2}{L_1} G\tan\theta$$

设 $k=\frac{L_0 L_2}{L_1}$，测功器刻度盘显示值按 $F=G\tan\theta$ 进行可度，则：

$$M_e = kF$$

发动机转速由测功器上转速表直接指示。

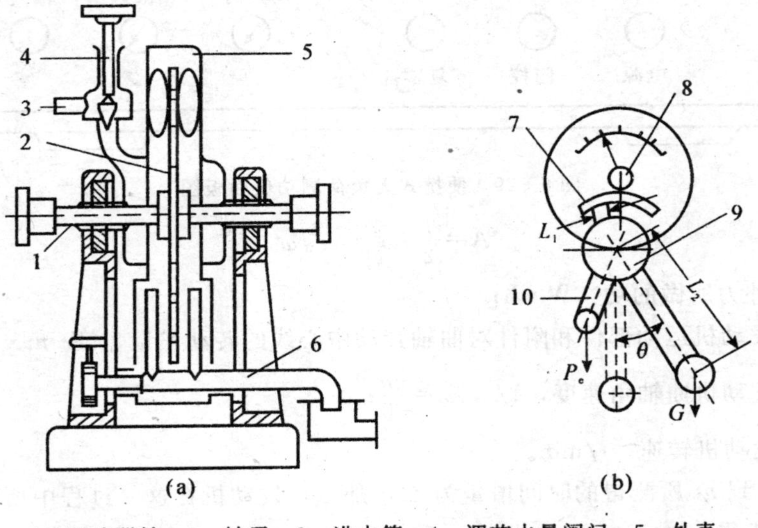

1—测功器轴；2—转子；3—进水管；4—调节水量阀门；5—外壳；
6—排水管；7—扇形齿轮；8—指针齿轮；9—偏心轴；10—连接杆

图 6－28　水力测功器结构简图

2. 水力测功器的应用

水力测功器操作按 JB 3743—84《汽车发动机性能试验方法》进行。发动机热状态正常，节气门全开。调节测功器进出水量，在发动机转速范围内，选取适当分布的 8 个以上的测量点，由高至低顺序地改变转速，读取各测量点指针示值和转速表值。按下式计算出发动机有效功率：

$$P_e = kFn$$

二、无负荷测功仪结构、原理和应用

无负荷测功仪是以发动机自身运动部件的惯性和摩擦力矩为负荷，测量发动机在某一指定转速范围内加速时间；或某一指定转速下曲轴瞬时角加速度；或者测量发动机转速变化比即功率平衡百分数，间接地获取发动机有效功率。

1. 发动机无负荷测功仪结构、原理和应用

图 6－29 为发动机无负荷测功仪面板图。测功仪由转速传感器、转速脉冲整形装置、起始和终止转速触发器、时间测量装置、计算装置和控制与显示装置等组成。通过测量发动机从某一转速急加速到另一指定转速所需的时间，求得发动机在加速过程中的平均功率。

根据功能原理，动能增量等于外力所做的功。

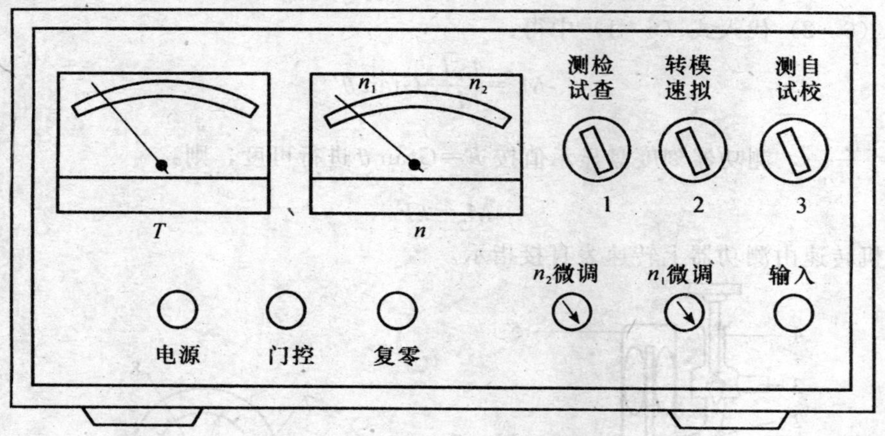

图 6－29 便携式无负荷测功仪面板图

$$A=\frac{1}{2}J\omega_2^2-\frac{1}{2}J\omega_1^2$$

式中：A——外力所做的功，W·h；

J——发动机运动部件和附件对曲轴转动中心线的转动惯量，N·m·s²；

ω——发动机曲轴角速度，1/s，$\omega=\frac{\pi n}{30}$；

n——发动机转速，r/min。

如果从 n_1 到 n_2 所测得的时间增量为 Δt，那么，发动机在这一过程中所输出的平均功率 P_{eav} 由下式求得：

$$P_{eav}=\frac{A}{\Delta t}=\frac{\frac{1}{2}\ (J\omega_2^2-J\omega_1^2)}{\Delta t}=\frac{J}{2\Delta t}\left[\ (\frac{\pi n_2}{30})^2-\ (\frac{\pi n_1}{30})^2\right]\ -5.48\times10^6\ \frac{J\ (n_2^2-n_1^2)}{\Delta t}$$

根据上式，测量发动机其一段时间内的平均功率，就必须获得 t_1，t_2，n_1，n_2 和 J。发动机的转动惯量 J 是一个因车型而异的量，一般由汽车制造厂家提供，它是一个常量。对于 t_1，n_1，t_2 和 n_2 通常采用转速设定法和时间设定法。

（1）转速设定法

转速设定法是在仪器内部事先设定两个转速，即起始转速 n_1 和终止转速 n_2。当发动机的转速达到起始转速 n_1 时，计时器开始计时，转速超过终止转速 n_2 时，计时器停止工作。同时设定 t_1 为零，而 $\Delta t=t_2-t_1$，即 $t_2=\Delta t$。发动机无负荷测功仪操作如下：

①接电源前，检查测功仪外观质量和指示装置的指针是否在零位，否则应调至零点。然后接通电源，电源指示灯亮。

②被测发动机预热至正常热状态。对仪器进行预热、检查和自校，转速传感器用螺钉固定在飞轮壳上，与飞轮齿圈相切，并与齿顶相距 2 mm 。

③设定起始转速 $n_1=1\ 200-1\ 400$ r/min，终止转速 $n_2=2\ 400-2\ 600$ r/min。设定 $t_1=0$，结束时间就是 Δt。

④转动“测试”旋钮在图示位置，分离离合器，急速踩下加速踏板，发动机转速迅速达到额定值，随即关闭点火开关。待加速时间指针稍稳定，指针示值为加速时间 Δt。

⑤根据 Δt 查仪器所附的“加速时间—功率”对照表，得到 Δt 所对应的功率值。

（2）时间设定法

时间设定法同转速设定法的基本原理相同，所不同的是用设定时间的方法来求转速。因为一般的中高速汽油机转速都可达到 3 000 r/min 以上，且转速增加 1 000 r/min 左右的时间一般都在零点几秒左右。所以我们把时间设定在 0.5 s，这样，只要求出从 0 到 0.5 s 时，汽车发动机从 1 200 r/min 增加的转速，即能得到发动机平均功率。

目前，无负荷测功仪中这两种检测方法都有应用，在操作时应注意：

无负荷测功需要操作者在怠速时，急速踩下加速踏板达到加速的目的，因此操作者脚踩加速踏板的快慢，将极大地影响测量精度。实践证明，这种人为因素产生的误差有时高达 20%左右，显然不能满足测量精度要求。为此，有些发动机检测仪设置了自动限速功能，限定被测发动机转速在最高转速和最低转速之间，从而减少人为误差。其次是由于被测汽车车型不同，J 值也不一样，而 J 值又是一个不易获得的参数，它需要各仪器生产厂家收集各种车型的资料，为用户提供准确的参数值，也需要操作者积累数据，提高测量精度。

2. 发动机角加速度仪测量原理及应用

发动机无负荷角加速度检测仪，测量发动机在某一时刻发出的瞬时功率 P_{em}，其测量原理由下式表达：

$$P_{em}=J\frac{d\omega}{dt}$$

式中：$\frac{d\omega}{dt}$——发动机加速度，$1/s^2$。

只要测出某一时刻发动机的转速 n 和发动机的角加速度$\frac{d\omega}{dt}$，就能得到发动机瞬时功率。发动机的急加速是一个极其复杂的过程，它受到各种偶然因素的影响，如进气状态的波动，各种惯性效应等。测量某一转速瞬时角加速度，由于$\frac{d\omega}{dt}$值不易测量且不精确，很难得到一个确定值，所以这种功能在检测仪器中应用较少。

3. 发动机功率平衡检测仪原理和应用

图 6 - 30 为功率平衡法原理方框图。仪器的转速传感器获取转速信号 n，经整形后加到脉冲分频器输入端，来自第一缸的同步信号，通过同步开关加到脉冲分频器复位端。分频器输出信号分别送至数据选择器和同步开关，同步开关的控制信号由循环锁存器根据气缸数而定。分频器复位信号由气缸数和同步信号共同决定。当循环锁存器数值接通分频器某输出端，并送至复位端时，同步信号也送至分频器的复位端，控制选择器相对应的某缸高压短路，从而使该缸不工作。发动机转速发生改变，转速的变化比即为功率平衡的百分

数，其经验公式为：

$$n=\frac{30P_e}{\pi M_e}=9.55\frac{P_e}{M_e}$$

在无负荷条件下，将发动机上所有旋转体都换算成以曲轴为中心的转动惯量，设常数 $a=\frac{9.55}{M_e}$，则 $n=aP_e$。由此可见，转速变化与功率的变化成正比，即某缸不工作而引起的转速越大，功率降也会越大，其关系表达式：

$$P=\frac{30P_e}{\pi M_e}=\frac{n_1-n_2}{n_1}\times 100\%$$

式中：P——某缸功率百分数；

n_1——熄火前发动机转速，r/min；

n_2——熄火后发动机转速，r/min。

功率平衡法测得的是发动机相对功率，在整个测量过程中不受人为干预，避免了人为因素误差。相对而言，这种测量方法较简便，对发动机不会造成任何损伤。测量精度又比加速度时间法高，具有较高的实用价值。

实践表明，六缸发动机各缸功率百分数一般为12%左右，四缸发动机各缸功率百分数为18%，各缸功率百分数差值在两个百分点之内，并按检测结果判断故障缸位和原因。

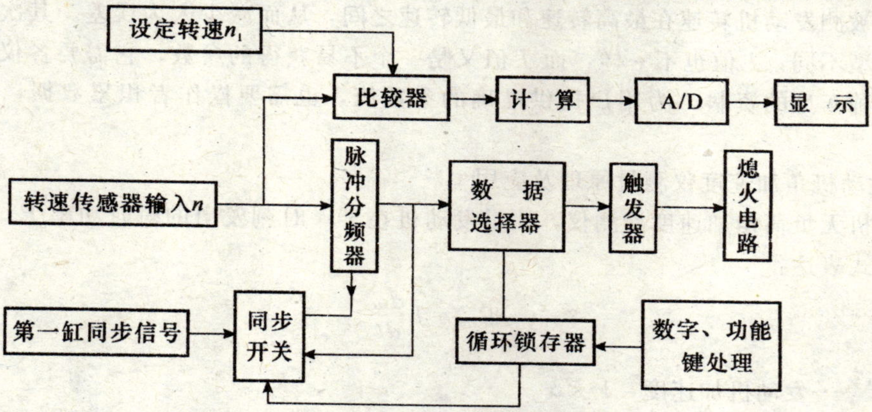

图 6-30　功率平衡法的工作原理方框图

三、对发动机功率技术要求

按汽车发动机作业项目，发动机功率技术要求见表 6-6。

表 6-6　发动机功率技术要求

作业项目		仪器及精度	标准代号	技术要求
在用车二级维护之前		发动机无负荷测功机 ±5%	JT/T 201—95	大于或等于额定功率的 80%
发动机总成的送修标志			交通部 13 号令	小于额定功率的 75%
发动机大修竣工技术条件			GB 3799—83	大于额定功率的 90%
汽车技术	一级车		JT/T 198—95	大于或等于额定功率的 85%
	二级车			75%≤额定功率<85%

第五节　发动机燃料系检测

汽油机燃料系由空气滤清器，化油器，进、排气支管，汽油泵，排气消声器等组成。根据汽车不同运行工况的要求，将燃料和空气配制成一定数量和浓度的可燃混合气，分配到各个气缸，同时，将各缸废气收集，处理后排入大气。

柴油机燃料系包括：喷油泵，喷油嘴，柴油粗、细滤清器和输油泵等。其功能与汽油机的差异在于：将燃料提高压力后，根据工作需要定时定量地喷入气缸。

一、汽油机燃料系性能检测

1. 系统密封性静态外观检测

燃料系密封性外观质量状况检查。主要依靠检测人员的技能、经验，凭借简单的检测器具进行直观、定性的视检。如在各连接管路和接合面处刷肥皂水观察渗、漏液（油、水等液体）部位，及时排除。

2. 汽油泵泵油压力检测

利用三通接头和软管，将微压表（量程为0～100 kPa）安装在汽油泵与化油器之间管路上，如图6-31所示。起动发动机在不同工况下运转，观察微压表指针读数的变化，分析汽油泵泵油压力与工况需求是否匹配，同时观察化油器浮子室油面能否保持在红线位置，以此判断泵油压力与浮子机构的工作能力。发动机熄火，利用手油泵泵油，直至汽油泵出口关闭压力不再升高时停止。汽油泵型号不同，其出口关闭压力一般为20.0～30.7 kPa范围内。待微压表指针稳定后观测1 min，单阀汽油泵气压下降量不超过2.7 kPa，双阀汽油泵气压降不超过5.3 kPa，表明汽油泵上下壳体静接合面密封良好，膜片弹簧张力适中，进、出油阀磨损正常，燃料清洁度较好。

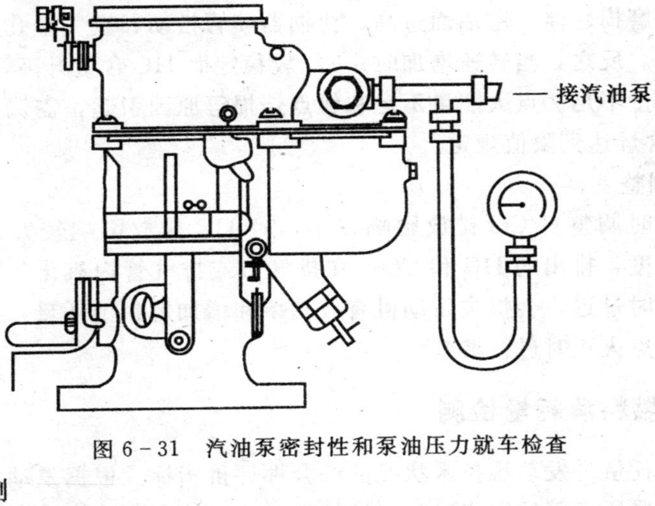

图6-31　汽油泵密封性和泵油压力就车检查

3. 泵油量校测

泵油量是指在单位时间内，在规定转速下汽油泵的输出油量。当汽油泵密封性、泵油压力正常时，泵油量往往是化油器所需油量的几倍，一般不再进行该项检测。必要时，在专用试验台上进行。

试验时，将汽油泵试验计按图 6－31 所示进行安装。操纵油路开关，调整发动机转速达到汽油泵的油量规定的转速，立即切断化油器供油，而直接流入量杯，启动计时器，直至化油器浮子室内燃料输尽为止，即为测量时间内的泵油量，单位为 mL/s。这一计量单位需换算成 L/min 或 L/h 泵油量，以便于对测量结果与技术要求进行对比和分析。

二、化油器性能检测及调整

化油器性能主要检测项目之一，是各工况下化油器的供油量和混合气浓度。而分析发动机排出的废气中 CO，HC 和 NO_x 含量，是评价混合气质量的重要指标，因此，需对化油器进行以下调整。

1. 怠速工况调整

怠速工况下，发动机各部件的温度和气流速度都不利于燃料的雾化和蒸发，混合气浓度在 0.7～0.8 之间。怠速工况调整，就是确定化油器上怠速调整螺钉和节气门的合理位置，以便控制进油量和进气量。

怠速工况调整，需在废气分析仪和车用转速表配合下进行。拧进怠速调整螺钉，混合气浓度将逐渐变稀，CO 和 HC 含量也随之下降，直至 HC 下降到最低点而有回升的趋势，HC 最低点为怠速调整螺钉与节气门开度配合的最佳位置。这时，若 CO 含量仍然较高，可继续拧进怠速调整螺钉 1/8 圈，降低发动机转速，再调整节气门开度恢复至原来转速，这样调验的结果，HC 会略有上升，CO 将有所下降，原则上以 HC 上并不多，CO 能符合排放限值规定为准。如果这种调整方法难以同时满足 CO，HC 达标，则需检查化油器和点火系技术状况。

2. 主量孔通道截面积调整

发动机从怠速提高到中速稳定运转时，可燃混合气的燃烧状况将有所改善，这时 CO 和 HC 含量都会降低。如果转速增加时，只有 CO 增高而 HC 较稳定，说明化油器主量孔通道截面积过大或磨损、浮子室油面过高、化油器喷管松动、空气量孔堵塞和分电器凸轮轴磨损等原因所致。反之，当转速增加时，CO 较稳定而 HC 含量升高，说明混合气过稀、主量孔堵塞、供油量不足、点火能量不足和触点烧损等原因引起，需调整主量孔通道截面积，使 CO，HC 含量达到限值规定。

3. 点火正时调整

发动机点火正时调整对 CO 排放影响较小，对 HC 排放影响较大。推迟点火正时角度，可提高排气温度，排出的 HC 和 CO，在排气口或排气管内氧化，从而降低了 HC 含量。但是，点火正时过迟，会损失发动机有效功率和增加燃料消耗量。在怠速工况检测排放时，应按规定对点火正时进行调整。

三、发动机燃料消耗量检测

发动机燃料消耗量是发动机技术状况的综合性评价指标。根据发动机消耗一定的燃料体积或一定燃料质量所经历的燃烧时间，计算出单位时间内的燃料消耗量。就车检测发动机燃料消耗量，用于车用油耗计进行计量。

1. 车用油耗计类型、结构及原理

车用油耗计由传感器和计数计两部分组成，之间用专用电缆线连接。

常用的车用油耗计有容积式和质量式两种。容积式车用油耗计按传感器结构又分为膜片式（有单、双油室）、量管式（有单、双量管）和活塞式（单、四活塞）。按计数计结构分为电磁式和数字式。膜片式和单活塞式传感器与电磁式计数计组合；四活塞式传感器与数字式计数计组合。

（1）膜片式油耗计结构及原理

膜片式传感器通过油室内膜片的变形，使容积由最大变到最小时形成的容积差即为油室排油量。油室排油量为一个定值，再由计数计记录排油次数，以测量流过的燃油量。这种油耗计结构简单、密封性好、对燃料清洁度要求低。但使用中随着膜片的塑性变形或老化，计量精度会下降。图 6 - 32 为国产 GD—30 型车用油耗计。它由容积膜片式传感器和电磁式计数计组成，适用于汽、柴油两种发动机。使用电源为直流 12 V，流量为 2～30 L/h，精度为±1%。

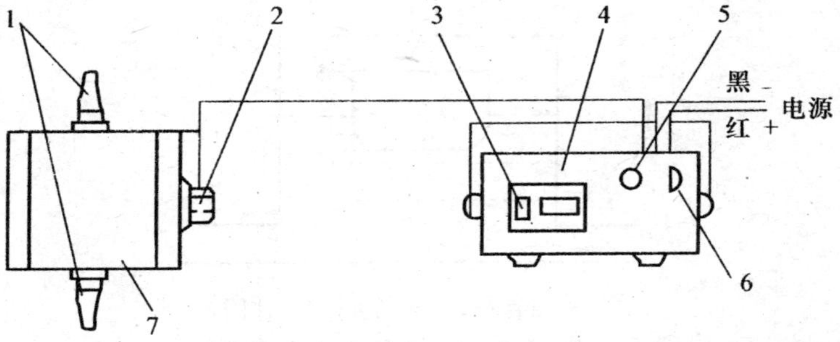

1—进出油口；2—磁敏开关；3—复零按钮；4—计数器；
5—电源指示灯；6—电源开关；7—传感器

图 6 - 32 GD—30 型车用油耗计

（2）单活塞式油耗计结构及原理

传感器通道活塞在油缸内移动一次，排出固定体积的燃料，再由计数计记录油缸排油次数，测量流过的燃油量。单活塞式油耗计测量精度高，对燃料清洁度要求较严格。

2. 车用油耗计使用方法

不同型号的车用油耗计，其使用方法也不相同。使用时，需按照说明书要求进行操作。现以 GD—30 型车用油耗计为例。

（1）将油耗传感器和气体分离器串接在燃料系供油管路中。汽油机的汽油泵无回油装置时，传感器和气体分离器可串接在燃料系供油管路的任何位置；汽油泵有回油装置，传感器和气体分离器只能串接在供油管路的汽油泵和化油器之间，如图 6 - 33（a）所示。柴油机的油耗传感器和气体分离器串接在柴油滤清器与喷油泵之间，高、低压油管接在传感器之后，如图 6 - 33（b）所示。供油管路中不允许有气体和汽油蒸气形成的“气阻”，以免影响测量精度。若有气体进入供油管路内，须由气体分离器排入大气中。图 6 - 34 为气体分离器结构简图。

（2）连接传感器和计数计间电缆线，并将计数计电源接线栓用导线与车用蓄电池极柱相连，按下“复零按钮”，仪器处于测量状态。此时可按国家标准推荐的试验方法进行测量。

（3）测量结束后，从车上取下油耗计。排净传感器内剩余油液，妥善保管。

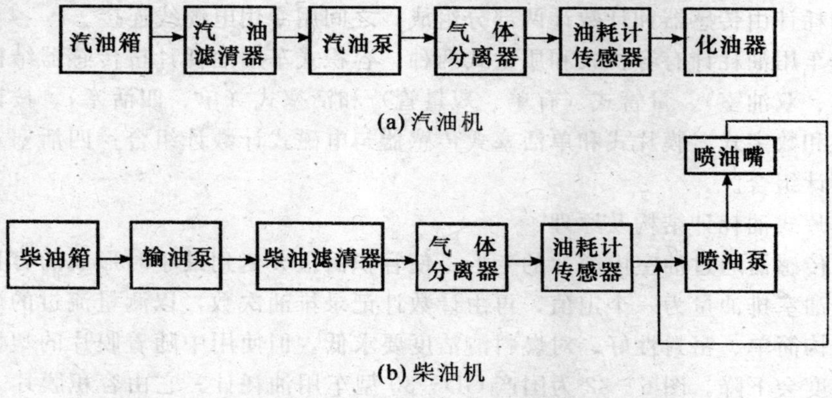

图 6－33 传感器和气体分离器在发动机上的安装位置

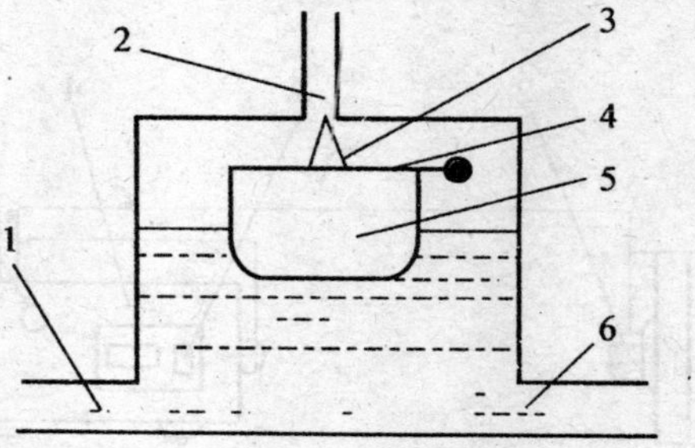

1—进油管；2—排气管；3—针阀；

4—浮子室；5—浮子；6—出油管

图 6－34 气体分离器结构简图

［思考题］

6－1 影响发动机气缸密封性的因素有哪些？

6－2 简述气缸压力表的结构及检测原理。

6－3 简述气缸漏气量检测仪检测气缸漏气量的原理和方法。

6－4 简述进气管真空度的检测方法。

6－5 简述机油污染分析仪主要有哪些。

6－6 简述发动机综合检测仪器能检测的项目有哪些。

6－7 简述点火提前角的测试原理。

第七章　底盘检测技术

第一节　传动系检测

传动系统是汽车底盘的主要组成部分，一般由离合器、变速器、传动轴、主传动轴、差速器和半轴等构成，其作用是把发动机输出的动力传给驱动轮。

传动系统技术状况不良将使汽车的动力性和燃油经济性变差；同时，起步能力变坏和超车能力不足易造成安全行车隐患，离合器、变速器等主要部件性能不良对汽车的操纵方便性也有很大影响。

根据 GB 7258—1997《机动车运行安全技术条件》，汽车传动系统应满足如下要求：

（1）离合器。机动车的离合器应接合平稳、分离彻底，工作时不得有异响、抖动和不正常打滑等现象。

踏板自由行程应符合整车技术条件的有关规定。

踏板力应不大于 300 N，手握力应不大于 200 N。

（2）变速器和分动器。换挡时齿轮啮合灵便，互锁装置有效，不得有乱挡和自行跳挡现象；运行中无异响；换挡时，变速杆不得与其他部件干涉。

在变速杆上必须有驾驶员在驾驶座位上容易识别变速器挡位位置的标志。若变速杆上难以布置，则应布置在变速杆附近的易见部位。

（3）传动轴。传动轴在运转时不得发生振抖和异响，中间轴承和万向节不得有裂纹和松旷现象。

传动系统技术状况检测有经验检测法和仪器检测法两类。经验检测法是从上述规定和所测车型的有关技术数据出发，通过观察和实际操作，按一定步骤凭经验检测传动系统技术状况，如离合器踏板自由行程，变速器漏油、异响、跳挡、乱挡等。某些检测项目也可采用仪器检测。以下主要介绍利用仪器对传动系统技术状况进行检测的方法。

一、汽车传动系统功率损失和传动效率的检测

汽车传动系统的功率损失可在具有储能飞轮的底盘测功机上或惯性式底盘测功机上对传动系统进行反拖试验而测得；根据所测得的驱动轮检出功率和传动系统功率损失，可换算出汽车传动系统的传动效率。

在具有储能飞轮的底盘测功机滚筒上进行滑行试验，可测得汽车的滑行距离，可反映汽车传动系统传动阻力的大小。

传动功率损失、传动效率和滑行距离可反映汽车传动系统的综合技术状况，但不能评价传动系统各组成部分的技术状况。

二、离合器滑转的检测

离合器滑转（俗称打滑）使发动机动力不能有效地传递至驱动轮，汽车动力性下降，摩擦片磨损严重，同时也影响汽车的正常行驶：汽车起步困难；加速时，车速不能随发动机转速的提高而迅速上升；负载上坡传递大转矩时，打滑更为明显，严重时会烧坏摩擦片。

采用离合器打滑测定仪可对离合器打滑进行检测，该仪器由闪光灯、高压电极、电容、电阻等构成，如图 7－1 所示。

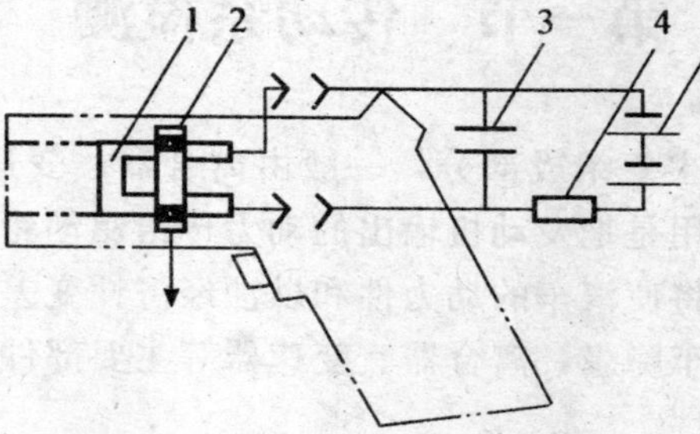

1—闪光灯；2—高压电极；3—电容；4—电阻；5—蓄电池

图 7－1　离合器打滑测定仪

离合器打滑测定仪的基本工作原理是频闪原理，即：如果在精确的确定时刻，相对转动零件的转角照射一束短暂（约 1/5 000 s）的频率与转动零件的旋转频率相同的光脉冲时，由于人们的视觉停留现象，似乎觉着零件静止不动。

检测时，可把驱动轮置于底盘测功机或车速表试验台滚筒上，无条件者可支起驱动桥；汽车变速器挂直接挡，此时若离合器不打滑，发动机转速与传动轴转速相同；必要时，可用行车制动器或驻车制动器增加传动系统负荷和离合器所传递的转矩；测定仪以汽车蓄电池作为电源，由发动机火花塞或一缸点火高压线通过电磁感应给测定仪的高压电极输入信号脉冲，控制闪光灯的闪光时刻，因此闪光灯的闪光频率与发动机转速成正比。若把闪光灯发出的光脉冲投射到传动轴某一点，传动轴与发动机转速相同时，光脉冲每次照射该点，使人感到传动轴并不旋转；离合器打滑时，传动轴转速比发动机转速低，光脉冲每次照射点均位于上次照射点的前部，使人感觉着传动轴慢性向相反方向转动，显然其转动的快慢即可反映离合器打滑的严重程度。

由于基本测试原理相同，发动机点火正时灯也可用于离合器打滑的检测。

三、传动系统角间隙的检测

在汽车使用过程中，传动系统因传递动力，且配合表面或相啮合零件间有相对滑移而产生磨损，从而使间隙增大，如：变速器、主传动装置、差速器中的齿轮啮合间隙，传动轴、半轴的花键连接间隙，十字轴颈与滚针轴承间的间隙及短针轴承与万向节间的间隙等。这些间隙都可使相关零件间产生相对角位移或角间隙，其角间隙之和构成传动系统的总角间隙。

研究表明，传动系统各总成和机件的磨损与其间隙存在密切关系，总角间隙随汽车行驶里程近似呈线性增长。所以总角间隙可作为诊断参数评价传动系统的技术状况。由于角间隙可分段检测，还可用角间隙对传动系统有关总成或机件的技术状况进行检测。

传动系角间隙检测所用仪器有指针式角间隙测量仪和数字式角间隙测量仪两种。

1. 指针式角间隙检测仪原理

指针式角间隙检测仪由指针、测力扳手和刻度盘构成，见图 7-2。使用时，指针固定在主传动器主动轴上，而刻度盘固定在主传动器壳体上，如图 7-2，测力扳手钳口可卡在传动轴万向节上，扳手上带有刻度盘和指针，以便指示出测力扳手所施加的力矩。测量角间隙时，测力扳手应从一个极限位置转至另一个极限位置，施加力矩不应小于30 N·m，角间隙的数值即为指针在刻度盘上的指示值。

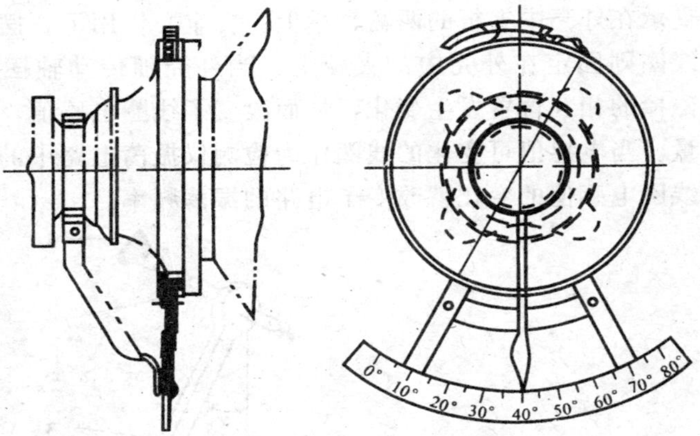

(a) 指针与刻度盘的安装

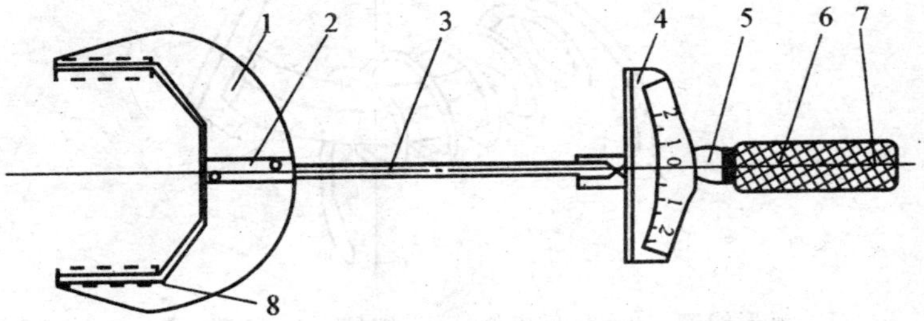

(b) 测力扳手

1—卡手；2—指针座；3—指针；4—刻度盘；

5—手柄；6—手柄套筒；7—定位销；8—可换钳口

图 7-2　指针式角间隙测量仪

传动系统角间隙的检测可分段进行：

(1) 驱动桥角间隙。包括主传动器、差速器和半轴花键处的角间隙。测试时，车轮处于制动状态，变速器挂空挡，测力扳手卡在主传动器主动轴的万向节上，使其从一个极限位置转至另一个极限位置，从刻度盘上读取角间隙值。

(2) 万向传动装置的角间隙。将测力扳手卡在变速器后端万向节主动叉处，左、右转至极限位置可测出万向传动装置和驱动桥角间隙，减去驱动桥角间隙后即可得万向传动装置角间隙。

(3) 离合器和变速器各挡位的角间隙。放松制动，离合器处于接合状态，测力扳手仍作用于变速器后端万向节主动叉上，即可测得不同挡位下从离合器至变速器输出轴的角间隙。

(4) 以上三段角间隙之和即为传动系统的总角间隙。

2. 数字式角间隙检测仪原理

数字式角间隙检测仪由用导线相连的倾角传感器和测量仪构成。

倾角传感器的作用是将传感器感受到的倾角变化转变为线圈电感量的变化，从而改变检测仪电路的振荡频率。因此，传感器实际上是一个倾角—频率转换器。传感器外壳是一个上部带有V形缺口，并配有带卡扣尼龙带的长方形壳体，可固定在传动轴上，因此可随传动轴摆动；传感器内部结构是一个中心插有弧形磁棒的线圈，如图7-3所示。弧形磁棒由摆杆和心轴支承在外壳中夹板的两盘轴承上。在重心作用下，摆杆始终偏离垂线某一固定角度。弧形线圈则固定在外壳中的夹板上，当外壳随传动轴摆动时，线圈也随之摆动，因而线圈与磁棒的相互位置发生变化，从而改变了线圈电感值，电感的变化虽则反映了传动轴的摆动量。当电感值可变化的线圈作为检测仪振荡电路中的一个元件时，传动轴的摆动所引起的线圈电感值的变化就改变了电路的振荡频率。

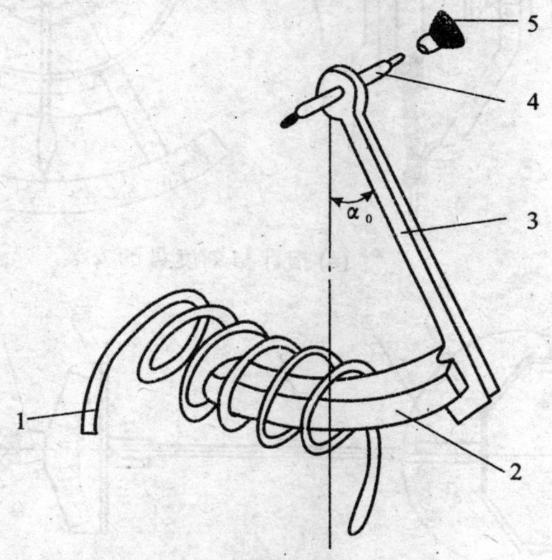

1—弧形线圈；2—弧形磁棒；3—摆杆；4—心轴；5—轴承

图7-3　倾角传感器结构示意图

测量仪实际上是一台专用的数字式频率计，采用与传感器特性相应的门时并可初始置数，通过标定可直接显示出倾角大小。测量仪采用数字集成电路，由传感器输出的振荡信号经计数门进入主计数器，在置成的补数基础上累计脉冲数。计数结束后，在锁存器接收脉冲作用下，将主计数器的结果送入寄存器，并由荧光数码管将结果显示出来。使用时，把角间隙两个极端位置的倾角相减，其差值即为角间隙值。

利用数字式角间隙检测仪检测传动系统角间隙时，也必须逐段检测。

(1) 万向传动装置角间隙检测。驻车制动器处于制动状态，传动轴转至驱动桥角间隙中间位置（驱动桥角间隙一般远大于其他部位的角间隙），把传感器固定于传动轴，左、右旋转传动轴至极端位置，测量仪便显示出在该两个位置时传感器的倾斜角度，两个角度之差即为万向传动装置的角间隙。

(2) 离合器和变速器各挡位的角间隙。接合离合器，变速器挂入预选挡位，放松驻车制动器，传动轴位于驱动桥角间隙中间位置，左、右转动传动轴至极限位置，测量仪显示出的该两位置时传感器倾斜角之差减去已测得的万向传动装置角间隙，即为从离合器至变速器输出轴的角间隙。

(3) 驱动桥角间隙。放松驻车制动，变速器挂入空挡，行车制动处于制动状态时，左、右旋转传动轴至极限位置，测量仪上所显示两角度之差则为驱动桥角间隙与传动轴至驱动桥间万向节角间隙之和。

第二节 行驶系检测

在行驶系中，车轮定位参数的变化、悬架系统松旷、主销与衬套磨损及车轮不平衡等，不仅影响汽车乘坐的舒适性，有时甚至危及行车安全，因此，对行驶系的检测与诊断应给予足够的重视。行驶系的主要检测与诊断内容包括车轮定位的检测、悬架间隙检测及车轮平衡的检测。

一、车轮定位的检测

车轮定位参数的检测有静态检测法和动态检测法两种。静态检测法是在汽车停止的情况下，使用测量仪器对车轮定位进行几何参数的测量；动态检测法是在汽车以一定车速行驶情况下，用测量仪器或设备检测车轮定位产生的侧向力或由此引起的车轮侧滑量。

(一) 车轮定位值的检测

车轮定位包括车轮前束、车轮外倾、主销后倾和主销内倾，是车桥技术状况的重要诊断参数。车轮定位正确与否，将直接影响到汽车的直线行驶稳定性、安全性、燃油经济性、轮胎和有关机件的磨损及驾驶员的劳动强度等。因此，车轮定位值的检测不仅对在用车是十分必要的，而且对新车定型和质量抽查也是必不可少的。车轮定位值的检测采用静态检测法时，使用的检测设备有气泡水准式、光学式、激光式、电子式和电脑式等车轮定位仪，它们一般是利用车轮旋转平面与各定位角间存在的直接或间接的关系进行测量的。这些仪器中气泡水准仪在国内的综合性能检测站和维修企业中应用最广。

1. 气泡水准车轮定位仪与测量原理

该仪器一般由水准仪、支架和转盘（又称转角仪）等组成。水准仪分插销式和磁铁式两种，如图 7-4 所示。它们均由壳体、水泡管、水泡调节装置和刻度盘等组成，可测得前轮外倾值、主销后倾值和主销内倾值。支架是水准仪与轮辋之间的连接装置，有卡紧式和磁力式两种。转盘一般由固定盘、活动盘、扇形刻度尺、游标指示针、锁止销和若干滚珠等组成。

该仪器的测量原理是：外倾角口可直接测得。当前轮处于直线行驶位置且有外倾角 α 时，垂直于车轮旋转平面安装的水准仪上的测外倾角的气泡管水平平面的夹角即为前轮外倾角 α，通过标定就可测得。主销后倾角 γ 和主销内倾角 β 均不能直接测量，只能采用建立在几何关系上的间接测量。当前轮在水平平面分别向左、向右转过某一角度 φ（通常设定为 20°）时，由于主销后倾角 γ 和主销内倾角 β 的存在，使得转向节、车轮（在制动状态下）和安装在车轮上的水准仪，还要绕转向节枢轴中心线偏转一定角度。此时气泡管内气泡的位移量取决于气泡管水平与平面夹角，而此角又取决于角 γ，β，因此气泡的位移量通过标定即可反映主销后倾角和主销内倾角值。测得这一偏转角度，即可间接地获得 γ 和 β 值。

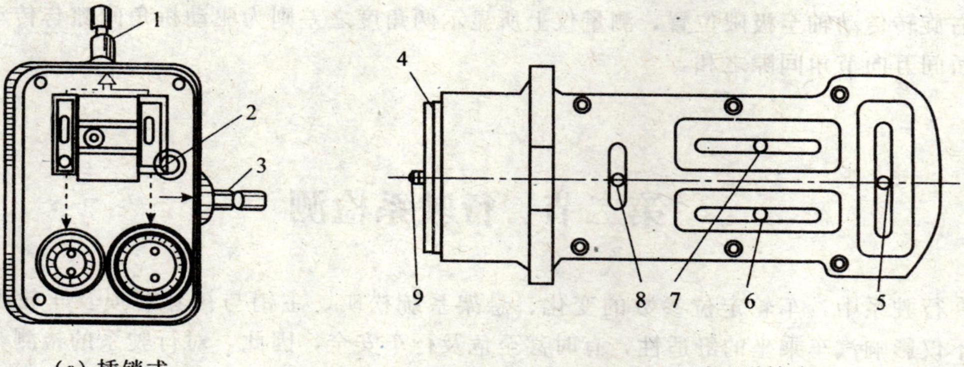

(a) 插销式　　(b) 磁铁式

1，3—定位销；2—旋钮；4—永久磁铁；5—测量主销内倾角的水泡管；6—测量前轮外倾角的水泡管；7—测量主销后倾角的水泡管；8—校正水准仪水平状态的水泡管；9—定位针

图 7-4　气泡水准车轮定位仪

2. 气泡水准车轮定位仪检测前轮定位值

常见气泡水准车轮定位仪的检测方法大同小异，如 QD—2 型水准式车轮定位仪等。由于国产 GCD—1 型光束水准车轮定位仪配备的装置多一些，特别是能以聚光器配合标杆精确测得前束值，而这一功能是其他定位仪所不具备的，故以该仪器为例介绍其方法。

(1) 检测前的准备

① 汽车技术状况的预检

检测前轮定位值时，如无特殊说明，被检车之载荷应符合原厂规定；轮胎气压应符合原厂规定；前轮轮胎应为新胎或磨耗均匀的半新胎；检查前轮轮毂轴承、转向节衬套与主销是否松旷，检查制动器是否可靠。

② 检测场地的要求

检测场地表面应平整，并尽量处于水平状态；检测场地如为专用地坪，可将两转盘分别放入深为 60 mm 的预留坑内。如果无预留坑，当前轮放在转盘上后，后轮应垫以厚 60 mm的平整木块，以保证前后轮接地面处于同一水平面上。

③ 汽车的正确放置

在汽车两前轮放在转盘上之前，汽车应前后稍许推动，以便前轮自动处于直线行驶状态。然后使两前轮分别放在各自的转盘上，并使主销中心线的延长线基本上通过转盘中心。在有工厂标记的条件下，依工厂标记来确定转向器的中间位置，进而确定前轮的直线行驶位置，是比较方便而且是准确的。在没有工厂标记的条件下，若认为前束在每个前轮上是均匀分配的，则可参照下述方法来确定前轮的直线行驶位置；取下转盘锁止销：在两前轮上分别安装支架和聚光器，将聚光器光束水平投向在后轮中心且与后轮垂直的带三角架的标尺上，标尺应紧靠在车轮中心上；调节聚光器焦距，使在标尺上得到一清晰的带有一缺口的扇形图像（以下简称为指针），如图 7-5 所示；读出两侧标尺指针所指的数值，如果两侧数值相等，则认为前轮处于直线行驶位置。前轮直线行驶位置找好后，应将转盘扇形刻度尺调整到零位对准游动指针，然后固定。当再转动转向盘时，前轮的转角便可由转盘刻度尺上读出。

④ 支架的安装

支架总成配有内张式及外收式两种固定脚，可按轮辋形式的不同选用。安装支架时，先将固定支架的两个固定脚卡在轮辋适应部位，再移动活动支架使其固定脚也卡在轮辋上，然后用活动支架的偏心卡紧机构将三个固定脚卡紧在轮辋上。此时，三个固定脚定位端面应贴紧在轮辋的边缘上。松开调整支座弹性固定板固定螺栓，使调整支座沿导轨滑动，通过特制芯棒使调整支座安装聚光器或水准仪的孔中心与前轮中心重合。然后拧紧螺栓，使调整支座固定于导轨上。经多次试验，当支座中心与车轮中心偏 2～3 mm时，对测量结果影响甚微，故也可以目视对中心，而不必使用芯棒。

⑤ 轮辋变形的检查及补偿

(a) 将聚光器定位销轴插入支座中，使销轴定位端面与支座定位端面贴合，然后拧紧弹簧卡固定螺钉，使聚光器不至于从支座上滑落。

(b) 顶起被测前轮，使其离开转盘或地面，当在其圆周上施力时能自由转动。

(c) 将标杆以 7 倍轮辋半径的距离放在所测车桥之前或之后的地面上。一般情况下，测前轮轮辋的变形量时，可把标杆放于前桥之前；测后轮轮辋变形量时，可把标杆放在后桥之后。

(d) 将聚光器通以直流 12 V 电源，聚光器发出强光束指针。转动聚光器的调节盘，使光束指针的扇形缺口朝上。调整聚光器伸缩套筒，使光束指针清晰地指在标杆上带有刻度的标牌上。用手把持住聚光器，松开弹簧卡锁紧螺钉，缓慢转动车轮一周，读出光束指针指示的最大值与最小值。最大值与最小值之差即为轮辋端面的摆差，当摆差$>$3 mm 时，一般认为轮辋是不合格的，应予更换。

(e) 对于有摆差的前轮轮辋，为了消除对检测前轮定位角度值的影响，可转动调整支座上的滚花调节螺钉，直到光束指针指示的最大值与最小值之差在 3 mm 之内为止。轮辋的变形被补偿后，将车轮放在转盘上，并使主销中心线延长线基本上通过转盘中心。

(2) 前轮前束值的检测

已如前述，GCD－1 型光束水准车轮定位仪备有两套聚光器和两套长度可按不同轮距调节的标杆。聚光器接通电源后可投出强光束指针，而标杆的标牌上每隔 7 mm 为一刻度并代表前束 1 mm。

①检测原理

用聚光器配合标杆来检测前轮前束值的原理如图 7－6 所示。当中心为 O 的前轮 AB 与放置在地面上的标杆垂直时，聚光器光束指针投射到标杆的 M 点，光束在与 A 点同一截面上的投影为 A_2 点。当前轮具有前束时，AB 与标杆是不垂直的，此时聚光器光束指针投射到标杆上的 N 点，而在与 A 点同一截面上的投影点为 A_3，且聚光器实际位置由原来的 OCD 变为 OC_1D_1。由于 CM 远大于 OC，而前束与 CM 比较起来也非常小，故可认为点 C 与点 C_1 重合，且 $AA_1=A_2A_3$。

从图中可以看到

$$A_2A_3 : MN=CA_2 : CM$$

其中

$$CA_2=OA=D/2,\ CM=7\times D/2$$

所以

$$A_2A_3 : MN = D/2 : 7\times D/2 = 1 : 7$$

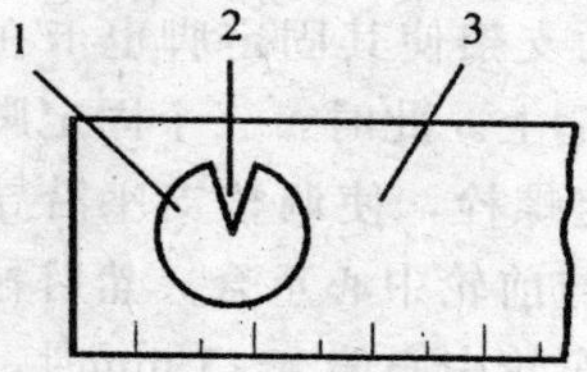

1—光束；2—指针；3—标尺

图 7-5　聚光器投出的光束指针

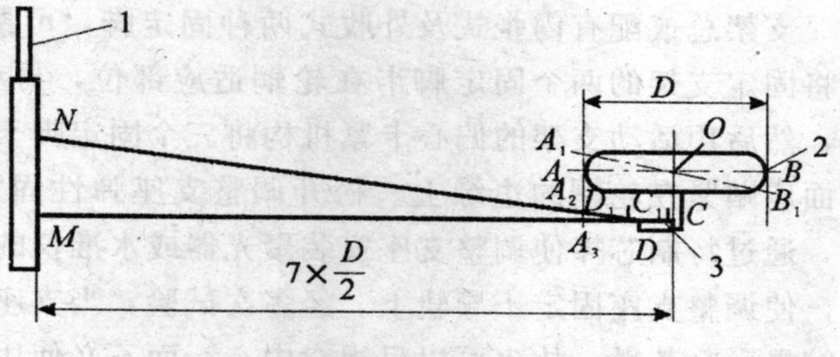

1—标杆；2—前轮；3—聚光器

图 7-6　前束检测

此时，若 $AA_1 = A_2A_3 = 1$ mm，则 $MN = 7$ mm。

在标杆的标牌上，每隔 7 mm 划一刻度。这样，当前轮外圆点每偏转 1 mm 时，在相距车轮中心为 7 倍于前轮半径的标杆标牌上，光束指针的变化为一个刻度（代表实际 1 mm）。这就把前轮前束实际值放大 7 倍后显示在标杆标牌上，从而提高了测量灵敏度和读数精度。

② 检测方法

检测时，汽车两前轮放于转盘上找正直线行驶位置后，在检测前束的过程中不得再转动转向盘或车轮。

(a) 调节标杆长度，使同一标杆两标牌之间距离略大于被测轮距，并能使聚光器光束指针大致投射到标牌的中间位置，如“20”左右。两套标杆一定要调整到等长，且标牌之间的距离一定要相等，否则将影响检测结果。

(b) 将已调好的两套标杆放置在被测前桥的前后两侧，并平行于该桥。两标杆之间的距离为前轮上规定前束测点处直径的 7 倍，每一标杆距前轮中心的距离为前轮上规定前束测点处半径的 7 倍。

前轮上规定前束测点依车型而定。有的测点在胎面中心处，有的测点在胎侧凸出处，而有的测点在轮辋边缘处，检测前束前应注意查阅汽车使用说明书。

(c) 先将针指于某一整数上，如图 7-7 所示。再将该聚光器的光束向后投射到后标

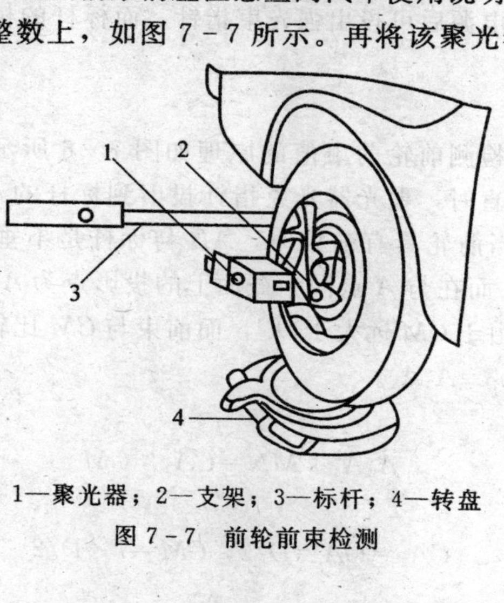

1—聚光器；2—支架；3—标杆；4—转盘

图 7-7　前轮前束检测

杆的标牌上，并平行移动后标杆使光束指针落在与前标牌同一指示数值上。然后，将另一侧聚光器分别向前标杆、后标杆投射光束，读出光束指针指示值，计算前束。若前标杆指示值为23，后标杆指示值为26，则前束值为后值减前值，即26－23＝3（mm）；反之，若前标杆指示值为26，后标杆指示值为23，则前束值为23－26＝－3（mm），说明被测前轮为负前束。

国产GCD－1型光束水准车轮定位仪具有测量准确，适宜于各种测点部位测量的优点。但该仪器构件较多，安装麻烦，故检测前束较少采用，一般场合仍用顶尖式前束尺和指针式前束尺为宜。

（3）前轮外倾角的检测

① 在前轮保持直线行驶位置不动的情况下，将水准仪黑箭头指示的定位销插入前轮上支架的中心孔内，并使水准仪在左右方向上大致处于水平状态。轻轻拧紧弹簧卡锁紧螺钉，固定住水准仪。如图7－8所示。

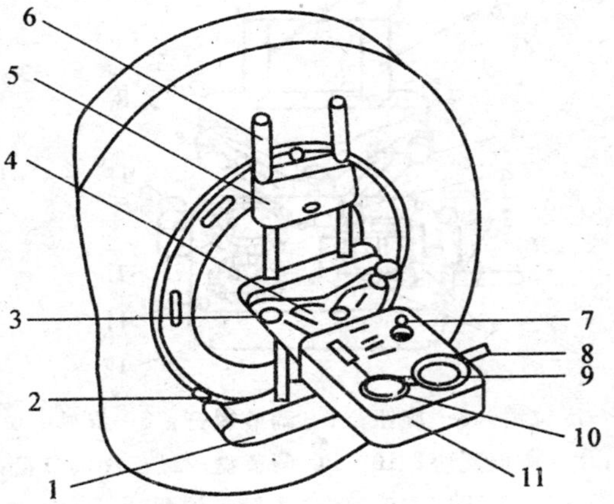

1—固定支架；2—固定脚；3—调节螺钉；4—调整支座；5—活动支架；
6—导轨；7—旋钮；8—定位销；9—BC调节盘；10—A调节盘；11—水准仪

图7－8　前轮外倾角和主销后倾角检测

② 转动水准仪上的A调节盘，直到对应的气泡管内的气泡处于中间位置为止，然后在黑刻度盘上读出A盘红线所指角度值，该角度值即为前轮外倾角。泊盘每转动360°/13≈27.69°代表前轮外倾角1°，黑刻度盘把每1°再分成6等份，每1份为10′，读数分辨率可达1′，因而使读数误差减小。

（4）主销后倾角的检测

前轮外倾角度值测定后，不动水准仪，接着进行主销后倾角度值的检测。

① 将前轮向内转20°（对于左前轮则向左转，对于右前轮则向右转），松开弹簧卡锁紧螺钉，使水准仪左右方向处于水平状况，然后拧紧锁紧螺钉。

② 转动水准仪上的BC调节盘，使其上的红线与蓝、红、黄刻度盘零线重合。调整对应气泡管的旋钮，使气泡管气泡处于中间位置。

③ 将前轮向相反方向转40°，即转到直线行驶位置后再向外转20°。转动BC盘使气泡管的气泡回到中间，在蓝盘上读出BC盘红线所示的值，该值即为主销后倾角。BC盘每转动360°/19.11≈18.84°代表主销后倾角或主销内倾角1°，刻度盘把每1°再分成6等份，

每 1 份为 10′，读数分辨率可达 1′，使读数误差减小。

（5）主销内倾角的检测

为防止打转向盘时前轮滚动，必须踩下制动踏板或用踏板抵压器压下制动踏板，使前轮处于制动状态。

①从支架上取下水准仪，以红黄箭头所指的定位销插入支架中心孔内，轻轻拧紧锁紧螺钉，如图 7-9 所示。将被测前轮向内转 20°，松开锁紧螺钉，使水准仪在左右方向上大致处于水平状态，然后拧紧锁紧螺钉。

②转动 BC 调节盘，使其红色刻线与蓝、红、黄刻度盘零线重合。调节气泡管的旋钮，使气泡处于中间位置。

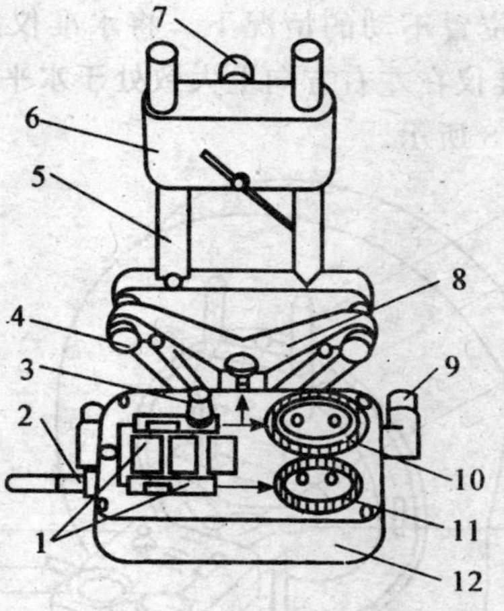

1—水泡管；2—定位销；3—旋钮；4—调节螺钉；5—导轨；6—活动支架；
7，9—固定脚；8—调整支座；10—BC 调节盘；11—A 调节盘；12—水准仪

图 7-9　主销内倾角检测

③将前轮向外转 40°，即转至直线行驶位置后再向外转 20°。调节 BC 盘使气泡管之气泡回到中间，则 BC 盘红线在红刻度盘或黄刻度盘所示之值，即为主销内倾角。检测左前轮时在黄刻度盘上读数，检测右前轮时在红刻度盘上读数，简称左黄右红。

二、车轮不平衡的检测

1. 车轮不平衡检测原理

车轮不平衡包括车轮静不平衡和动不平衡两种情况。

（1）车轮静不平衡及其检测原理

支起车桥，调整好轮毂轴承松紧度，转动车轮待其自然停住，在停转的车轮离地最近处做一标记，然后重复转、停试验多次，若车轮停转时所做标记基本处于离地最近处，则车轮是静不平衡的，即车轮质心与车轮回转中心不重合，而偏向做标记一边。

静不平衡的车轮，其质心与旋转中心不重合，车轮转动中会产生离心力，该离心力可分解为一个水平分力和一个垂直分力，在车轮转动一周中，当不平衡质量处于通过车轮旋转中心的垂直位置上、下点时，垂直分力达到最大值，但是方向相反，引起了车轮的上下跳动。当不平衡质量处于通过车轮旋转中心的水平位置前、后点时，水平分力最大，方向相反，引起了车轮的前后窜动。对于转向轮，还会形成绕主销来回摆动的力矩，造成转向

轮摆振。当左、右前轮的不平衡质量相互处于 180°位置时，左右轮跳动相位相反，将引起车身的横向摆振，前轮摆振也最为严重，影响汽车行驶时操纵稳定性。

就车式车轮平衡仪检测车轮静不平衡的原理如图 7-10，地面的车轮如果不平衡，转动时必然引起车轮上下振动，该振动通过转向节或悬架传给检测装置的传感磁头、可调支架和底座内的传感器，传感器将振动信号变为电信号后控制频闪灯闪光以指示车轮不平衡点位置，并指示静不平衡值。当传感磁头传递向下的力时频闪灯就发亮，所照射的车轮最下部的点即为不平衡点。不平衡程度越大，传感器的受力也愈大，传感器输出信号越大，指示装置指示的数值也愈大。

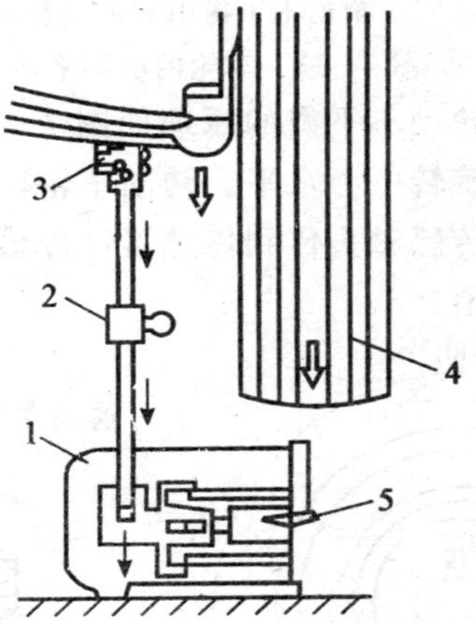

1—底座；2—可调支架；3—传感磁头；4—车轮；5—传感器

图 7-10　车轮的静不平衡检测原理

（2）车轮动不平衡及其检测原理

静平衡的车轮，若车轮的质量分布相对车轮纵向对称中心面不对称，就会造成动不平衡，如图 7-11，a 点和 b 点上分别具有两个质量相同的质点 m_1 和 m_2，大小相等方向相反，车轮质心与车轮旋转轴心重合，亦即车轮处于静平衡状态。当该车轮旋转时，m_1 和 m_2 将分别产生离心力，这两个力大小相等方向相反，其作用线间距为 L，车轮转动中，由于两个离心力的合力矩不为零而产生一个方向反复变动的力偶 M，这种情况就称为车轮处于动不平衡。车轮转动时，由于存在力偶 M，且 M 的方向反复变化，在 M 的作用下，引起轮毂轴承附加动载荷，造成前轮绕主销的摆振。

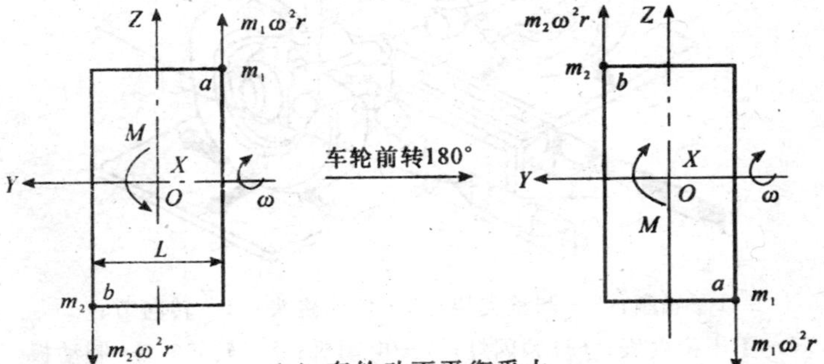

（a）车轮动不平衡受力

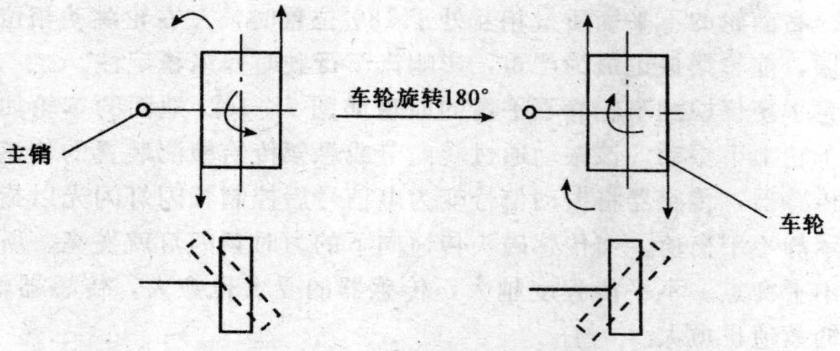

(b) 车轮动不平衡引起的前轮摆振

图 7-11　车轮的动不平衡

就车式车轮平衡仪检测车轮动不平衡的原理如图 7-12，车轮平衡仪传感磁头安装于制动底板边缘部位，且与车轮旋转中心水平。转动车轮，若车轮动不平衡，则必然引起车轮绕主销的摆振，该振动通过传感磁头传到传感器，传感器将振动信号转换为电信号，控制频闪灯闪光并指示动不平衡值。

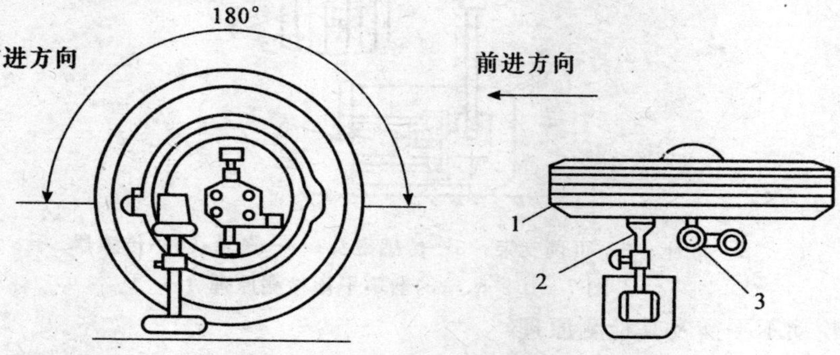

1—车轮；2—传感磁头；3—转向节主销

图 7-12　车轮的动不平衡检测原理

2. 就车式车轮平衡仪组成结构

图 7-13 为车轮平衡仪的组成示意图。该平衡仪主要由以下 4 部分组成：

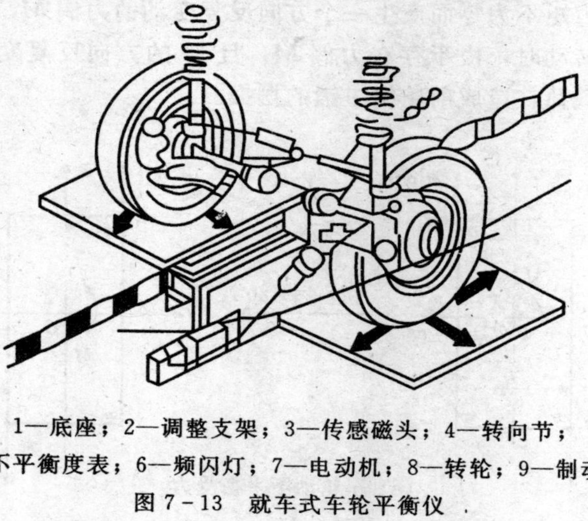

1—底座；2—调整支架；3—传感磁头；4—转向节；

5—不平衡度表；6—频闪灯；7—电动机；8—转轮；9—制动板

图 7-13　就车式车轮平衡仪

（1）驱动装置。驱动装置由电动机和转轮组成，检测从动车轮时，将转轮直接贴靠于车轮的胎面，电动机通过转轮带动车轮旋转。

（2）测量装置。测量装置由传感磁头、可调支架、底座（内装传感器）等组成。检测时，将传感磁头吸附在独立悬架下臂或非独立悬架的转向节处或制动底板上，将振动信号传给底座内传感器，变成电信号输出。

（3）指示装置。指示装置由频闪灯和不平衡度表组成。传感器信号送入指示装置，驱动频闪灯闪光，指示不平衡位置，不平衡量由不平衡度表显示。

（4）制动装置。制动装置为摩擦式制动器，用于使车轮停止转动，以便进行车轮平衡作业。

3. 车轮动不平衡的就车检测

（1）准备工作

①用千斤顶支起被测车桥，两边车轮离地间隙应尽量相等。

②清除被测车轮上的泥土和石子。

③检查轮胎气压，视情节至规定值。

④用手转动轮胎，检查轮毂轴承是否松旷，检查车轮的径向跳动和横向摆动是否明显，视情节适当调整。

⑤在轮胎外侧面任意位置上用粉笔或白胶布做好标记。

（2）前从动轮静不平衡检测

①用三角垫木塞紧对面车轮和后桥车轮，将测量装置推至被测前轮一端的前梁下，传感磁头吸附在悬架下或转向节下，磁头应尽量垂直安装，调节可调支架高度并锁紧。

②推车轮平衡仪转轮至车轮侧面或前面，检查频闪灯工作是否正常，检查转轮的旋转方向能否使车轮的转动与前进行驶时一致。

③操纵车轮平衡仪与轮胎接触并压紧，起动电动机，带动车轮旋转至规定转速。

④观察频闪灯照射下的轮胎标记位置，并从仪表上读取不平衡量数值。

⑤操纵平衡仪上的制动装置，使车轮停转。

（3）前从动轮动不平衡检测

①将传感磁头吸附在经过擦拭的制动底板边缘平整处，并尽量使磁头与车轮旋转中心处在同一水平位置。

②操纵平衡仪电动机使车轮旋转至规定转速，用频闪灯观察轮胎标记位置，从仪表上读取车轮动不平衡量数值。

（4）驱动轮不平衡检测

①驱动轮转动可由发动机驱动，一般驱动轮车速应达到 50～70 km/h，并在某一转速下稳定运转。

②测试结束后用汽车车轮制动器使车轮停转。

③其他方法及注意事项同从动轮动静不平衡检测。

4. 车轮平衡仪的维护

车轮平衡仪在使用与保管中应做好如下维护工作。

①指示仪表应避开阳光直射和温度高的地方，车轮平衡仪应尽可能远离振动源。

②平衡仪应切忌进水，如已进水，要关掉电源，及时送专业部门维修。

③每使用 3 个月应检查制动器磨损情况，调整踏板自由行程；检查调整皮带张紧力和显示器的数据显示时间。

④每使用 1 年除进行第③项维护作业外，应接受设备检定部门的检定，保证检测精度。

5. 检测结果分析

用就车式车轮平衡仪检测车轮动、静不平衡情况，一般其动、静不平衡量在 10 g 以内认为可继续使用，若超过 10 g 则应进行平衡作业。若车轮动、静不平衡量过大则主要检查车轮平衡块是否脱落，轮胎是否存在异常磨损、局部损坏或轮胎修补方法不当，汽车行驶中该车轮是否发生过较严重的碰撞导致轮辋变形等。

三、汽车悬架和转向系间隙检测

1. 悬架和转向系间隙检测原理

汽车悬架和转向系间隙过大，可能引起汽车转向盘抖振、行驶跑偏、乘坐性不良、轮胎异常磨损和行驶噪声等故障，这些故障现象只有在汽车行驶中才会出现，汽车停止时检查费时费力，不易觉察，如图 7－14 所示，将汽车车轮置于检测平板上，通过平板前、后、左、右等方向的强制移动，给车轮施加各个方向的作用力，模拟汽车在颠簸路面上运动时车轮的受力，就可充分暴露悬架和转向系各零部件的技术状态和各连接处松紧程度，从而可快捷、准确地判断故障部位。

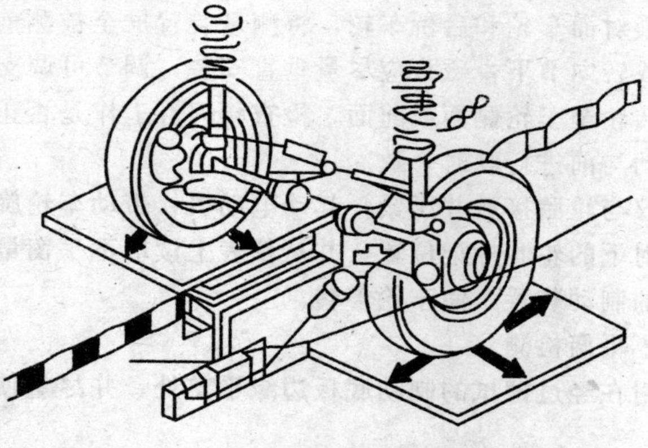

图 7－14　悬架和转向系间隙检测原理

2. 汽车悬架和转向系间隙检查仪组成

汽车悬架和转向系间隙检查仪组成如图 7－15 所示。该检查仪主要由电控箱、手电筒开关、泵站和左右测试机构组成。

（1）手电筒开关

手电筒开关由左、右测试板移动方向控制按键和照明两部分组成。按键用于控制电控箱中各继电器的动作，照明部分可方便检测时对各检查部位的观察。

（2）电控箱

电控箱主要由控制电路和保护电路两部分组成。在手电筒按键的控制下，电控箱中油泵电动机和电磁阀继电器动作，给泵站中油泵电动机和相应的电磁阀供电。保护电路用于保护油泵电动机过载和电路漏电。

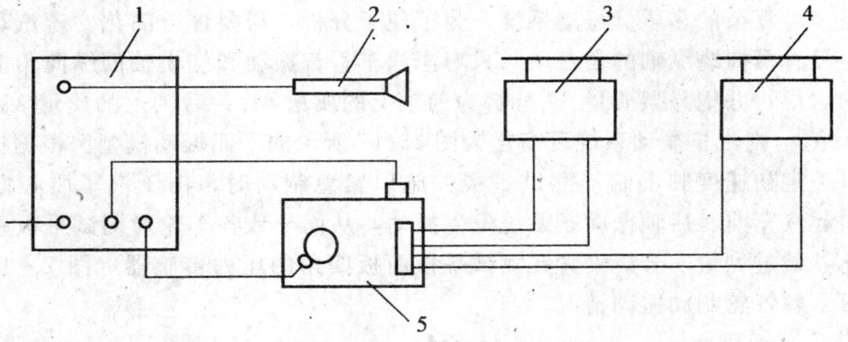

1—电控箱；2—手电筒开关；3—左测试机构；4—右测试机构；5—泵站

图 7-15　悬架和转向系间隙检查仪组成

（3）泵站

泵站由电动机、油泵、电磁阀、滤油器、溢流阀和压力表等组成。电动机带动油泵工作建立一定的油压；电磁阀在电控箱中继电器作用下控制高压油流向相应的油缸，为测试板推动车轮提供动力。

（4）测试机构

一般检查仪由左右两个测试机构组成。按测试板可移动的方向不同，测试机构可分为前、后双向移动式，前、后、左、右四向移动式和前、后、左、右、左前、左后、右前、右后八向移动式三种类型。

可移动方向数不同，测试机构复杂程度也不同，图 7-16 所示为前、后双向移动式测试机构的结构。它主要由测试板、动力油缸、导向机构和箱体等组成。检测时，在电控箱控制下，泵站油泵高压油经电磁阀输入一个油缸（另一油缸处于卸荷状态），这样在油缸作用下，测试板按导向机构规定的方向移动，给车轮施加移动方向的作用力。

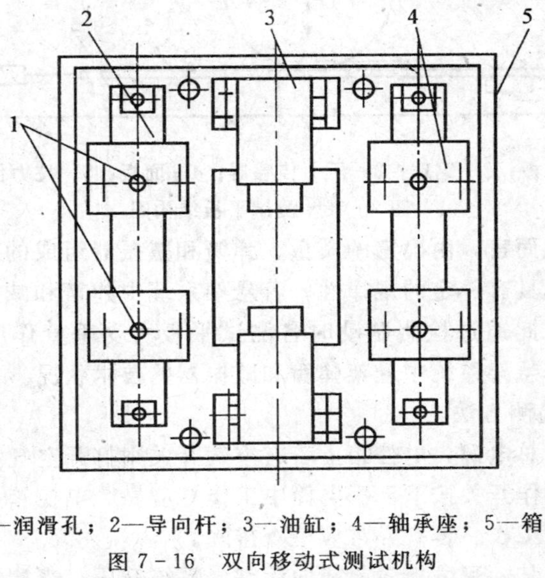

1—润滑孔；2—导向杆；3—油缸；4—轴承座；5—箱体

图 7-16　双向移动式测试机构

意大利 VAMAG 公司 4PLDT 型测力平板式制动试验台具有悬架性能检测功能，现将其检测原理作一简介：

汽车是一个复杂的多质量振动系统，为了便于分析，需要进行简化。若汽车在试验台上制动时，没有横向绕纵轴的角振动，只考虑汽车垂直振动和绕横轴的纵向角振动，忽略汽车轮胎的阻尼，并把悬架质量 M 分解为前轴上的质量 M_1、后轴上的质量 M_2 以及重心 c 上的质量 M_3，则汽车振动系统可简化为图 7－17 所示的平面振动模型。根据振动知识可知，汽车以一定初速度驶上制动测试平板并施以紧急制动时，由于汽车质心惯性力的作用，必然引起汽车前、后轴振动子系统发生振动，从而导致各车轮对测试平板垂直作用力的交替变化，通过测量、分析安置在测试平板面板四角的压力传感器（图 7－18）输出的电信号就可了解各轮制动振动情况。

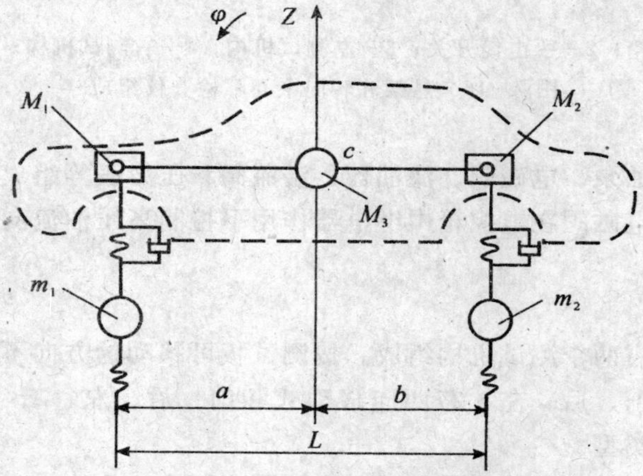

图 7－17　双轴汽车简化的平面振动模型

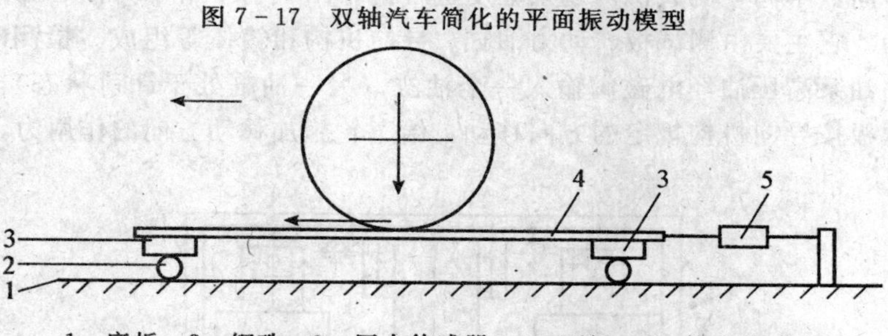

1—底板；2—钢珠；3—压力传感器；4—面板；5—拉力传感器

图 7－18　测试平板结构图

对各车轮悬架系统而言，由确定的质量、弹簧和减振器组成的振动系统，在制动惯性力作用下，其振动衰减具有一定的规律性。若悬架系统中弹簧和减振器性能不良，必然引起振动过程的改变，因此通过检测制动时各测试平板所受垂直作用力变化过程，进行分析、对比就可确定汽车悬架系统中悬架弹簧和减振器的技术状况。

3. 悬架和转向系检测方法

（1）接通电控箱上总电源，电控箱上若有空气开关则打开空气开关。

（2）将手电筒上工作开关按下，手电筒中工作灯应亮，电控箱上绿色指示灯应亮，此时电动机应转动，油泵工作。若有异常应检查排除。

（3）按下手电筒上某一测试板向前或向后键，系统升压，当检测板移动到一侧极限位置时，检查压力表油压是否正常，否则调节溢流阀旋钮，使其达到要求值。然后分别按下其他键使检测板移到中间位置。

(4) 检查左、右检测板表面是否沾有泥、油、砂等杂物，若有应清除之。

(5) 检查轮胎气压是否符合规定，否则应调整到规定值。检查轮胎上是否有泥土和沙子，若有应清除。

(6) 将前桥置于左右检测板上，尽量使车轮在检测板上居中停放，车上引车员踩紧制动并抱住转向盘，车下检验员按动手电筒开关上检测板“前、后移动方向”键，使悬架作上、下、左、右、前、后复杂运动。对断开式前桥，注意观察车轮与制动底板（或制动盘），上下摆臂和销与衬套以及上下球头销处运动是否正常；对整体式前桥，注意观察车轮与制动底板，U 形螺栓，钢板弹簧和前、后吊耳是否异常。

(7) 车轮保持上述停放状态，按下手电筒开关上检测板“左、右移动方向”键，使悬架受到左右切向力的作用。对于断开式前桥，注意观察车轮和轴头、减振器和螺旋弹簧、横向稳定杆和摇臂等部位是否正常；对核体式前桥，注意观察车轮和轴头、减振器及衬套、横直拉杆与球头是否异常。

(8) 根据所测汽车悬架及转向系结构特点，选择左右检测板不同运动方向组合方式，检查相关节点工作情况。

(9) 前桥检测完毕，将后桥（或中桥）开上检测板，用上述检测方法进行检测。

(10) 检测完毕，关掉手电筒工作开关，再关掉空气开关及总电源，工作结束。

4. 汽车悬架和转向系间隙检查仪的维护

(1) 检查仪不使用时，应保持检查平板及其周围环境的清洁，防止脏物侵入检查仪。

(2) 每使用 1 个月按厂家规定油品对各润滑点进行润滑；通过液压系统压力表指示最大压力值大小判断液压系统密封性，若最大压力过低应进一步检查液压系统各零、部件，若有泄漏应紧固或视情况更换零、部件。

(3) 每使用 3 个月，除进行第 (2) 项维护作业外，应检查液压油的数量和脏污程度，油量不足或液压油过脏应按厂家规定油品进行补充或更换。

第三节　转向系检测

汽车转向系是底盘的主要组成部分之一，其技术状况变化对汽车操纵稳定性和高速行驶的安全性有直接影响。利用仪器设备对转向盘的转动阻力和自由量以及转向轮定位参数等进行检测，可以诊断出转向系技术状况的好坏。

一、转向盘的转动阻力和自由转动量的检测

1. 《技术条件》规定

(1) 机动车的转向盘应转动灵活、操纵轻便，无阻滞现象。机动车应设置转向限位装置。车轮转向过程中，不得与其他部件有干涉现象。

(2) 机动车转向盘的最大自由转动量从中间位置向左或向右转角均不得大于：

①最大设计车速大于或等于 100 km/h 的机动车为 10°。

②最大设计车速小于 100 km/h 的机动车为 15°。

2. 转向盘转动阻力的检测

转向盘的转动阻力是评价转向盘传动是否灵活、轻便的量化指标。转动阻力大，即转向沉重，会增加驾驶员的劳动强度和影响行车安全。转向盘转动阻力一般用弹簧秤拉动转向盘的轮缘检测（见图 7－19），或用专门的转向测力仪检测。图 7－20 为该仪器的结构和装配图，以 ZCA 型转向参数测量仪为例进行说明。

检测方法：顶起前桥，使左右车轮悬空，将测试仪安装在被测车辆的转向盘上，启动电源开关，按下“力测”按钮，缓慢地将转向盘由一端尽头转到另一端尽头，则仪器开始定时测量并显示仪器上的作用力矩 M。按下式算出转向盘轮缘上的转动力：

$$\text{转动力} = \frac{M}{2r}$$

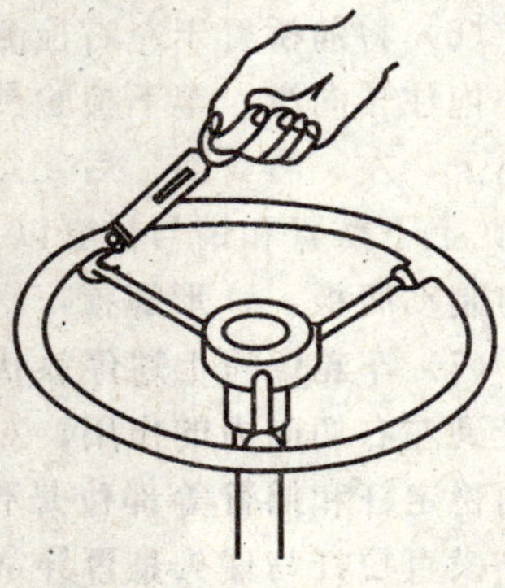

图 7－19　转向盘转动阻力的检测

式中：r——被测车辆转向盘的半径，m。

检测时，注意车轮能否转到极限位置或是否与其他部件发生干涉现象。

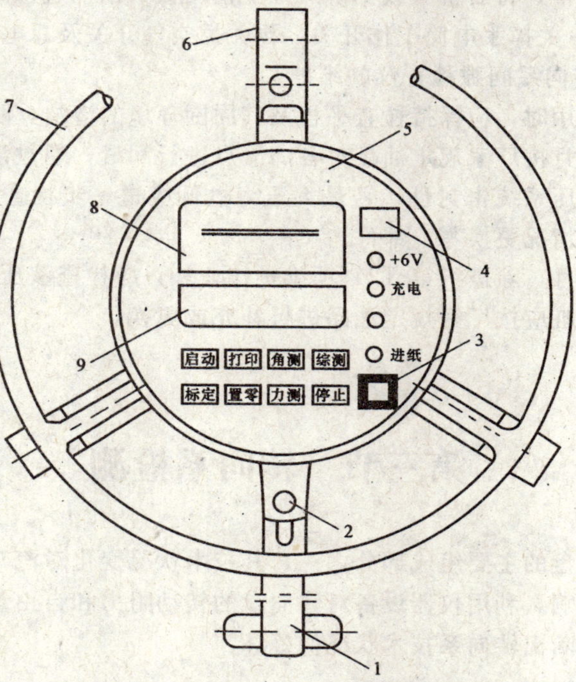

1—固定杆；2—固定螺丝；3—电源开关；4—电压表；
5—主轴箱；6—连接叉；7—操纵盘；8—打印机；9—显示器

图 7－20　ZCA 型转向参数测量仪

3. 转向盘自由转动量的检测

转向盘自由转动量是评价转向是否灵敏、操纵是否稳定的指标。如转向盘自由转动量超过《技术条件》规定（2）的要求，在行驶中，要用较大幅度转动转向盘，才能控制车辆的行驶方向，且在直线行驶时感到行驶不稳定，严重影响行车安全。

用 ZCA 型转向参数测量仪测量转向盘自由转动量的方法如下：

顶起前桥，将转向盘由一端尽头转到另一端尽头，记住因数，再回转其总因数的一半，然后放下前桥，保持转向盘位置不动，将测试仪安装好，启动电源并按下“角测”按钮，向一个方向缓慢转动转向盘，直至轮胎开始转动时，停止转动转向盘，则仪器自零开始测量并显示转向盘转动的角度。用同样方法可测出另一个方向的转向盘自由转动量的值。

二、转向轮定位参数的检测

（一）转向轮定位值检测的必要性

汽车转向轮的定位值（包括转向轮外倾角、主销后倾角、主销内倾角、转向轮前束等四个参数）是评价汽车的操纵性和直线行驶稳定性的重要参数。前轮定位值的正确能使汽车的操纵性保持稳定。如果前轮定位不正确，不仅会引起转向沉重，增加驾驶员的劳动强度，汽车行驶的不稳定，车轮失去自动回正作用，而且还会加剧转向机构和转向轮胎的磨损，燃料消耗量增加，动力性能下降等许多不利情况。为此，在《技术条件》中，对汽车有关转向轮定位值的检测作了如下的规定：

（1）汽车转向轮转向后应能自动回正，以便机动车具有稳定的直线行驶能力。

（2）汽车前轮定位值应符合该车有关技术条件的规定。

（3）汽车转向轮的横向侧滑量，用侧滑仪检测时侧滑量值应不大于 5 m/km。

（二）转向轮定位与转向轮侧滑

1. 转向轮定位

现代汽车都具有这样一种特性，即汽车的转向轮有自动回正能力，即汽车在行驶中，其转向轮若偶然受到外力（如碰到石块等）作用或转向盘稍作转动而偏离直线行驶时，有自动回复到直线行驶的能力。或者当汽车转向后，只要手一松开转向盘，转向轮有迅速回至直线行驶的能力。

汽车转向轮能自动回正的原因，就在于转向主销不是垂直安装在转向节上的。从上端面来看，它既向后倾斜一定角度（主销后倾），还向内倾斜一定角度（主销内倾），正是这两个角度保证了转向轮有自动回正的能力。

除上述两个角度用以保证汽车稳定地直线行驶外，转向轮安装后也不是垂直于地面的，而是向外倾斜一定的角度（转向轮外倾）。同时，两转向轮安装好后，其前后轮中心面也不是平行的，而是前胎面中心线间的距离小于后胎面中心线间的距离（转向轮前束），即成“八”字形状。

以上各定位参数之间有着一定的关系，把它们合起来统称为转向轮定位。

2. 转向轮侧滑

转向轮侧滑，实际上是转向轮外倾角与转向轮前束综合作用的结果。

如图 7－21 所示，转向轮有了外倾角后，汽车直线行驶时，左右车轮都企图向外张开，形成向汽车外侧边滚动边滑动的圆弧轨迹的趋势。

转向轮前束的作用结果与转向轮外倾角的作用结果相反，它使转向轮产生内向力，企图使转向轮向内收拢，形成向汽车内侧边滚动边滑动的圆弧轨迹的趋势。

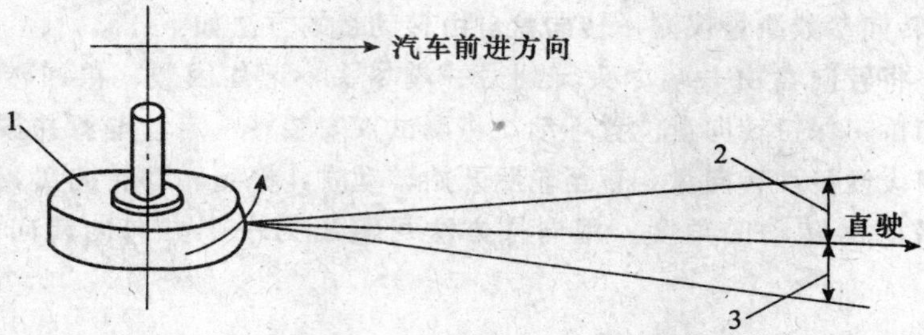

1—转向车轮；2—车轮前束；3—车轮外倾角

图 7-21　车轮外倾角与车轮前束综合作用的结果

理想的情况是：转向轮外倾角引起的外张力的反作用力——内侧力（或内侧滑）与转向轮前束产生的内向力的反作用力——外侧力（或外侧滑）相互抵消，保持转向轮正直方向行驶。但是，转向轮外倾角和前束值在作用过程中要发生变化，当两参数的平衡被破坏时，转向轮就不可能是纯粹地向正前方滚动，而会产生向外侧滑或向内侧滑趋势。

（三）转向轮定位值的静态和动态检测

汽车转向轮定位值的检测，有静态检测法和动态检测法两种。静态检测法是在汽车静止的状态下，用车轮定位仪对转向轮定位值进行几何法的检测；动态检测法则是在汽车以一定的速度行驶的情况下，用测量仪器或设备检测转向轮定位产生的各处侧向力或由此而产生的转向轮侧滑量。

1. 转向轮定位值的单项静态检测

（1）前束值的检测

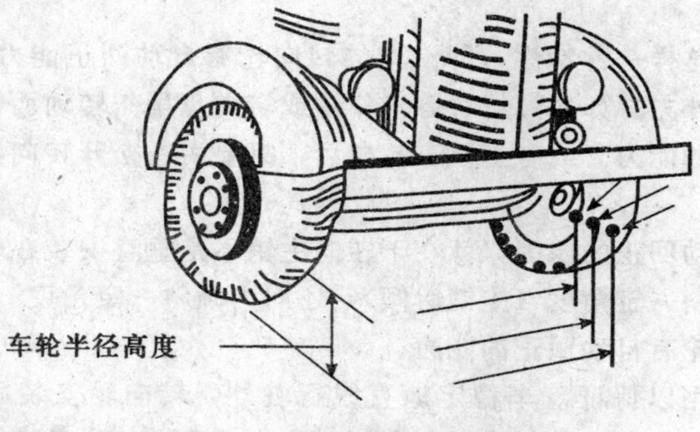

(a) 测量位置

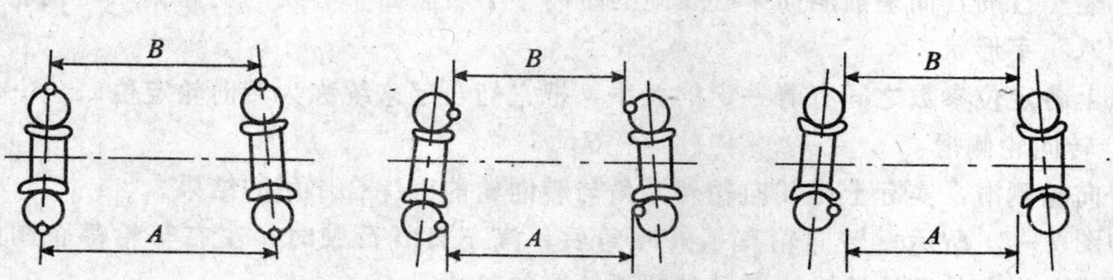

(b) 测量示意图

图 7-22　汽车前束的测量位置

①前束值的检测位置

汽车转向轮前束值检测点的高度，一般都在着地转向轮胎水平中心线的截面上，即等于转向轮胎中心离地高度（见图 7－22）。而检测点是在转向轮的径向位置，各汽车制造厂的规定是不完全一致的。因此，在检测前束时，首先要注意弄清被测汽车所规定的检测部位，然后再按规定的部位进行检测，否则会使实际前束值出现较大的误差（参见图 7－22 及表 7－1）。

表 7－1　部分车型转向轮前束的检测位置及前束值

汽车型号	前束检测位置	前束值（mm）
北京 BJ2020	在两转向轮胎胎面中心线间	3～5
北京 BJ1041		1.5～3
解放 CA1091		2～4
东风 EQ1091		8～12
五十铃 TXD50		4～6
跃进 NJ1041	两转向轮胎内侧断面突出点间	1.5～3
斯堪尼亚 LT110		1±1
菲亚特 682N3	在两转向轮轮辋内侧的外缘间	2～3
依发 W50L		1～4
却贝尔 D450	在两转向轮胎制动鼓内侧的外缘间	0～4
黄河 JN1181CB	在两转向轮胎内侧 648 mm	子午线胎 0.5
		其他胎 3～4.5

如果要改变原厂规定的前束检测位置，则必须对原厂规定的前束允许值按改变后的检测位置进行换算。具体换算方法见图 7－23。

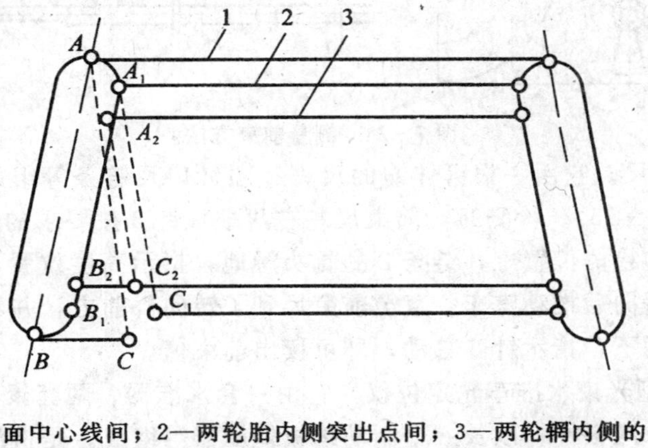

1—两胎面中心线间；2—两轮胎内侧突出点间；3—两轮辋内侧的外缘间

图 7－23　不同测量位置时，前束允许值的换算

由图可知，1，2，3 三种测量位置分别构成的三角形 ABC，$A_1B_1C_1$ 及 $A_2B_2C_2$，均为相似三角形。由相似三角形对应边成比例可得出：

$$\text{换算后的前束值}=\frac{\text{换算后检测点的径向尺寸}\times\text{原位置的前束值}}{\text{原检测点的径向尺寸}}$$

例题：

黄河 JN1150 型汽车的前束值，原厂规定在两转向轮内侧 ϕ648 mm 处检测时为 6～8 mm。已知该汽车装用 11.00—20 轮胎，充气后其外径为 1080 mm，如果放在两胎面中心线间检测前束时，其前束允许值范围应为：

$$换算后的前束允许值范围=\frac{1\,080\times(6\sim8)}{648}=10\sim13\ (\text{mm})$$

据此可知，如果黄河 JN1150 型汽车的前束改在两转向轮胎胎面中心线处检测时，其前束值不是原厂规定的 6～8 mm，而应该是 10～13 mm 才符合原厂的规定。

②前束值的检测方法

检测前束时，汽车的转向轮应处于直线行驶的状态，停放在水平坚硬的场地上。

由于各制造厂规定的汽车前束值在转向轮胎上的径向检测位置不完全相同，因此，检测前束值的量具也有多种形式。

a. 指针式前束尺。它由一根带管的尺杆和指针及支架等组成。适用于在轮胎胎面上检测前束。检测时，先将被测车桥用千斤顶支起来使车轮能自由转动，用粉笔涂敷车轮胎冠表面，然后用金属划针对正胎冠中点，转动车轮，由划针在胎冠上划出一条中心线。放松千斤顶，车轮落地。调整前束尺两根指针，使之分别指向左右转向车轮后方的胎冠中心线（如图 7-24）。指针尖端距地高度应等于被测车轮的半径值，调整前束尺的刻度标尺使之对“0”。然后将前束尺移至被测车轮前方，调整前束尺长度，使两指针分别指向转向车轮前方胎冠中心线。此时，前束尺刻度标尺的指示值（注意正负值），即为被测车轮的前束值。

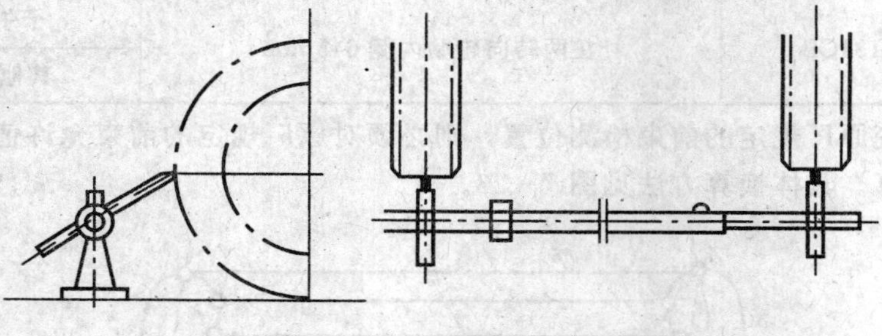

图 7-24　测量前束方法

b. 顶尖式前束尺。它由一根可伸缩的尺杆和顶针以及链条等组成。适用于轮胎内侧面检测前束（见图 7-25）。检测时，前束尺左右两根顶针 3 按要求的位置分别抵在左右转向轮胎内侧面的径向检测位置上，链条 2 的端头触地，指示高度位置，调整刻度至零，并用螺钉 4 锁紧，然后向后推动汽车，直至前束尺到了转向桥前方，并和以前处于相同的高度。在尺中弹簧作用下，指示针 5 移动，即可读出前束值。

c. 国产 GCD1 型光束水准车轮定位仪。它由一套水准器、两套聚光器、两套支架、两套转盘、两根标尺、两根标杆以及一个制动踏板抵压器等组成。是检测汽车转向轮 4 个定位参数的仪器，其中聚光器配合标杆和标尺能精确检测前束值，且适用于各种前束检测部位的检测。检测时，先将支架安装在转向轮的轮辋上（或车轮辐板上），再将聚光器安装在支架上，然后接通聚光器的电源，并将聚光器的光束水平地投向预先放置在后轮中心的标尺上（注意左右两侧标尺的放置要与汽车纵向中心线对称）。调节聚光器的焦距，使带缺口的扇形图像（以下简称指针）清晰地指在标牌刻度尺上，并读出两标尺上的数值，如果两标尺上的数值相同，则表明转向轮处于直线行驶状态，否则需要转动转向盘进行调整。校正好汽车直线行驶的位置后，即可按以下步骤检测其前束值（见图 7-26）。

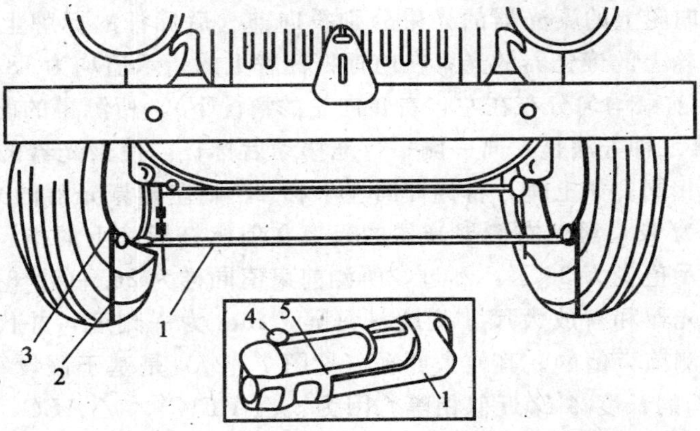

1—前束尺；2—链条；3—顶针；4—锁紧螺钉；5—指示针

图 7-25 汽车前束的检查

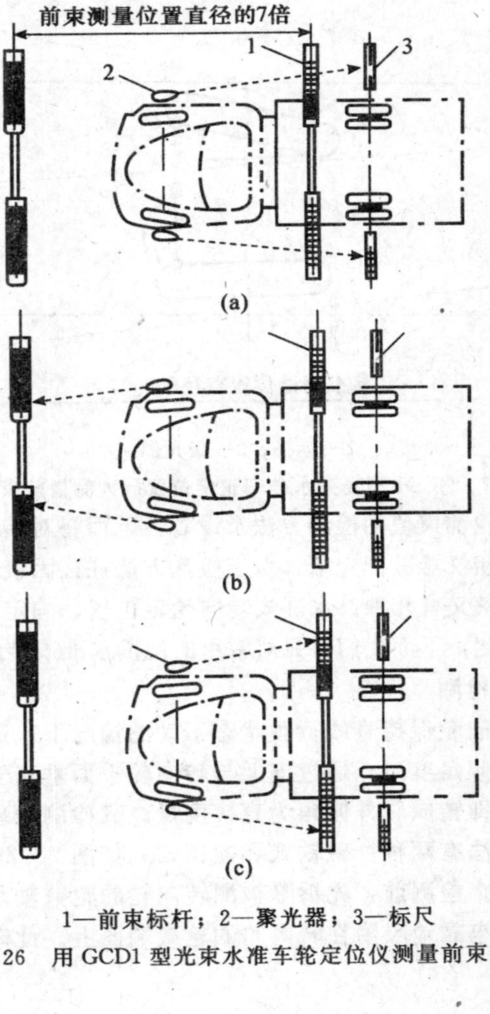

1—前束标杆；2—聚光器；3—标尺

图 7-26 用 GCD1 型光束水准车轮定位仪测量前束的步骤

(a) 调节两标杆长度，使同一标杆上的两标牌之间的距离略大于被测汽车的轮距；

(b) 将已调好的两根标杆，分别平行等距离地放置在转向桥的前、后方，两标杆之间的距离为转向轮胎径向检测前束位置直径的 7 倍；

(c) 将左右转向轮上的聚光器的光束分别投向前、后标杆的标牌上。第一种方法是：如果左、右两转向轮上的聚光器的光束在前标杆标牌上的指示值均为 18，在后标杆牌上的指示值为 22（假设前束均匀分布在左、右转向轮的情况下），所测得的前束值为 (22－18)×2＝8 (mm)；第二种方法是：向一侧平行地移动后标杆，使聚光器的光束在一侧的前、后标牌上的指示值相同。如上例，将标杆向左平移 4，则左侧聚光器的光束在前，后标杆标牌上的指示值均为 18，虽然右侧聚光器的光束在前标杆标牌上的指示值仍为 18，但在后标杆标牌上的指示值变为 26 了，不过，所测前束值同样为 26－18＝8 (mm)。

该仪器是以聚光器和有放大尺寸刻度（每隔 7 mm 为一刻度，并代表实际的 1 mm）的标牌经放大来检测前束值的。其放大原理（见图 7－27）是基于假设垂直两标杆的距离 GF 与光束“斜射”的长度 $A'C'$ 近似相等。因为，$\triangle A'E'C' \backsim \triangle AEC$，$A'C' \approx GF$，在检测时已取 GF 等于转向轮检测前束位置的径向直径的 7 倍，所以 $A'C' \approx 7AC$；故 $C'E'/CE = A'C'/AC = 7$，即将前束实际值放大 7 倍显示在标牌上，从而提高了检测的精度。

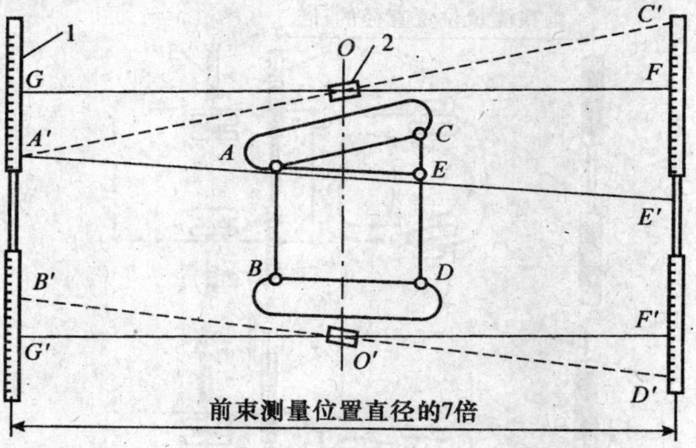

1—标杆；2—聚光器

图 7－27　GCD1 型光束水准车轮定位仪放大测量前束的原理

上面我们介绍了转向轮前束值的检测方法及设备，下面将对转向轮外倾角、主销后倾角和主销内倾角的检测方法和仪器进行介绍。由于检测方法往往因设备不同而有差异，而关于这三个倾角参数的检测设备又有几种：水准式转向轮定位仪、固定机械式转向轮定位仪和光学式转向轮定位仪等。因此，下面我们将只对常用的便携水准式转向轮定位仪进行介绍。

(2) 转向轮外倾角的检测

转向轮外倾角是在转向轮保持直线行驶状态不动的情况下，通过水准器直接检测得到的。因为，当转向轮有外倾角度时，通过支架与转向轮平面垂直安装的读数水准器也必然与水平面呈同样的夹角，即转向轮外倾角为直接度量。其检测原理如图 7－28 所示。

水准器一般的安装方法有两种：磁铁式和插销式。如图 7－29 所示为磁铁式水准器及检测转向轮外倾角的情况。检测前，先拆除被测转向轮的轮数轴承盖，然后用水准器端部的永久磁铁 1 使水准器很牢靠地吸附在转向轮的轮毂端面上。此时，纵向水准水泡和外倾角刻度的指示值，即为被测转向轮的外倾角度值。

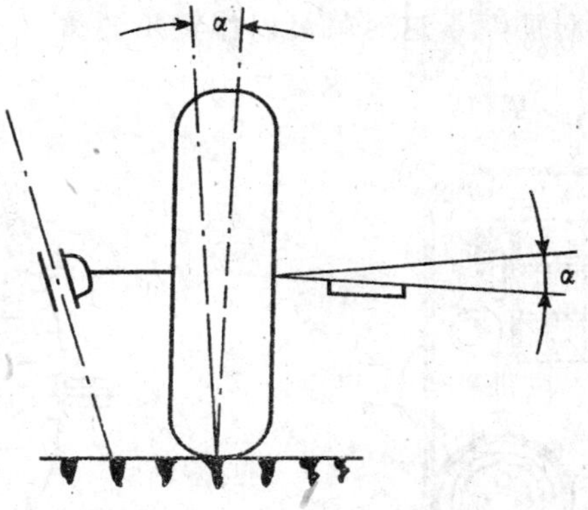

图 7-28　转向轮外倾角的测量原理

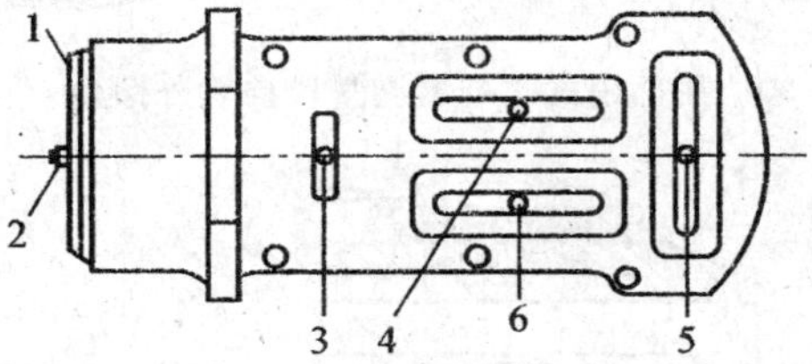

(a) 磁铁式水准器

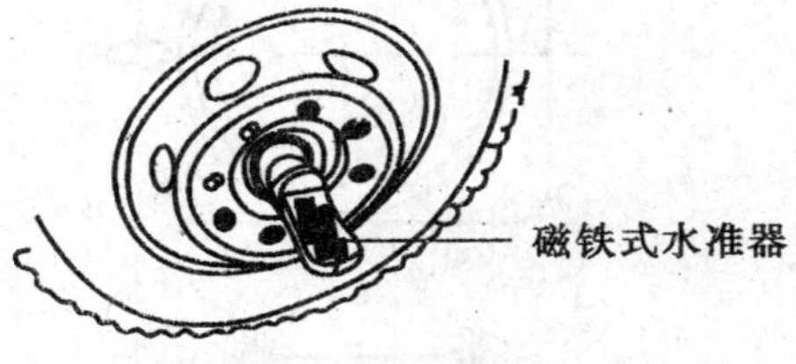

(b) 转向轮外倾角的测量

1—永久磁铁；2—定位针；3—安装找正用横向水准器水泡；4—纵向水准器水泡和转向轮外倾角刻度；5—横向水准器水泡和主销内倾角刻度；6—纵向水准器水泡和主销后倾角刻度

图 7-29　用磁铁式水准器测量转向轮外倾角

图 7-30 所示为插销式水准器及检测转向轮外倾角的情况。检测时，将水准器上的插销 1 插入支架相应的孔中，并使水准器在其左右方向上大致处于水平状态，然后调节螺旋体 2，直到检测外倾角的水准水泡 A 处于中间位置，然后调节螺旋体读取转向轮外倾角度值。该型定位仪中的水准器上的调节螺旋体每转 27.69°（360°/13）代表外倾角 1°，通过这样的放大及在较大的刻度盘上读值，提高了检测的精度。

(3) 转向轮主销后倾角度的检测

主销后倾角不能用水准仪直接测出，需要与车轮转角仪配合，使车轮绕主销转动一定角度的方法来测量。所以先介绍一下车轮转角仪。

车轮转角仪的结构示意图如图 7-31 所示。转角仪是检测转向轮转向角的仪器。它分为上、下两层，上转盘通过球轴承支承在下转盘上，下转盘再通过滚柱轴承支承在底盘上，以确保车轮转动时轻便灵活。上转盘与指针相连，指针可在底座上的纵、横滑轨槽内移动，以随时指示出上转盘的转角。测量时，先用锁销将车轮转角仪上转盘与底座锁住，然后将被测汽车转向轮驶至转角仪上，这样，可以保证回转板处于底座的中心位置上。取下锁销，使转角仪刻度尺对“0”，这时就可以作转角测量。

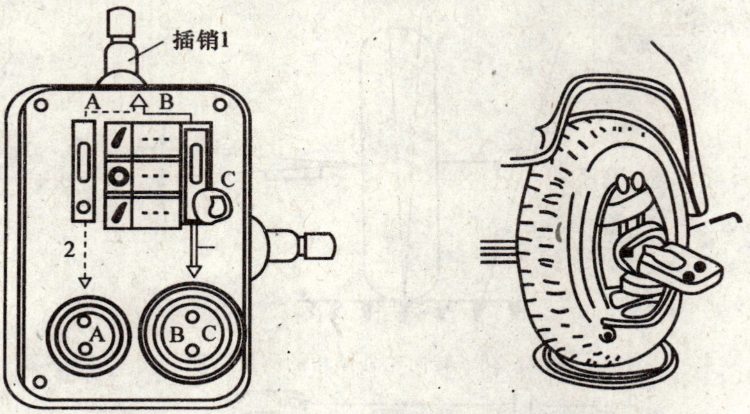

图 7－30　用插销式水准器测量转向轮外倾角

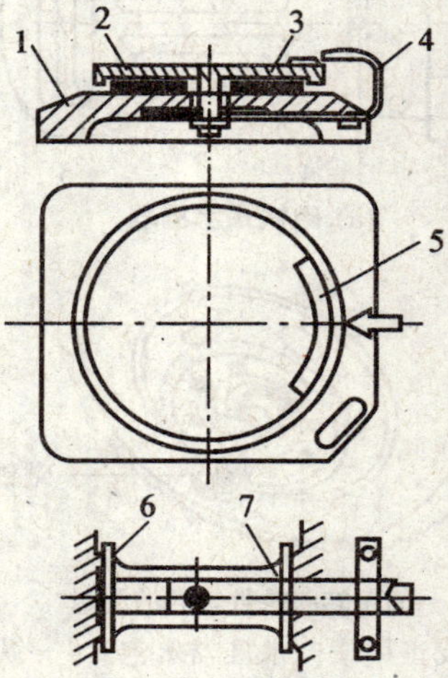

1—底盘；2—上转盘；3—钢球；4—指针；5—刻度尺；6—横向导轨；7—纵向导轨

图 7－31　车轮转角仪

测定主销后倾角时，应将车轮对正前方驶至转角仪上，然后转动转向盘，使车轮向外转 20°（车轮向背离汽车纵向中心线方向转动为外转），调整安装找正水准器 3（见图 7－29）的气泡至零，再使后倾角水准器 6 的气泡置零，然后把车轮向内转 20°（车轮向汽车纵向中心线方向转动为内转）位置，此时，水准器 6 气泡所示值即为主销后倾角。图 7－32 所示为测量主销后倾角的原理图。旋转转向盘使转向轮分别向内和向外转动一定角度时（由于汽车结构的限制，转向轮不能如图 7－32 所示，绕主销转动 180°，通常是先向外转 20°，回正后，再向内转 20°），由于主销后倾角的存在，使得转向节枢轴轴线与水平面之间的夹角发生变化，只要能测出这一夹角

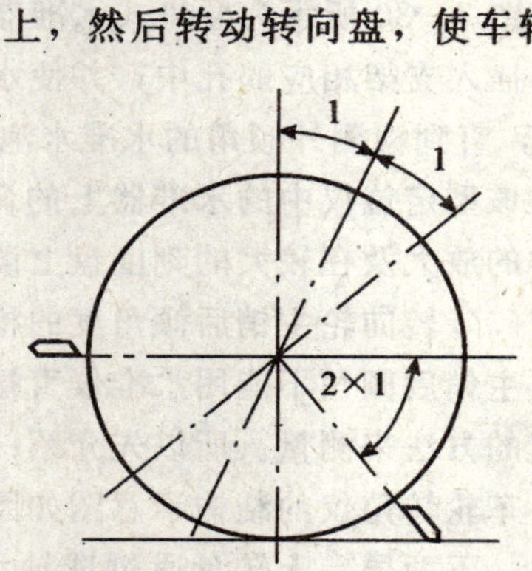

1—主销后倾角

图 7－32　主销后倾角测量原理

量的变化，即可间接获得主销后倾角度值。

用 GCD1 型光束水准车轮定位仪检测主销后倾角度值的步骤如下（见图 7-30）：

①将汽车的转向轮置于转角仪上，同时，在汽车的后轮垫上木块，以保证前后车轮处于同一平面内。

②将水准器上的纵向端部的插销 1 插入支架对应的孔中，拧紧锁紧螺钉。

③旋转转向盘，使转向轮向内转 20°（对于左轮则向右转，对于右轮则向左转），松开锁紧螺钉，使水准器沿插销的方向处于水平状态，然后，再拧紧锁紧螺钉。

④调整"BC"调节盘使其指示红线与仪表枢上的绿、红、黄盘上的零线重合。

⑤调整水准器组件的调节旋钮，使气泡处于中间位置。

⑥转动转向盘使转向轮向相反的方向转动 40°，调整"BC"调节盘，直到气泡又处于中间位置。此时，在绿盘上读出"BC"盘指示值，即为主销后倾角度值。

用同样的方法可检测另一侧转向轮的主销后倾角度值。

（4）转向轮主销内倾角度的检测

主销内倾角同样不能直接测出，也只能采用建立在几何关系上的间接测量。测定主销内倾角度时，应将车轮对正前方驶至转角仪上，然后转动转向盘，使车轮向外转 20°，调整内倾角水准器 5 的气泡至零，然后把车轮向内转 20°，此时水准器 5 气泡所示值即为主销内倾角（见图 7-29）。图 7-33 所示为测量主销内倾角的原理图。旋转转向盘使转向轮分别向内和向外转动一定角度时（同样由于汽车结构的限制，转向轮不可能如图 7-33 所示绕主销转动 90°，通常也是先向外转 20°，回正后，再向内转 20°），由于主销内倾角的存在，使得转向节与转向轮绕转向节枢轴轴线偏转一定角度，只要能测出这一偏转角度的变化量，即可间接地获得主销内倾角度值。

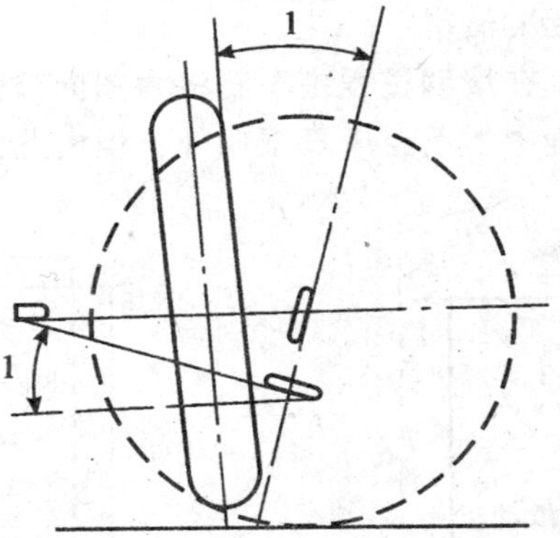

1—主销内倾角

图 7-33　主销内倾角测量原理

用 GCD1 型光束水准车轮定位仪检测主销内倾角度值的步骤如下：

①用制动踏板抵压器压下制动踏板，使转向轮处于制动状态而不能自由转动。

②取下水准器，将横向端部的插销插入支架对应的孔中，拧紧锁紧螺钉。

③旋转转向盘使转向轮向内转 20°，松开锁紧螺钉，使水准器沿插销方向，处于水平状态，然后再拧紧锁紧螺钉。

④调整"BC"调节盘，使其红色刻线与绿、红、黄盘上的零线重合。

⑤调节水准器组件的调节旋钮，使水泡处于中间位置。

⑥转动转向盘，使转向轮向相反的方向转 40°，调整“BC”调节盘，直到气泡重新处于中间位置。此时，“BC”调节盘上的红线在红盘（测右转向轮时）或黄盘（测左转向轮时）上所指示的值，即为主销内倾角度值。

用同样方法可检测另一侧的转向轮主销内倾角度值。

综上所述，这种单项静态检测法虽然设备结构简单但操作烦琐，不能适应快速诊断，如果布置在安全检测线上，由于很难与其他工位的检测周期协调，势必影响整个检测线的通过能力。所以，在安全检测线上，几乎都用动态检测设备检测转向轮定位值。

2. 转向轮定位值的动态检测

转向轮定位值的动态检测设备有两种基本类型：滑板式侧滑试验台和滚筒式车轮定位动态试验台。目前，国内几乎全部采用滑板式侧滑试验台进行动态检测。

研究表明，汽车转向轮的前束值与外倾角对其侧滑的影响比较大。侧滑试验台就是为了检测汽车转向轮外倾角与前束值作用的综合结果。

（1）转向轮前束引起的侧滑

转向轮有了前束后，在滚动过程中力图向内收拢，只是由于转向桥不可能缩短，因此，在实际滚动过程中才不至于真正向内靠拢。但由此而形成的这种内向力势必成为加剧轮胎磨损等的因素。

我们又假设让两个只有前束而没有外倾的转向轮向前驶过如图 7－34 所示的滑动板，也可以看到左右转向轮下的滑动板在转向轮内向力的反作用力的推动下，出现图 7－34 中虚线所示分别向外侧滑移的现象。其单边转向轮的外侧滑量 S_t 为：

$$S_t = \frac{L' - L}{2}$$

（2）转向轮外倾角引起的侧滑

转向轮外倾角的存在，在滚动过程中车轮将力图向外张开，只是由于转向桥不可能伸长，因此，在实际滚动过程中才不至于真正向外。但由此而形成的这种外张力势必也成为加剧轮胎磨损等的因素。

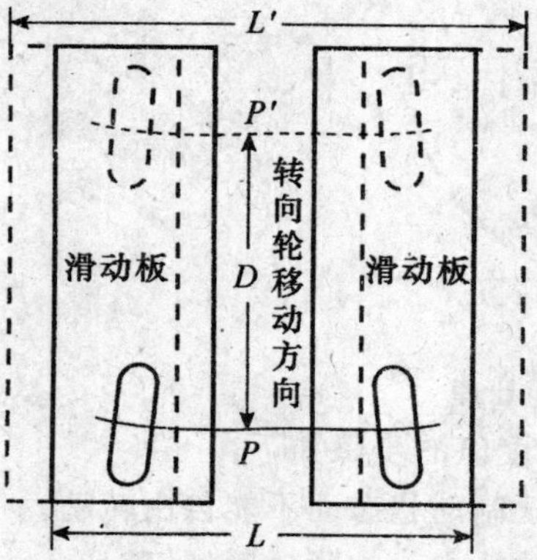

图 7－34　由车轮前束引起滑动板的侧滑

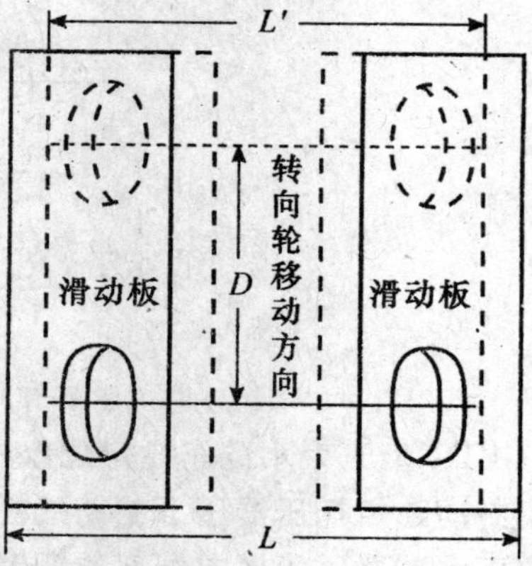

图 7－35　由车轮外倾角引起滑动板的侧滑

我们假设让两个只有外倾而没有前束的转向轮同时向前驶过两块相对于地面可以左右滑动的滑动板，就可以看到左右转向轮下的滑动板在转向轮外张力的作用力的推动下，出现如图 7－35 中虚线所示，将分别向内侧滑移。其单边转向轮的内侧滑量为：

$$S_t = \frac{L - L'}{2}$$

侧滑试验台就是应用上述滑动板原理来检测出转向轮的侧滑量。侧滑量的刻度单位用 m/km 表示。

（四）滑板式侧滑试验台的构造

滑板式前轮侧滑试验台按其结构形式可分为单滑板式和双滑板式两种。

我国和日本制造的滑板式侧滑试验台大多是双板联动的结构形式。它们由侧滑量检测装置、侧滑量定量指示装置和侧滑量定性显示装置三大部分组成。

1. 侧滑量检测装置

如图 7-36 及图 7-37 所示，侧滑量检测装置由左右两块滑动板、杠杆机构和回位装置等组成，该装置把车轮侧滑量检测出来后，再传递给侧滑量指示装置。

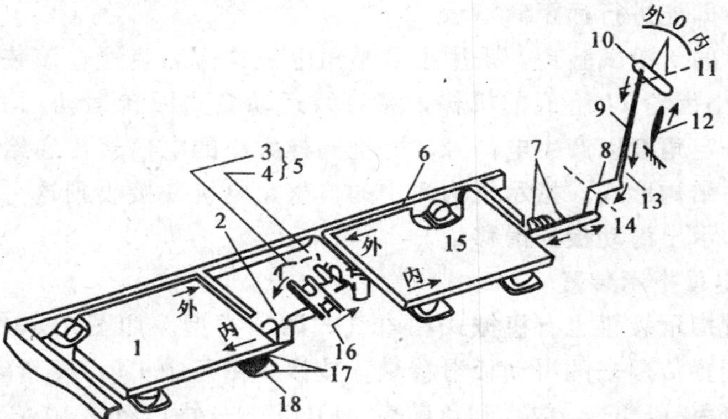

1—左滑动板；2—导向滚轮；3—回位弹簧；4—摆臂；5—回位装置；6—框架；7—限位开关；8—L 型杠杆；9—连杆；10—刻度放大倍数调整器；11—指示机构；12—调整弹簧；13—零位调整装置；14—支点；15—右滑动板；16—双销叉式曲柄；17—轨道；18—滚轮

图 7-36　机械式侧滑试验台

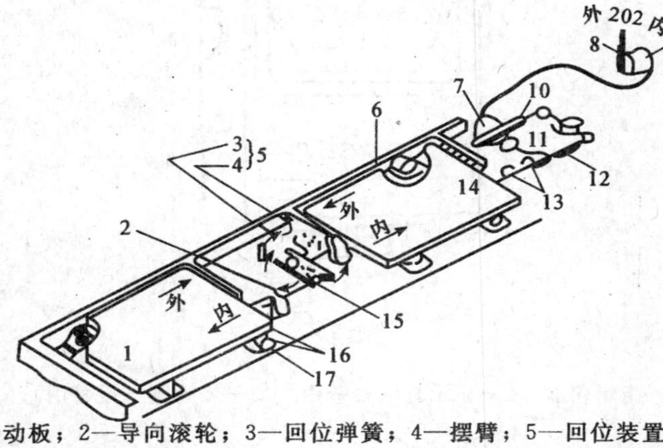

1—左滑动板；2—导向滚轮；3—回位弹簧；4—摆臂；5—回位装置；6—框架；7—产生信号的自整角电机；8—指示机构；9—接受信号的自整角电机；10—齿条；11—小齿轮；12—连杆；13—限位开关；14——右滑动板；15—双销叉式曲柄；16—轨道；17—滚轮

图 7-37　电气式侧滑试验台

滑动板表面做成凸凹不平的花纹形状，以减少转向轮胎与滑动板之间可能产生的滑移，因此滑动板通过滚轮、轨道和两板之间的杠杆机构（双销叉式曲柄），在外力作用下能进行左右等量的相对运动，车轮为正前束时，滑动板向外侧滑动；车轮为负前束时，滑动板向内侧滑动。当车轮驶离滑动板，它们在回位弹簧的作用下回复到零点位置。由于侧滑试验台的规格不同，滑动板的尺寸长度有 500 mm，800 mm 和 1 000 mm 三种。

根据滑动板滑移量的检测方法和传递给指示装置的方式，侧滑量检测装置可分为机械式和电气式两类。

(1) 机械式侧滑量检测装置

如图 7-36 所示，检测部分和指示部分是用机械方式接在一起的。通过连杆 9 和 L 形杠杆 8 等零件，将滑动板 1 与 15 的滑移量直接传递给指示机构 11。

(2) 电气式侧滑量检测装置

电气式侧滑量检测装置是分别通过自整角电机、电位计或差动变压器等元件把滑动板的滑移量测量出来，再传递给电气指示装置的一种结构形式。因此，指示装置可以和检测装置的本体分开，即能进行远距离指示。

图 7-37 所示的侧滑试验台，采用了自整角电机式检测装置。该装置是把滑动板的滑移通过齿条 10 和小齿轮 11 组成的机构，将直线运动变为回转运动，由小齿轮 11 带动自整角电机 7 转动一定角度以产生电信号，并把同样大小的电信号传递给指示机构 8 中的自整角电机 9 的一种结构形式。指示机构 8 中的自整角电机 9 接收到这一电信号后，立即转动同一角度，即指示出滑动板的滑移量。

2. 侧滑量的定量指示装置

侧滑量的定量指示装置也有机械式和电气式两种类型。如图 7-38 和图 7-39 所示。该装置把从检测装置传递来的滑动板滑移量，按汽车每行驶 1 km 侧滑 1 m 定为一格刻度，通常将转向轮正前束（IN——内）和负前束（OUT——外）刻成 10 格刻度进行指示。

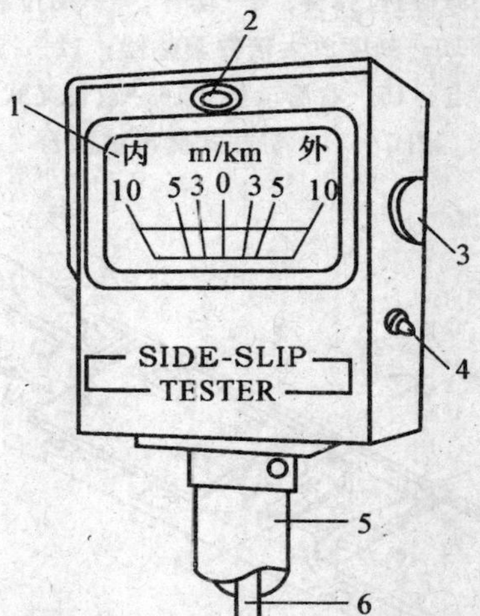

1—指示仪表；2—显示灯（报警用）；3—蜂鸣器（报警用）；
4—电源开关；5—座；6—连杆

图 7-38 机械式指示装置及报警器

因此，滑动板长度为 1 000 mm 者，单边滑动板侧滑 1 mm 时指示 1 格刻度；滑动板长度为 800 mm 者，单边滑动板侧滑 0.8 mm 时指示 1 格刻度；滑动板长度为 500 mm 者，单边滑动板侧滑 0.5 mm 时指示 1 格刻度。

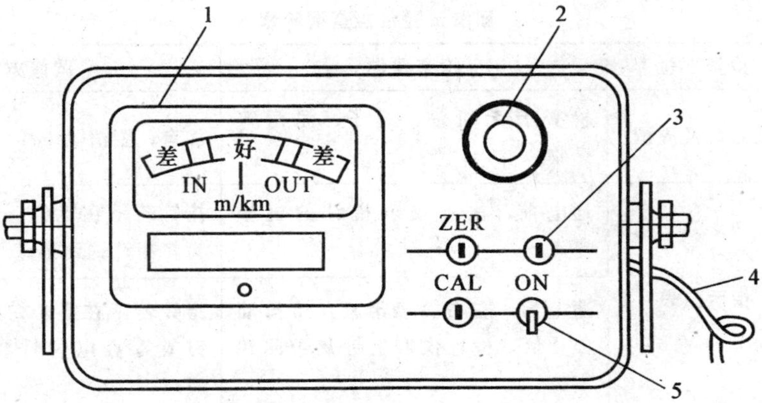

1—指示仪表；2—蜂鸣器或信号灯（报警用）；
3—电源指示灯；4—电线；5—电源开关

图 7-39　电气式指示装置及报警器

指示装置的刻度板上除用数字及符号标明侧滑量的大小及方向外，还用不同的颜色把侧滑量划分为三个区域，即侧滑量－3～＋3 m/km 范围涂为绿色，表示良好区域；侧滑量－5～－3 m/km 和＋3～＋5 m/km 范围涂为黄色，表示准用区域；侧滑量－10～－5 m/km 和＋5～＋10 m/km 范围涂为红色，表示不良区域，以引起注意。

侧滑试验台的定量指示装置除了指针指示的形式外，还有数字显示的（荧光管），并具有峰值保留功能，有的还能同时打印检测结果。

3. 侧滑量的定性显示装置

在检测侧滑量时，为了便于快速显示检测结果是否合格，当侧滑量超过规定值时，侧滑量的定性显示装置即用蜂鸣器或用信号灯或声、光信号同时发出定性报警，以引起检测人员的注意。

（五）侧滑试验台的使用方法

由于各种侧滑试验台的牌号、形式有所不同，因此使用时必须按照其《使用说明书》的规定使用。一般试验台的使用方法如下：

1. 检测前的准备

使用试验台之前，除按表 7-2 所规定的项目及期限进行检查外，还要对被检汽车进行下列准备：

（1）使轮胎气压符合规定值。

（2）清除轮胎上粘有的油污、水渍或轮胎花纹沟槽内嵌有的小石子等，使轮胎干净。

2. 检测步骤

（1）取下滑动板的锁止销钉，接通电源。注意指示仪表的指针应指示“零”位置。

（2）汽车以低速（4 km/h 以下）垂直驶向试验台，使被测车轮从滑动板上通过，注意此时严禁转动转向盘或制动。

（3）待被测汽车转向轮从滑板上完全通过时，观察仪表指针的指示（侧滑）方向，并读取最大侧滑量值。

（4）检查结束后，将滑动板锁止，切断电源。

表 7-2　侧滑试验台检查调修表

检查周期	检查部位	检查要领	调修方法
使用前	试验台及周围	检查有无机油、石子、泥污等杂物	如有，要清除干净
	指示仪表	通电前，检查仪表指针的机械零点	指针若不在零位，用零点调整螺钉将指针调到零点
		通电后，左右拨动滑板，待滑动停止后，检查仪表指针是否回到零位	指针若不在零位，用零点调整螺钉或零点电位计将指针校准到零点
	各种导线	检查有无因损伤引起接触不良的部位	有接触不良或断线的导线要焊好或更换
一个月	报警装置（定性显示装置）	用规定值（5 格刻度）检查蜂鸣器及信号灯能否发出信号	蜂鸣器、灯泡、限位开关等若有故障，要调修或更换
三个月	连杆机构和回位装置	检查动作情况和滑动板是否回位	动作阻滞，进行清洗、润滑，回位不彻底则要调紧回位弹簧
	指示装置	检查 L 形杠杆和指针的动作情况	动作阻滞，进行清洗、润滑
六个月	滚轴、轨道及滑动板	拆下滑动板，检查各部位有无脏污、变形、松动、锈蚀、磨损等情况	对各部位分别进行清洗、紧固、润滑，破损件应更换
一年		接受有关部门的校定	

3. 注意事项

(1) 不允许超过试验台许可载荷的汽车开到试验台。

(2) 不允许汽车在侧滑试验台上转向或制动。

(3) 不允许在试验台上停放任何车辆。

(4) 注意经常保持试验台内、外清洁。

三、四轮定位的概念及测试仪器介绍

四轮定位仪是用来测量车轮与桥装配几何参数的仪器，这些参数我们称之为车轮定位参数。车轮定位参数对车辆运行的稳定性、经济性起着重要的作用，因此必须按照车辆说明书中的相关数据，把车轮定位参数调整在规定的范围内。

（一）四轮定位参数的概念

1. 车轮外倾角（CAMBER）

车轮外倾角是车轮宽度方向上的中心线相对于垂直方向的夹角，其单位为度。车轮上边向外倾斜时，外倾角为正；向内倾斜时，外倾角为负，其示意图如图 7-40。

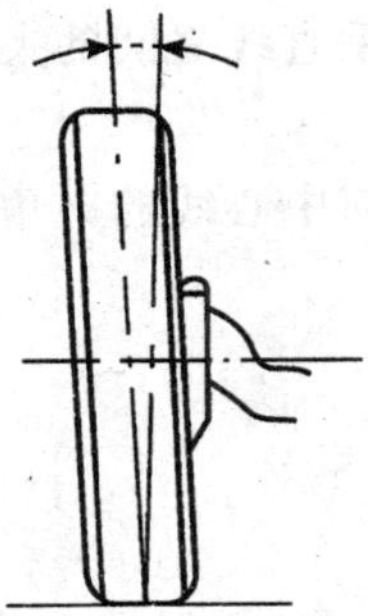

图 7-40 车轮外倾角示意图

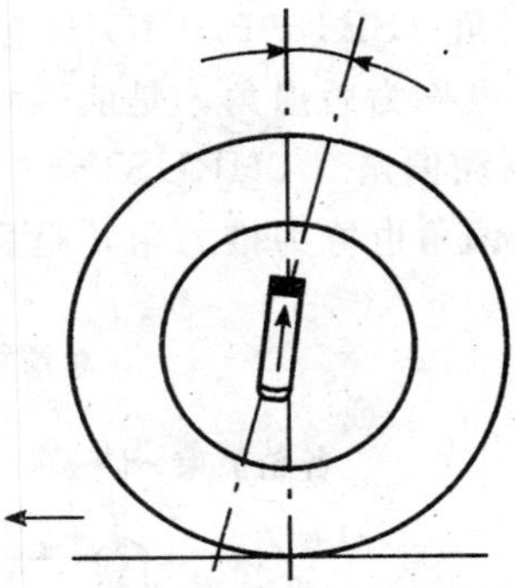

图 7-41 主销后倾角示意图

2. 主销后倾角（CASTER）

主销后倾角是在车辆侧面看主销中心线与垂直方向的夹角，其示意图见图 7-41。

在车辆的前进方向上，若主销中心线与地面的交点落在车轮中心线前面，则主销后倾角为正；落在车轮中心线后面则主销后倾角为负。

3. 主销内倾角（KING—PIN）

主销内倾角是主销中心线与车轮宽度方向上的铅垂线的夹角，见图 7-42。如果主销的上部向内倾斜，则主销内倾角为正；向外倾斜，则主销内倾角为负。

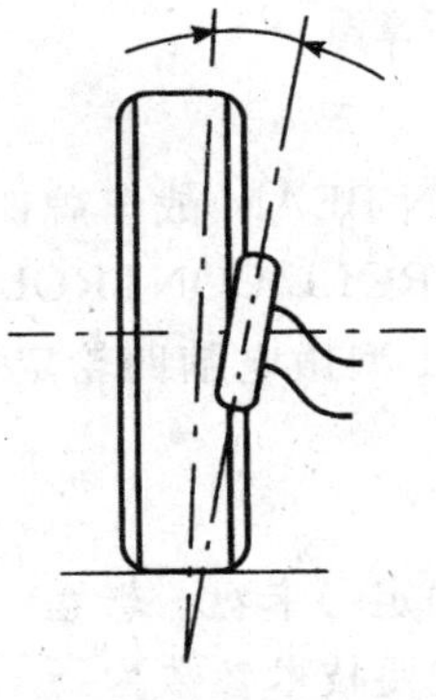

图 7-42 主销内倾角示意图

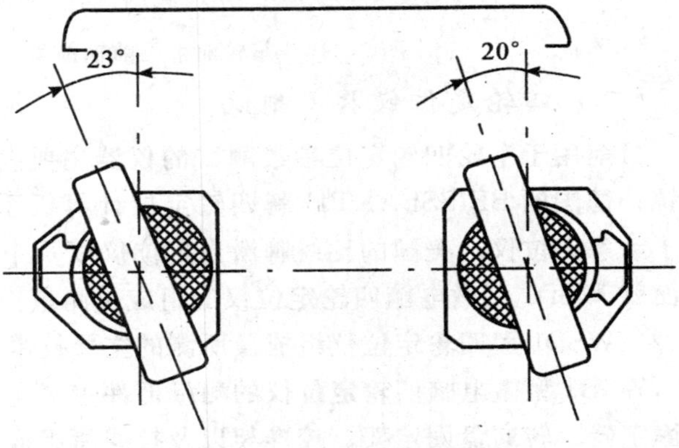

图 7-43 转向角测量示意图

4. 转向角

车辆转向时左右转向轮的运动轨迹是不一样的，内侧车轮轨迹的曲率比外侧车轮的要大。就是说内侧车轮的转角比外侧车轮要大。当向右或向左转向时，这组数据是对称的，由此可判断转向机构的对称性是否有问题。这个数值可以从转盘的刻度盘上读出，见图7-43。

5. 车轮前束（TOE—IN）

车轮前束是左右轮前部和后部对应位置间的距离 A 与 B 之差所形成的角度。因此前束可以用差值（毫米）表示，也可以用角度表示。前束分为两种，即各轮前束和总前束。各轮前束是指左或右轮前后直径处与直行线偏差的尺寸或车轮宽度中心线与车辆中心线的夹角；总前束是左右轮前束之和，即 B 与 A 的差值或两轮偏差角之和。

A 大于 B，前束为负；A 小于 B，前束为正，见图 7-44。

6. 前轴偏角（SET－BACK）

前轴偏角也称为后退角，是前轴轴线与车辆中心线的垂直线之间的夹角，见图 7－44。

7. 后轴驱动偏角（THRUST－ANGLE）

后轴驱动偏角也称为推力角，是后轴垂直线与车辆几何中心线的夹角，见图 7－44。

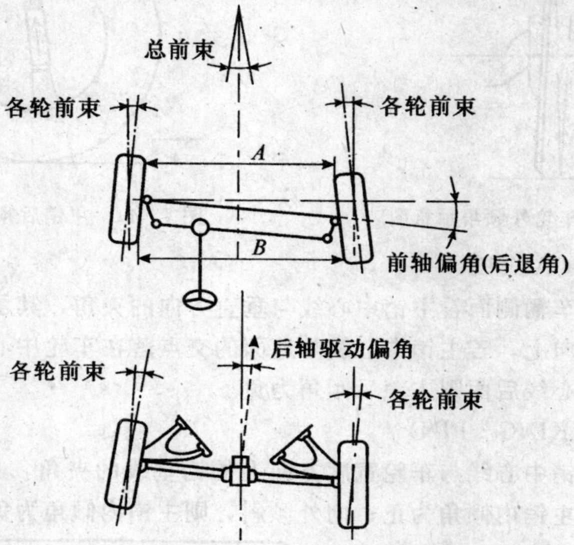

图 7－44　车轮前束、前轴偏角、后轴驱动偏角示意图

（二）四轮定位仪器及测试

目前用于车轮四轮定位参数测试的仪器主要有美国的 JOHN BEAM 战车牌四轮定位系统；德国的 BEISSBARTH 牌四轮定位计算机系统；瑞典的 ROLLICONTROL 牌车轮电子动态定位仪；美国的比线牌激光定位仪以及中国产的 WSD1 型微电脑四轮定位仪等。下面就 WSD1 型微电脑四轮定位仪的组成及测量作一介绍。

1. WSD1 型四轮定位仪组成及所测的主要技术参数范围

WSD1 型微电脑四轮定位仪的测量部件主要有测量臂、自动定心卡盘、转盘、制动踏板固定器、转向盘固定架、校准架以及拉线所组成，其所测的主要技术参数为：

（1）直行性	－1000～＋1990	±10
（2）前束	－9°～＋9°	±0.1°
（3）前轴偏角	－5°～＋5°	±0.1°
（4）车轮外倾角	－9°～＋9°	±0.1°
（5）主销内倾、后倾角	－18°～＋18°	±0.1°
（6）后轴驱动偏角	－5°～＋5°	±0.1°
（7）转角	－40°～＋40°	±0.5°

2. 测量

WSD1 型仪器的特点是既可以对车辆的两个桥单独进行测量和校正，也可以根据车辆的驱动偏角对四个车轮进行校正。

（1）前桥检测

把转盘用固定销定位后放入车轮下，前轮处在直线位置，拉紧手制动。在前轮轮辋上安装三爪卡盘，装上测量臂，接好测量线，接通电源开机预热 1～10 min。开机后做显示器检查。

①车轮偏摆（卡盘安装误差）的补偿操作

顶起前桥，使车轮悬空并与转盘分离，拔去转盘的固定销，转动测量臂使测量头保护罩处于垂直位置，按下主机面板上直行性键或测量臂上的〔+〕键使直行性功能指示灯亮。这时上显示器显示数据，下显示器显示□□□□。转动车轮，使上显示器的数值最小，按测量臂上［MEM］键，下显示器显示□□□□，转动车轮使显示数值最大时停止转动轮胎，按［MEM］键，显示器显示——，这时应保持车轮位置不动。

对另一侧车轮进行同样的操作，装上制动踏板固定器，缓慢放下汽车，车轮应停在转盘中心。

②检查直线行驶状态

两边车轮偏摆补偿操作完成后自然进入直线行驶状态检查功能。若在做其他测量后要进入此状态只需按下直行性键即可。也可按〔+〕或〔—〕键，使直行性指示灯亮。

将两侧测量臂向前放置在水平位置（以测量头水平泡为准）。将长弹性线挂在一侧的挂环上并绕过后轮挂到另一个测量臂的挂环上，调整弹性线弹力对称性，将两个挂钩放到传感头纵向的挂钩上，见图 7-45。这时左右轮的数值显示在上面显示器上，例如：左轮 300，右轮 400，轻轻转动转向盘，直到显示器显示的左右轮的值为 350 为止，这时汽车所处的状态相当于在道路上直线行驶状态。

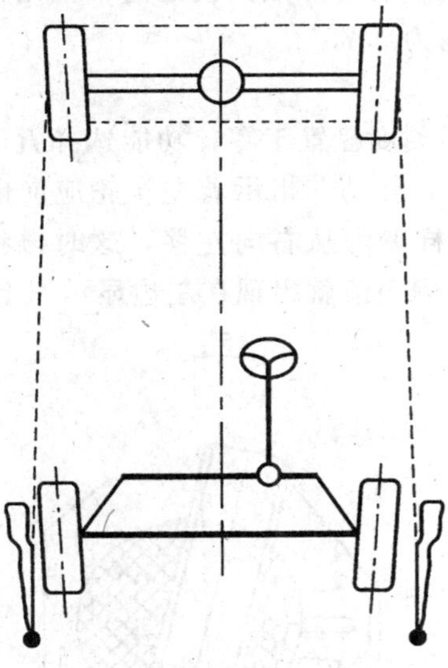

图 7-45 检查直线行驶状态

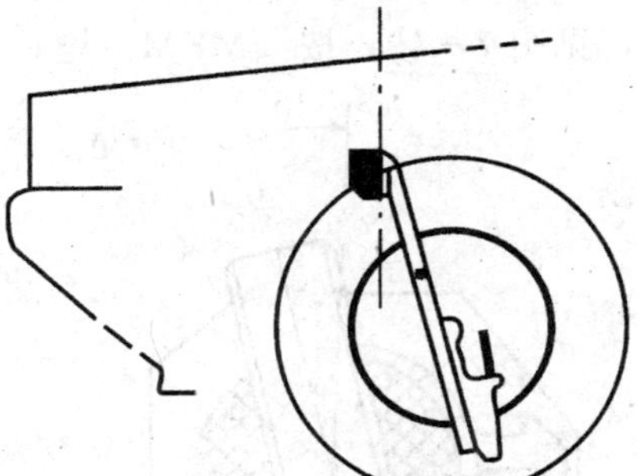

图 7-46 测量头安装位置示意图

③车轮外倾角测量

取下弹性挂线，使测量头外罩处于准确的垂直位置，见图 7-46，按下外倾角键或〔+〕，〔—〕键选择此功能。这时两个显示器上的数值就是左右轮的外倾角度值。

④前束测量

前后轮保持在直线行驶状态，把测量头调整到水平位置，把中等长度的弹性线挂在测量头横向挂钩上，见图 7-47。功能选择置于“各轮前束”状态。这时左右轮的前束值就显示在显示器上。功能选择置于“总前束”状态，左边显示器显示总前束值，右边显示器无显示。

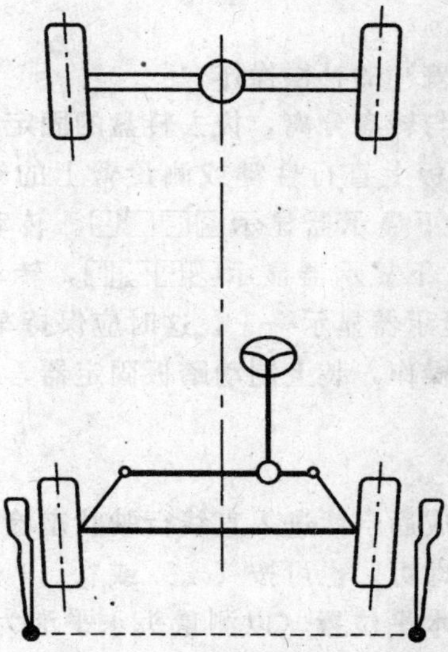

图 7－47　前束测量

⑤前轴偏角测量

测量头处于水平位置，按第②步的操作使汽车处在直线行驶状态，挂上与前束测量相同的弹性线，功能选择在“前轴偏角”上，左边显示器上的数据就是前轴偏角值，偏移方向可以从指示方向的箭头处得到，偏角的允许值约为 0.75°。

⑥主销后倾角测量

测量臂处在垂直位置，把刻盘上带刻度的扇形刻度盘置于零，功能选择置于“主销后倾角”状态。这时左边下显示器出现 15 字样并向右移动，指示着左车轮应向内转动 15°，见图 7－48，到位后按存储或〔MEM〕键，15 字样变为从右向左移，这时再将左车轮向外转过 15°，见图 7－49，按〔MEM〕键，左轮后倾角值就出现在左边显示器上。

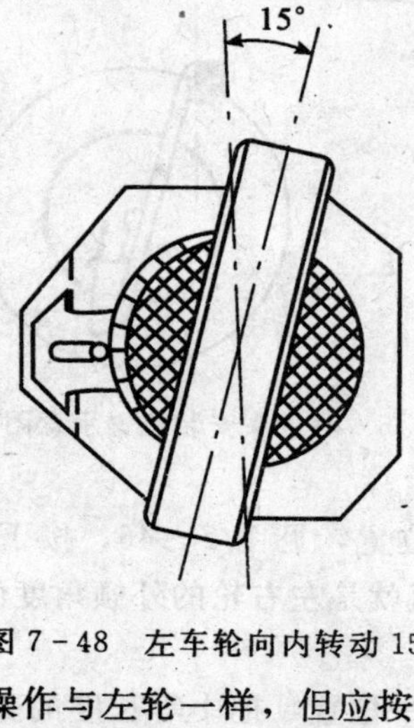

图 7－48　左车轮向内转动 15°

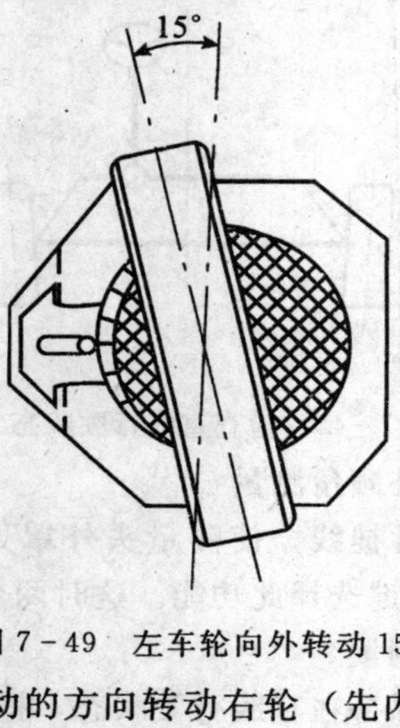

图 7－49　左车轮向外转动 15°

右轮的操作与左轮一样，但应按照下显示器字移动的方向转动右轮（先内转后外转）。检测完成后应按照转盘刻度把车轮停在直线位置上。

由于转盘本身的高度会对主销后倾角的测量产生影响，因此在必要的情况下要对数据进行修正。当采用以下两种手段后可不必修正：

a. 转盘放在凹槽内，转盘平面与地面平齐。

b. 后轮下面放置与转盘同样高的垫块。

当转盘直接放在水平地面上时，应对后倾角进行修正计算，计算公式如下：

$$\alpha_S = \alpha_D - \alpha_C$$

$$\alpha_C = 57.3\frac{H}{L}$$

式中：α_C——修正角，(°)；

H——转盘高度（前轮与后轮高度上的差值），mm；

L——车辆的轴距，mm；

α_D——显示的角度值，(°)；

α_S——实际的后倾角，(°)。

显示的数值连同符号一并代入公式计算。

⑦主销内倾角测量

从三爪卡盘上取下测量臂，转过 90°后再装上，将测量臂固定于垂直位置，将功能选择置于“主销内倾角”状态。左下显示器 15 字样从左向右移动，具体测量方法与主销后倾角测量相同。主销内倾角测量无须进行修正计算。

(2) 后桥检测

如果对车辆四个车轮进行测量调整，应从后桥做起。对后桥的检测可分为两种情况。

①可调整式后桥的测量

把卡盘、测量臂安装到后轮上，顶起后轮做偏摆补偿测量，这时可先按一下复位键，使偏摆补偿重新输入（如不复位，只要做过的偏摆补偿始终有效）。放下汽车进行车轮外倾角、前束测量，见图 7-50，操作方法参阅前面的有关内容。对后轮来说，只能按照总前束值进行必要的调整。

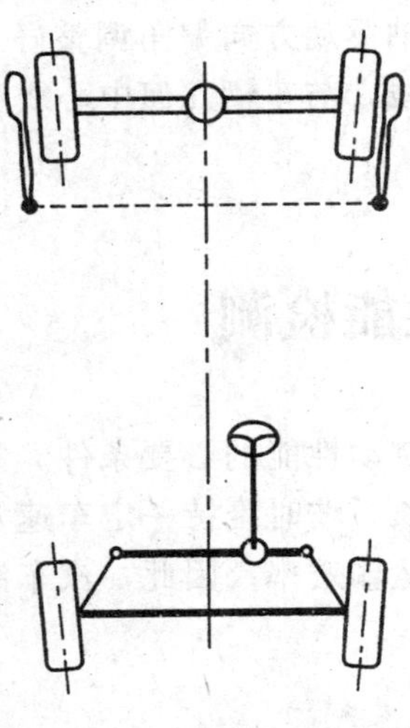

图 7-50　车轮外倾、前束测量

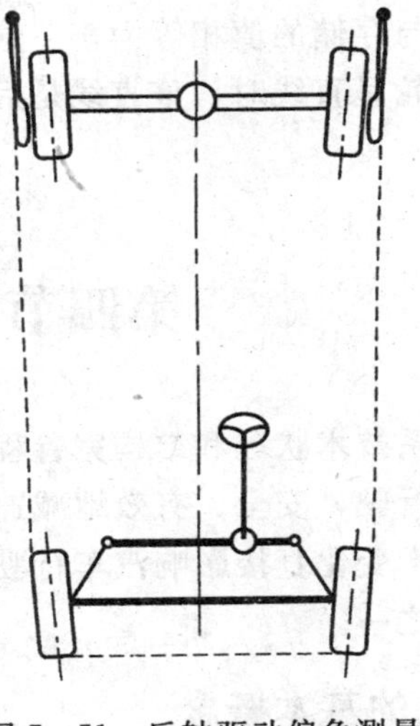

图 7-51　后轴驱动偏角测量

对后轮进行检测和必要的调整后，把测量臂转向后，使其处于水平位置，见图 7-51，这时前轮必须处于直线位置。将功能选择在“后轴驱动偏角”状态下，绕过前轮挂上长拉线，左上显示器将显示出后轴驱动方向偏角的值，发光箭头指出偏差方向。

如果后轴驱动方向偏角不超过0.25°，可以不进行调整；如果该角度超过0.25°，必须对后桥进行调整。在直行性测量功能下，最好使左右轮具有相同直行性数值。除了调整后桥使后轴驱动方向偏角值小于0.25°外，还要按照后轴驱动方向偏角调整转向中心，使四个车轮呈直线，调整方法见整体后桥测量部分。

②整体后桥的测量

安装卡盘、测量臂等部件并进行偏摆补偿测量，放下后桥。使前轮处于直线位置。测量臂向后处于水平位置。将功能选择置于“后轴驱动偏角”状态，挂好拉线，见图7-51，这时左显示器显示后轴驱动方向偏角值，方向只是指明偏斜方向。按下存储键，下显示器显示偏角值，按〔记忆/恢复〕键（以下简称〔记忆〕键），此值将被记忆。这个值在调整前桥时要用到。

〔记忆〕键的功能是记忆和恢复显示，当测量数据被存储后（存储只是为了打印用），按〔记忆〕键此值将被记忆，当显示的存储数据被清除后（按复位、校准功能后均可清除显示的存储数据），即下面显示器无显示时，再按〔记忆〕键可使记忆的数值恢复显示。可以认为当下面显示器有数值显示时，按下〔记忆〕键此值就被记忆，下面显示器黑时按〔记忆〕键恢复显示。

按照后轴驱动方向偏角调整（前轴）转向中心。后桥检测完后，可以继续对前轮进行全面的检测，如偏摆补偿、车轮外倾角、前束、主销后倾角、主销内倾角等的测试。这期间不要按〔记忆〕键。测量臂处于水平位置，挂上直行性检查线（绕过后轮）。将功能选择置于“后轴驱动偏角”状态，左显示器显示角度值，这时应将下显示器清成黑（先按校准键再按〔后轴驱动偏角〕键即可），按〔记忆〕键，使后桥的偏角值出现在左下显示器上。如果此值与左上显示器不同，则轻轻转动转向盘，使这两个值相同为止，这时转向盘和前轮是不在直线位置上的。把功能选择置于“直行性”状态下，按存储键，存入左右轮的显示数据。转动转向盘使车轮与转向盘处于直线位置，装上转向盘固定架。调整两轮拉杆使显示的值与存储的值相等为止。这样就按照后轴驱动方向偏角调整好了前轴，在这种情况下，前后轮呈直线时，该直线是后轴驱动方向线，与车辆几何中心线不重合。

第四节　制动性能检测

汽车制动系技术状况和结构完善程度，是保障制动性能的必要条件。制动性能是指驾驶员控制车辆行驶，安全、有效地减速和停车，或长下坡时维持一定车速及坡道驻车的能力。制动系技术变化直接影响汽车行驶的安全性和运输效率。因此，汽车制动性检测是汽车检测的重点之一。

一、有关的基本概念

以鼓式制动器为例，汽车制动时车轮的受力如图7-52所示。

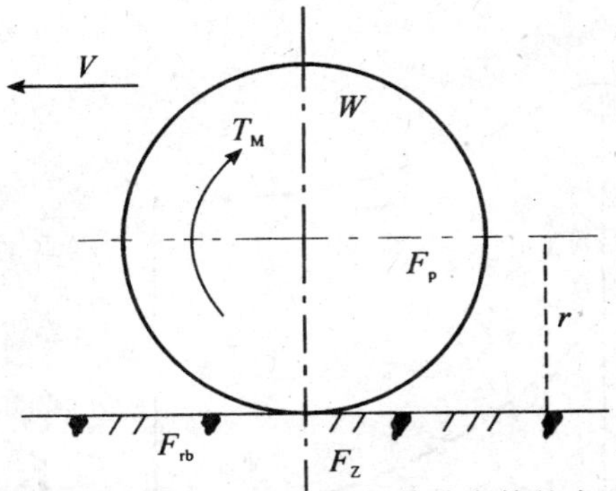

T_M—制动器摩擦力矩；F_p—悬架传给车轮的水平推力；
W—车轮承受的垂直载荷；F_z—地面对车轮的垂直反力；
F_{rb}—地面制动力；r—车轮滚动半径；V—汽车行驶速度

图 7-52　汽车制动时车轮的受力情况

（1）地面制动力

地面制动力是指制动车轮与地面相互作用，使汽车减速行驶或制动的外力。在制动蹄与制动鼓之间因制动器摩擦力矩直接作用在制动鼓上，对行驶着的汽车制动而阻止车轮旋转。地面制动力的方向与汽车行驶方向相反，大小取决于制动衬片与制动鼓间的摩擦力，以及轮胎与地面间的摩擦力——附着力。若对车轮中心取矩，地面制动力：

$$F_{rb}=\frac{T_M}{r}$$

（2）制动器制动力

制动器制动力是制动器的摩擦力矩转化成轮胎周缘上的力。它相当于将汽车支离地面，踩下制动踏板时，在轮胎周缘切线方向推动车轮转动所需的力。制动器制动力取决于制动系结构、形式、尺寸、制动器摩擦系数、车轮滚动半径和制动踏板力等。对车轮中心取矩，制动器摩擦力：

$$F_M=\frac{T_M}{r}$$

（3）附着力

附着力是指地面对车轮垂直反力和轮胎与地面附着系数的乘积，即 $F_{rb}=F_z\varphi$。汽车制动效能主要取决于地面制动力的大小，但地面制动力不仅与制动器摩擦力矩有关，而且还受到车轮与地面间附着系数的限制：

$$F_{rbmax}=F_z\varphi$$

即地面制动力最大值等于附着力。附着系数 φ 是汽车行驶安全性一个重要参数。它与汽车行驶速度、路面状况、轮胎花纹、轮胎充气压力和轮胎相对于地面的滑移率 S 有关。滑移率 S 为：

$$S=\frac{\text{车身瞬时速度}-\text{车轮瞬时速度}}{\text{车身瞬时速度}}\times 100\%$$

车轮滑移率 S 与纵向附着系数 φ_x 和横向附着系数 φ_y 的关系如图 7-53 所示。由曲线可知，在车轮滑移率为 15%～20%时，纵向附着系数 φ_x 最大，可以得到最大的地面制动力；同时横向附着系数 φ_y 也保持较大值，使汽车具有良好的抗侧滑能力及制动时的转向操纵能力，从而获得最佳的制动效果。

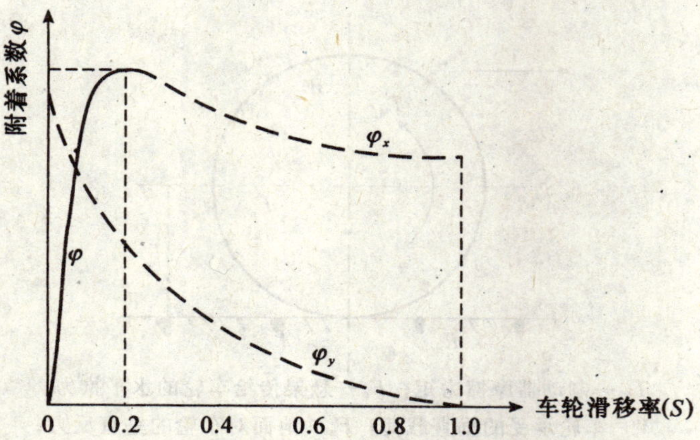

图 7-53　车轮滑移率和附着系数的关系

二、汽车制动过程分析

仔细观察汽车制动过程，胎面留在地面上的印痕，从车轮滚动到车轮抱死拖滑是一个渐变的过程，如图 7-54 所示。随制动踏板力逐渐增大，胎面留在地面上印痕大致分为三段。

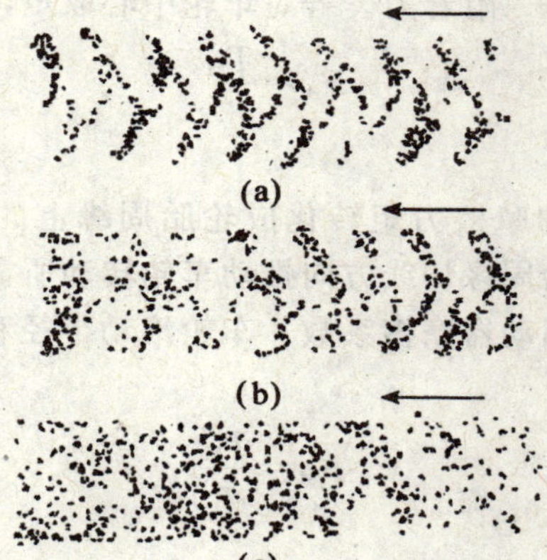

(a) 车轮作单纯滚动；(b) 车轮边滚动边滑动；(c) 车轮作抱死拖滑

图 7-54　制动时胎面留在地面上的印痕

第一段内，印痕形状与胎面花纹基本一致，车轮滑移率 $S=0$，车轮接近于单纯的减速滚动状态，如图 7-54 (a) 所示。

第二段内，胎面花纹留在地面上印痕尚可辨别，车身瞬时速度大于车轮瞬时速度，但随着制动踏板力和制动强度的增加，车轮滑移的成分所占比例逐渐增大，即车身瞬时速度大大高于车轮瞬时速度，车轮滑移率处在 $0<S<100\%$ 之间，即车轮边滚动边滑动，如图 7-54 (b) 所示。

第三段内，花纹印痕被拖滑呈一条粗黑的印痕，车轮被制动器抱死，即滑移率 $S=100\%$，如图 7-54 (c) 所示。

从分析汽车制动过程可知，为了保证车轮滑移率在 15%～20% 范围内，近年来高速汽车均采用了自动防抱死制动装置，通过电子控制单元和车轮速度传感器，不停地监测制动过程中车轮瞬时速度，相应地调节制动压力，缩短制动距离，改善制动时的方向稳定性。

三、制动性能评价指标及限值规定

1. 制动效能

制动效能是指汽车迅速降低行驶进度直至停车的能力。制动距离、充分发出的平均减速度（或制动力）和制动协调时间是制动效能的评价指标。

制动距离是指汽车在规定的初速度下，急速踩下制动踏板起至停住为止，汽车所驶过的距离。行车制动性能检验时，制动距离应符合表 7-3 规定。应急制动距离是指汽车在空载和满载时，在规定初速度下，从应急制动操纵始点起至汽车停住为止所驶过的距离。汽车应急制动距离应符合表 7-4 规定。

表 7-3　制动距离和制动稳定性限值

车辆类型	制动初速度 (km/h)	满载检验制动距离要求 (m)	空载检验制动距离要求 (m)	制动稳定性要求车辆任何部位不得超出的试车道宽度 (m)
座位数≤9 的载客汽车	50	≤20	≤19	2.5
其他总质量≤4.5 t 的汽车	50	≤22	≤21	2.5
其他汽车及汽车列车	30	≤10	≤9	3.0

①3.5 t<总质量≤4.5 t，汽车试车道宽度为 3 m

表 7-4　应急制动距离限值

车辆类型	制动初速度 (km/h)	制动距离 (m)	充分发出的平均减速度 (m/s^2)	允许操纵力不大于 (N)	
				手操纵	脚操纵
座位数≤9 的载客汽车	50	≤38	≥2.9	400	500
其他载客汽车	50	≤18	≥2.5	600	700
其他汽车	30	≤20	≥2.2	600	700

行车制动性能检验时，在规定初速度下，急速踩下制动踏板时，充分发出的平均减速度应符合表 7-5 规定。台试制动性能检验时，制动试验台上所测得的制动力应符合表 7-6 规定。

表 7-5　制动减速度和制动稳定性限值

车辆类型	制动初速度 (km/h)	满载检验充分发出的平均减速度 (m/s^2)	空载检验充分发出的平均减速度 (m/s^2)	制动稳定性检验车辆任何部位不得超出的试车道宽度 (m)
座位数≤9 的载客汽车	50	≥5.9	≥6.2	2.5
其他总质量≤4.5 t 的汽车	50	≥5.4	≥5.8	2.5
其他汽车及汽车列车	30	≥5.0	≥5.1	3.0

①3.5 t<总质量≤4.5 t，汽车试车道宽度为 3 m

表 7-6　　台试检验制动力限值

车辆类型	制动力总和与整车质量的百分比（%）		轴制动力与轴荷的百分比（%）	
	空载	满载	空载	满载
汽车、汽车列车	≥60	≥70	≥60①	≥70

①空载和满载状态下测试均应满足此要求

制动协调时间是指在急踩制动时，从踩下制动踏板开始至汽车减速度（或制动力）达到表 7-5 规定的 75% 时所需的时间。单车制动协调时间应不大于 0.6 s，列车应不大于 0.8 s。

对制动力平衡要求：在制动力增长全过程中，左右轮制动力差与该轴左右轮中制动力大者之比前轴不得大于 20%，后轴不得大于 24%。

2. 制动效能稳定性

制动效能稳定性是指汽车高速行驶、下长坡连续制动使制动鼓温度升高或汽车涉水行驶时制动衬片浸水后，能够保持和迅速恢复到冷态制动时的能力。

目前，热衰退是制动器不可避免的现象、只是程度上有所差异。我国国家标准要求，汽车制动器应具有良好的抗热衰退和抗水衰退性能。即汽车在一定车速下连续制动 15 次，每次制动强度为 3 m/s^2，最后的制动效能应不低于规定的冷态制动效能的 60%。

3. 制动时汽车的方向稳定性

制动时汽车的方向稳定性是指汽车按给定的路径行驶时不跑偏、不侧滑或维持转向的能力。行车制动性能检验时，制动稳定性要求应符合表 7-3 和表 7-5 的规定。

GB 7258—1997 规定了汽车制动距离和制动稳定性限值，制动减速度和制动稳定性限值。

四、台架试验检测汽车制动性能

1. 制动试验台结构及原理

制动试验台用于测量汽车制动力。按工作原理分为惯性式和反力式制动试验台；按支承车轮形式又分为滚筒式和跑板式制动试验台。另外还可按检测参数、信号传递形式等进行划分。

（1）惯性式制动试验台

惯性式制动试验台是利用飞轮旋转的惯性，模拟汽车在道路上行驶时，动能平移原理，检测制动距离、制动时间等参数。受检车轮支承在滚筒上，飞轮与滚筒相连、由电动机驱动飞轮转动，再由滚筒带动车轮旋转，滚筒旋转的总惯量，相当于车轮在某一车速下的动能。检测时，惯性式制动试验台旋转部件的转动惯量，需与汽车各轴转动惯量相近似。因此不适宜多车型的检测，在汽车维修企业采用较少。

（2）反力式滚筒制动试验台

反力式滚筒制动试验台由制动力承受装置、驱动装置、制动力测量装置和指示装置组成。完整的制动力试验台还需配置轴荷测量装置，以便于计算制动力总和与整车质量的百分比、轴制动力与轴荷的百分比。

制动力承受装置由框架和滚筒等组成，支承被测汽车质量和传递制动力，在结构布局上采用一字型排列。四个直径相同的滚筒，左右各一对安装在框架上，前排是从动滚筒，后排是主动滚筒，前后排滚筒用链传动带动，以保持同步运转。滚筒作为试验台最重要的部件，其直径、转速和表面状况与模拟的汽车运行工况密切相关。滚筒用钢板焊接成直径为100～200 mm的圆筒，表面有纵向浅槽或者喷涂石英砂，以提高滚筒与轮胎间附着系数，并改善滚筒的耐磨性能。滚筒的转速一般在7～8 r/min。每对滚筒间有举升装置，便于车辆驶上或驶下试验台，也有的试验台用第三滚筒代替举升装置，避免轮胎转动时产生剥伤现象。

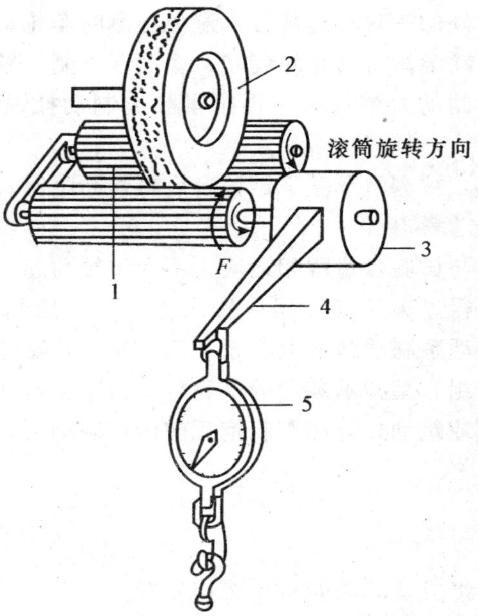

1—滚筒；2—车轮；3—扭力箱（减速器）；4—测力臂；5—指示仪表

图 7-55 制动力测量原理

驱动与测力装置由电动机、扭力箱（也称减速器）、链传动装置和测力部件等组成。电动机驱动扭力箱，并带动主动滚筒旋转，扭力箱除具有减速增扭功能外，还是测力部件。图7-55所示为制动力测量原理，受检车轮落在主副滚筒间，扭力箱外壳固定着测力杠杆，杠杆的一端与测力计相连。扭力箱可绕滚筒轴线摆动，但是它受测力计的限制，不能自由摆动。检测时，车轮承受的制动力将阻碍滚筒的旋转，但滚筒在电动机的驱动下仍要按原速转动。于是车轮对滚筒有一个与滚筒旋转方向相反的切向反力，反力通过杠杆作用在测力计上，由测力计测得制动力的大小。制动力随着车轮制动器制动力的增加而增大，直到车轮与滚筒间产生滑移时达到最大值。在扭力箱浮动外壳上固定着测力杠杆，杠杆的另一端压在传感器上，传感器把施加的制动反力变成电压信号，输送到测量仪表。为了同时测量车轴上左右车轮的制动力，试验台的左右制动力的承受、驱动和测量装置都是独立的，而共用一套指示装置。

指示装置按指示、记录的功能有普通型、组合型和微机控制型三种。普通型由指针或数字仪表直接反映车轮制动力，而左右车轮制动力总和与整车质量的百分比，轴制动力与轴荷的百分比仍需人工计算。组合型既能显示左右车轮制动力，又能省去烦琐的计算，反映制动力与载荷之间的比例关系。微机控制型用屏幕代替了仪表，还可以绘制相应的曲线。

2. 反力式滚筒制动试验台的使用

反力式滚筒制动试验台具体操作需遵照说明规定，其一般使用方法为：

(1) 试验台外观状况检查。如滚筒表面是否清洁、干燥，举升装置操纵机构是否可靠，与空气压缩机连接情况，以及减速器润滑油量等。

(2) 接通试验台电源，操纵举升装置控制手柄，升起举升器托板。被测汽车沿地面指示线垂直于滚筒驶上试验台，降下举升器托板与车轮完全离开，使轮胎平稳地落在滚筒之间。用三角木垫住滚筒以外的一对车轮后方，避免检测时车轮从试验台上向后滑动。

(3) 启动电动机，主动滚筒带动车轮旋转，缓缓踩下制动踏板，读取指示装置所示的最大制动力，待前、后轴制动力测量后，再拉紧驻车制动操纵手柄，读取最大的驻车制动力。

(4) 升起举升器托板，被测汽车驶下试验台后再切断电源。

3. 台试检测制动力注意事项

(1) 被测汽车轴荷应与试验台量程相适应，不允许轴荷超过试验台额定载荷质量。

(2) 检测时发动机不得熄火，变速器应置入空挡，气压制动系的制动气压应不大于 590 kPa (空载)；液压制动系制动踏板力不大于 600 N (空载)。

(3) 对安装普通型和组合型指示装置的试验台，当车轮抱死引起轮胎与滚筒之间滑动时，指针和数字会不稳定或跳动，需在车轮抱死前读取制动力，再切断试验台电源。

[思考题]

7-1　传动系的主要组成及其功能是什么？

7-2　简述离合器打滑测定仪的使用方法。

7-3　简述数字式角间隙检验仪由哪两部分组成及其工作原理。

7-4　行驶系的主要检测内容包括哪几项？

7-5　简述气泡水准车轮定位仪的组成与测量原理。

7-6　简述车轮不平衡的检测原理。

7-7　简述汽车悬架和转向系的检测方法。

7-8　简述转向轮前束值的检测方法。

7-9　简述双板式侧滑试验台一般由哪些装置组成及侧滑试验台的使用方法。

7-10　四轮定位参数有哪些？检测使用的检测设备有哪些？

7-11　简述制动试验台结构及原理。

7-12　简述台架试验检侧制动力的注意事项。

第八章 汽车电控系统检测技术

第一节 汽车电控系统的组成

汽车的电控系统主要由电源、导线、传感器、控制器和执行器等组成。其中传感器、控制器和执行器被称为汽车电控系统的电气装置。

电源主要由蓄电池和发电机并联组成，起着对传感器、控制器和执行器等提供所需的电压和电流的作用。导线还包括保险丝、熔断器等保护装置，是用于电源、传感器、控制器和执行器等之间的连接。传感器主要用于为控制器采集和提供各种必要信息。控制器也称汽车电脑，会根据所接收的各传感器发来的信号进行综合分析，然后对执行器发出指令，使执行器根据需要进行工作。执行器是指承担某项具体工作的电气装置（汽油泵、喷油器等），根据控制器的指令进行工作。

第二节 汽车电控系统的检测方法

汽车电控系统的基本组成包括传感器、电脑和执行器。电脑接收传感器输入的信号，经运算、分析、判断后，向执行器输出控制信号。

汽车电控系统所有可能的测试点都可用示波器观察其输入、输出波形，对比分析波形的特征指标，就能够判断测试点是否正常。

一、信号检测的基本原则

1. 实时性原则

对于汽车电控系统的信号或有关数据，应在故障发生的工况、环境下进行数据监测。

汽车电脑控制系统的故障，按能否重现可分为偶发性故障和重复性故障；按故障特征可分为温度特征故障、工况特征（车速、转速、油门开度、行驶里程等）故障、时间特征故障、环境特征（天气、季节等）故障、行驶与操纵特征（车身振动、转向、制动等）故障等。针对不同特征的故障，必须在故障发生的工况、环境下进行数据监测，才能发现异常数据，找到故障点。

信号检测的实时性原则，在实际操作中经常被忽视，因此应特别注意。

故障检测案例：一辆桑塔纳 2000 时代超人轿车，正常行驶一段时间后，发动机动力不足，油门开度最大时车速超不过 100 km/h，自诊断检测无故障码输出。

遵照信号检测的实时性原则，在路试中监测节气门位置传感器和热线式流量计的信号。当发动机出现动力不足症状时，发现当节气门开度加大时，热线式流量计的信号不变化，断定故障点为热线式流量计。更换热线式流量计后，故障排除。

实时性原则也适用于故障诊断中其他数据的检测，如燃油系统压力等。

故障检测案例：一辆丰田大霸王 PREVIA 汽车，正常行驶一段时间后，出现动力不足，加速无力的故障现象，自诊断检测无故障码输出。

检查燃油系统压力，在怠速及空负荷加速工况下均正常。反复检查节气门位置传感器、进气量传感器及点火系统元件，并进行换件试验，均不能排除故障。

遵照信号检测的实时性原则，在路试中监测燃油系统压力。当发动机出现加速无力症状时，发现油压表指示由正常值降低了约 0.5 MPa，断定故障原因为油压不稳。经进一步检查，发现是汽油泵有问题，更换后故障排除。

2. 数据化原则

使用与所测数据类型、精度相适应的测量仪器进行检测，检测结果应为数值、波形等形式，能够清晰地显示数据特征。

(1) 传感器信号

传感器按信号波形可分为：模拟信号类传感器、数字信号类传感器、脉冲信号类传感器、开关信号类传感器、交流信号类传感器等。示波器可用于各种类型传感器信号的检测，模拟电压表可用于检测模拟信号和开关信号。

反映波形特征的参数指标有五个，即：幅值（信号的最大值）、频率（信号的循环时间）、形状（信号的外形特征）、脉宽（信号的占空比或所占的时间）、阵列（信号的重复方式）。

在发动机电控系统中，模拟信号类传感器有节气门位置传感器、水温传感器、进气温度传感器、叶板式流量计、热线式流量计、压敏电阻式压力传感器、氧传感器、EGR 阀位置传感器；数字信号类传感器有霍尔式曲轴位置传感器、霍尔式凸轮轴位置传感器、光电式曲轴位置传感器、光电式凸轮轴位置传感器、电容式压力传感器、涡流式流量计、霍尔式车速传感器；脉冲信号类传感器有爆震传感器；开关信号类传感器有 A/C 开关、转向油压开关、起动开关 P/N 位置开关、舌簧式车速传感器；交流信号类传感器有磁电式车速传感器、磁电式曲轴位置传感器、磁电式凸轮轴位置传感器。

在自动变速器电控系统中，模拟信号类传感器有节气门位置传感器、水温传感器、油温传感器；数字信号类传感器有霍尔式车速传感器；开关信号类传感器有 P/N 位置开关、舌簧式车速传感器、强制降挡开关、OD 开关、压力开关；交流信号类传感器有磁电式车速传感器。

在 ABS/ASR 系统中，开关信号类传感器有制动开关、压力开关、制动液面开关；交流信号类传感器有轮速传感器、加速度传感器。

在 SRS 与电控安全带系统中，开关信号类传感器有碰撞传感器、安全带确认传感器。

在电控悬架系统中，数字信号类传感器有光电式车身高度传感器、光电式方向盘转角传感器；脉冲信号类传感器有 G 传感器；交流信号类传感器有加速度传感器。

在自动空调系统中，模拟信号类传感器有车外温度传感器、车内温度传感器、光照传感器、风门位置传感器；开关信号类传感器有 A/C 开关、低压开关、高压开关。

故障检测案例：一辆丰田皇冠 3.0 轿车，在正常行驶中，偶尔出现加速抖动现象，自

四、汽车电控系统检测的注意事项及诊断思路

1. 在汽车电控系统的检测过程中，必须注意以下几个事项：

（1）在检测过程中，如果电流过大，则会造成蓄电池的端电压下降，所以一般不要在启动工况下检测，以防影响检测结果的准确性。

（2）在检测时，所串入电路中的检测元件电阻不应过大，否则，会造成电气上的分压减小，从而使电气元件产生不能正常工作的虚假结果。

（3）在检测时应注意接线的可靠性，否则，将由于产生接触电阻而影响测量结果的准确性。

（4）汽车电控系统的检测，有时既可以通过测量电压分析判断，也可以通过测量电阻分析判断，甚至有的还可以通过测量电流分析判断。但对于电源电路，通常采取测量电压值的方法来进行分析判断比较方便；对搭铁回路，通常采取测量电阻值来进行分析判断比较方便。对于信号电路，一般是测量电压值。如果信号电压不易测得，也可通过测量电阻来分析判断。

2. 分析诊断汽车电控系统故障的基本思路是：

（1）分析清楚电路的组成、原理和工作过程。

（2）推断出故障的可能原因。

（3）通过功能实验、分段缩围、测量判断，最终找出故障并予以排除。如果条件允许，用换件来判断确定故障元件，则最为方便。

第三节　汽车电控系统的性能检测

一、蓄电池的性能检测

如果蓄电池发生了故障，一般会造成蓄电池的端电压下降。因此，在检测蓄电池时，可用万用表检测蓄电池的电压。如果测得的电压过低，则应检查蓄电池是否缺水，应由观察孔看其颜色是否变化；如果蓄电池的电压正常，则说明蓄电池亏电，应对蓄电池充电，并进一步检查造成蓄电池亏电的原因。

造成蓄电池亏电的原因主要有：车上的用电器未关闭或有故障，使发动机熄火后仍处于一直工作状态；电路存在短路故障；发电机发出的电压过低或不发电；蓄电池自身故障等。

检查蓄电池亏电的方法是：关闭点火开关，拆下蓄电池的负极线，在蓄电池正极线与负极之间串上 1 只电流量计，其电流的量程要从大到小选择，来测量电流量指数。如果不符合标准，可采用逐次断开用电电路的方法来寻找故障点，当断开某一电路后通过电流表的电流变小，则说明此部分电路存在放电问题，应进一步检查该部分电路是否存在搭铁；如果符合标准，则说明用电电路正常，故障发生在发电机或蓄电池自身。如果发电机发电正常，蓄电池在充电后仍不能正常工作，则需更换蓄电池。

二、发电机的检测

如果发电机不发电或发出的电压过低，则会造成蓄电池亏电。如果发电机发出的电压过高，则会在电路中形成电压脉动而影响电子控制系统的正常工作。

造成发电机发电电压异常的原因有：调节器发生故障，所调节的电压过高或过低；整流器发生故障（多为二极管击穿），造成发电机电压过低或不发电。

发电机不发电或发出的电压过低的检测方法是：观察充电指示灯，如果充电指示灯亮，则说明发电机不发电，应首先检查激磁电路是否正常（检查方法是：打开点火开关，发电机上应有激磁电压，若无激磁电压，则说明故障发生在激磁电路上，可对激磁电路做进一步检查；如有电压，则故障在调节器或整流电路上）。

发电机发电电压过高或脉动较大的检测方法是：把万用表旋钮调到电压挡，并按极性要求接入到蓄电池两极之间，然后启动发动机，观察万用表在发动机不同转速工况下的电压读数。如果电压读数不正常，应检查或更换调节器。

三、导线的检测

导线应具有连接性和电导通性，起着提供电流循环通路的作用。导线的故障通常表现为：导线断线或保险熔断造成导线断路；接头松动、锈蚀产生意外电阻造成导线电阻过大；导线之间出现意外连通，造成短路。

导线出现故障后可能会出现以下现象：电压与信号降低；无电压与信号；电压及信号增强；不该有电压及信号的地方有电压及信号；电气装置不能工作或工作不正常。因此，必须掌握导线的测量方法，找出导线的故障所在，予以排除。

1. 在电路系统中对导线进行测量

在电路系统中对导线进行测量是指在蓄电池电压正常的情况下来测量电压值或信号波形，经过对电压值或信号波形的分析，即可对导线和导线所连接的元器件进行故障分析判断。如果无电压，则说明导线存在断路故障，应进一步检查保险是否熔断、插接头是否松脱等，但也有可能在测量点之前出现搭铁点；如果电压过低，则说明导线连接中出现意外电阻，应进一步检查是否连接不牢、锈蚀、脏污等；如果信号波形不正常，则说明信号输出元器件不正常或有电磁干扰。

2. 把导线从电路系统中断开进行测量

把导线从电路系统中断开进行测量，可以用来检测导线是否断路、是否对电源正极短路、是否对电源负极短路及是否导线之间短路等故障。用万用表测量导线对地（搭铁）的电压，可以判断是否对电源正极短路；用万用表测量导线两端的电阻或两根导线之间的电阻，可以判断导线是否断路和导线之间是否短路；用万用表测量导线对地（搭铁）的电阻可以判断导线是否对电源负极短路。

四、电气元件的检测

只要电路中的电气元件工作，就必须有电源并形成回路。对于电气元件出现不工作或工作不良（不能做功、无输出或输出不良）情况，应先检查施加在该电气元件上的电压是否正常。若施加在该电器元件上的电压不正常，则多数情况是属于电源或导线有问题，应按前述方法检查电源和导线；若施加在该电器元件上的电压正常，而输出的信号不正常，则说明电气元件损坏，应对该电器元件做进一步的检测或更换。

第四节　电子控制自动变速器的检测

电子控制自动变速器的结构和工作原理都十分复杂，不论是换挡执行元件损坏，还是控制电路或阀板中的控制阀以及其他任何部件出现故障，都会影响电子控制自动变速器的正常工作。电子控制自动变速器不易拆装，给故障的判断与排除带来一定的困难。因此，当电子控制自动变速器出现故障或工作不正常时，应利用各种检测工具和手段，按照合理的程序和步骤，诊断故障的原因，以便有针对性地进行修理。

对有故障的电子控制自动变速器，应先进行性能检测，以确认其故障范围，为进一步的分解、修理提供依据。修理完毕后，再进行全面的性能检测，以保证电子控制自动变速器的各项性能指标达到标准要求。

电子控制自动变速器的性能检测可分为五项内容，即：一般检测、失速检测、时滞检测、液压检测、道路检测。

1. 一般检测

一般检测的目的是检测电子控制自动变速器是否具备正常工作的能力。一般检测的基本前提是发动机工作正常，底盘性能良好，特别是制动系统工作正常。

（1）发动机怠速检验

发动机处于N挡，怠速值应符合规定的基本参数值。

怠速过低：在挡位转换时，轻者引起车身的振动，重者将造成发动机熄火。

怠速过高：在D挡、R挡，不踩加速踏板即会出现严重的“爬行”状况，换挡时发生冲击和振动现象。一般情况下的怠速过高，可能是怠速失调或空调系统未关闭。对大功率的发动机来说，有一些轻微地“爬行”是属于正常的。

（2）液压油位检验

在发动机怠速下，将手柄从P，R，N，D，3，1，2各挡操作一遍，再回到P挡，然后拔出油尺查看液位。

液位过高：可能会从加油管或通风管喷油，严重时致使机罩内起火；控制阀体上的排油孔被堵塞，排油不畅，影响离合器、制动器平顺分离，造成换挡不稳。如注油过多时，可以从加油管吸出或放出多余部分即可。

液位过低：离合器和制动器打滑；加速性能变坏；行星齿轮系统润滑不良。

（3）节气门全开检验

将加速踏板踩到底，节气门应全开，即全程控制，否则：高速大负荷时，功率输出不足，达不到最高车速；加速性能变坏；影响强制低挡投入工作的时间。

如不符合要求，应对其传动系统进行调整。

此项内容对不使用电子控制自动变速器的汽车也很重要。

（4）节气门拉索（杆）检验

节气门全开时，节气门的拉索标记距其套管的距离左右为 1 mm，说明这两个阀已全程控制了。拉索的松紧是由于车身和电子控制自动变速器相对位置的移动所造成的，应即时检查调整，否则将会出现下列情况：

如果标记进入套管内，说明节气门阀的拉索过紧，节气门阀过早地工作，致使只有在换挡点滞后、异常高的车速下才能换上高速挡。

如果标记距套管过远，说明节气门阀的拉索过松，节气门阀过晚地工作，致使换挡点提前，在异常低的车速下就能换上高速挡。

应该说明，当节气门开度一定时，由于节气门阀拉索调整不当，节气门阀过早或过晚地投入工作，使油压过早或过晚的建立，致使换挡时刻滞后或提前。可见，升挡或降挡必须是一定的节气门开度对应一定的车速时才能动作，这个既定关系是不能改变的。

(5) 空挡起动开关的检验

发动机应只能在空挡（N）和停车挡（P）时起动，其他挡位时不能起动。若有异常，应调节空挡起动开关螺栓和开关电路。其方法如下：

①松开空挡起动开关螺栓，将换挡操纵手柄放到 N 位置。

②将槽口对准空挡基准线，定住位置并拧紧空挡起动螺栓。

(6) 超速挡控制开关的检验

电子控制自动变速器的电子控制系统具有故障自诊断功能，它可以通过超速挡指示灯“O/D OFF”予以警告。此项检查，必须在蓄电池电压正常时方可进行，否则将会引起故障自诊断系统误诊断。

检查时，首先将点火开关置于“ON”位置，同时接通超速挡“O/D”主开关，仪表板上的超速挡指示灯“O/D OFF”应熄灭。若超速挡指示灯“O/D OFF”闪烁，则表明控制系统有故障。此时，可根据维修手册中给出的方法读取故障代码，并根据该车型的故障代码表查出故障原因。

2. 失速检测

(1) 失速检测的目的

检查发动机输出功率的大小，变矩器性能的好坏（主要是导轮）和电子控制自动变速器的离合器及制动器是否打滑。

(2) 失速检测的方法

用驻车制动器或行车制动器将车轮制动；手柄分别处在 D 挡或 R 挡的位置；油温应是 50～80 ℃的正常温度；发动机怠速运转，猛踩一脚加速踏板，使节气门全开运转，时间不超过 5 s，测试次数不超过 3 次；读出发动机转速值，该转速值称为失速转速，一般为2 000 r/min左右。

(3) 失速检测的性能分析

此时变矩器的涡轮已制动，也就是“失速点”的出现。此时，发动机的全部能量转变为液体动能，冲击和摩擦热都很大，故时间不超过 5 s，测试次数不超过 3 次，以防止油温急剧升高和损坏变矩器。

测试情况：

① 发动机转速等于 2 000 r/min 时，为正常状态的规定值。

② D 挡和 R 挡转速相同，均低于规定值时，说明发动机功率不足。例如发动机转速

低于规定值但高于 600 r/min 时，说明变矩器导轮的单项自由轮打滑，泵轮油液冲击涡轮后又直接冲击泵轮，加大了泵轮的负荷轮。

③ D 挡和 R 挡的转速都超过规定值时，由于油泵油压过低、油量不足、油质过差、主油路压力低等原因，造成离合器和制动器打滑。如果转速过高，高于规定值 500 r/min 以上，则可能变矩器已损坏失效（叶片损坏）。

④ D 挡转速高于规定值，说明离合器或制动器打滑，可能是由于离合器片的磨损或控制油压过低，油泵或调节阀出现故障。

⑤ R 挡的转速高于规定值，说明后离合器或制动器打滑，原因也是摩擦片的磨损或控制油压过低（油泵或调节阀有故障）。

3. 时滞检测

（1）时滞检测的目的

进一步检测前、后离合器和制动器磨损情况和控制油压是否正常。它是利用升挡和降挡时的时间差来分析故障，是对失速测试结果的进一步验证。

（2）时滞检测方法

手柄在 N 挡位置，拉紧驻车制动，油温为 50～80 ℃；分别从 N 挡换至 D 挡和 R 挡，间隔时间 1 min，以便使离合器、制动器恢复全开状态；用秒表测量有振动时经历的时间（称谓换挡冲击），标准值 N—D 应为 1.2 s，N—R 应为 1.6 s。

（3）时滞检测的性能分析

时滞过长：片间和带鼓间隙过大（磨损严重）或控制油压过低。

时滞过短：片间和带鼓间隙调整不当或控制油压过高。由于高、低之间的转换，存在着充油和排油问题，应该有一定的“时差”。

每次测试间隔时间为 1 min，取 3 次平均值为依据。

4. 液压检测

（1）液压检测的目的

测试控制管路中的液压油压力，用来判断各种泵、阀的工作性能好坏，以便调整或更换配件修理。

（2）液压测试的内容

主要是对速控阀油压、主油路油压、R 挡制动器油压等的测试。

①速控阀油压的测试方法。将车支起或将电子控制自动变速器装于台架上；预热油温达 50～80 ℃，测压孔安装上油压表；推 D 挡，查看油压是否正常，具体数值因机而异。当无测试台架时，输出轴转速不能控制，可以车速表示值为依据。进行性能分析：如果速控油压偏低，表明主油路油压偏低或速控管有泄漏，离心调速机构工作失常。

②主油路油压测试方法。油温正常（50～80 ℃），拉紧驻车制动器，起动发动机；测出 D 挡和 R 挡怠速时和失速时的油压数值，与规定值相比较，然后进行性能测试分析：D 挡、R 挡都过高，说明主油路调压阀有故障，可更换新弹簧或增减调节垫片；D 挡、R 挡都过低，说明主油路调压阀有故障，可调整或更换新弹簧，更换后如果仍然偏低，则可判断为油泵故障；D 挡过低，说明 D 挡油路有泄漏或前离合器漏油；R 挡过低，说明 R 挡油路泄漏或后离合器漏油。

③节气门阀油压的测试方法与速控阀油压测试方法相同，其油压规定值略低于速控阀

油压。

5. 道路检测

(1) 道路检测的目的

进一步检测电子控制自动变速器的使用性能和换挡性能，检测集中在升挡和降挡的换挡点，及换挡冲击、振动、噪声、打滑等方面。路试前必须排除发动机和底盘的故障，油温正常。因只能凭感觉和车速表及转速表测试其性能，应以操作过多种电子控制自动变速器的有经验的试车人员检测为宜。

(2) 道路检测

内容分为D挡、超速挡、R挡、P挡的全部内容。

(3) D挡升、降规律的测试

路面平坦，手柄置于D挡，如果有超速挡时，打开超速挡开关；起步加速行驶，测试节气门开度在20%，50%，80%时各挡的换挡点，查看和感觉在不同节气门开度和不同车速状态时，有无“换挡动作”。对照《使用说明书》，根据电子控制自动变速器换挡规律图有关的数据，对比分析其性能的好坏。

第五节　汽车制动防抱系统的检测

汽车制动防抱系统，简称ABS系统，是提高汽车制动安全性的一个重要装置。在车辆紧急制动时，ABS系统能适时控制制动力的大小，使车辆始终保持良好的方向稳定性和可操作性，防止侧滑和跑偏，提高了汽车制动的安全性能。自1932年英国人霍纳摩姆研制发明了ABS系统以来，ABS系统在汽车工业中得到了广泛的应用。当ABS系统出现故障时，需要及时进行检测、排除，常见的ABS系统故障检测方法如下。

1. 常见ABS系统故障检测仪器和工具

(1) ABS系统通常采用跨接线跨接诊断座上的诊断端子，再根据ABS报警灯（或电子控制装置的发光二极管）的闪烁情况来读取故障代码。故障代码是代表故障情况的一系列数码，不同车型的代码不同，要根据维修手册查对故障代码所代表的故障情况，参照维修手册正确地排除故障。维修手册是检测和排除故障最为重要的工具。

(2) 万用表（高阻抗）是ABS系统故障检测基本工具，有时也可采用专用跟踪示波器等仪器，对系统深入检查。

(3) 压力表在ABS系统的液压装置检测时有时需要使用。

(4) 专用解码器。专用解码器分为两类，其中一类可以替代ABS系统的电子控制装置，对系统工作情况进行检查和模拟，如：博世ABS诊断测试器和丰田ABS诊断测试器。另一类则需要与ABS系统电脑进行通讯，既可读取ABS系统故障代码，并将故障代码转换为故障情况后显示，又可向ABS系统电脑发送控制指令，对系统进行工作模拟，如：红盒子、扫描仪SCANNER及通用公司的TECH－L和克莱斯的ODB－Ⅱ等。

2. ABS系统故障诊断的基本步骤

(1) 听取用户反映，再现和捕获故障现象。由于ABS系统是附加在常规制动系统基础上的，因而当出现制动异常时，应首先判断故障是发生在常规制动系统还是 ABS 系统。具体方法是：拔下 ABS 安全继电器，若故障现象仍然出现，则故障多发生在常规制动系统；若故障现象消失，加载 ABS 安全继电器后故障现象又出现，则故障多发生在 ABS 系统。也可根据报警灯闪烁情况进行判断，若“BREAK”灯一直亮，表示常规制动系统故障。“ABS”灯或“ANTI －LOCK”灯一直亮，表示 ABS 系统故障。

(2) 一般检查。检查制动储液罐内的油量和真空助力器真空接头；检查制动系统各接头的密封性，不能有松动、渗漏、油管凹瘪和锈蚀等现象；检查轮毂轴承、转向及轮胎是否符合要求；检查车轮转速传感器的间隙（$H=0.5\sim1.7$ mm 为正常）是否正常；检查驻车制动器是否完全松开和开关功能是否正常；检查 ABS 系统的熔丝、继电器是否完好，有关器件的连接器、线束是否连接牢固；检查 ABS 电控单元（ECU）连接器和导线是否连接良好；检查蓄电池电压是否正常，连接是否良好，ABS 电脑、压力调节器搭铁是否良好。

(3) 报警灯检查。正常情况下，ABS 报警灯应在点火开关接通 3～4 s 后熄灭。

(4) 路试。正常行驶中，ABS 报警灯（或 ANTI－LOCK 灯）应不亮，在大于 40 km/h的速度下紧急制动时，制动踏板有轻微振动，车身、方向盘有轻微颤动，车辆无甩尾、侧滑现象，轮胎与地面基本无拖痕时，说明 ABS 系统工作正常。反之则有故障。

(5) 读取故障代码进行诊断。当 ABS 电脑监测到系统出现故障时，会产生故障代码存储在存储器里，同时点亮 ABS 报警灯报警。因而可通过读取故障代码进行诊断。故障代码读取方法有：通过报警灯（或其他指示灯）采用跨接法读取；按程序操作在特定的信息显示中心读取（如：在空调面板上读取）；专用检测仪器读取。

(6) 参照维修手册对故障可能部位进行彻底检查，对怀疑部位可先进行常规检测，也可采用替代法确定，必要时还可对故障部位单独进行拆检。

(7) 更换或修复有故障的器件。

(8) 清除故障代码，再次进行路试、检测。

3. ABS 系统器件的故障检测

(1) 轮速传感器的检测

①支起车轮，拔下轮速传感器的接线插头连接到示波器上并转动车轮，用示波器观察其电压输出波形，这个脉冲波形应该均匀并且随车轮转速的加快而增大频率，波形随之发生变化。

②用欧姆表检测轮速传感器的电阻值，一般在 600～2 300 Ω 为正常。电阻过小时线圈可能短路，过大时可能连接不良，电阻非常大时为断路，线圈与外壳导通时为搭铁。

③如果没有仪表，可以用舌头感觉电流法来检查。从轮速传感器上引出两条导线，并用舌头接触，转动车轮，若舌头上麻木感觉能随转速的升高而增强，说明传感器良好。

(2) 轮速传感器的调整

传感器传感插头脏污或传感器的空气间隙没有达到要求，都会造成传感器不能正常工作，需要调整传感器使其恢复到正常工作状态。传感器的调整可用纸垫片贴紧传感头的端面来完成，当汽车运行时，随着传感器齿圈的旋转，纸垫片会自然脱落。以坦孚式 ABS 系统为例，调整前轮速度传感器时，先升举汽车，拆下相应的前轮轮胎和车轮装置，拧松（紧固传感头）螺丝通过制动器挡泥板孔拆下传感头，清除其表面的氧化物和脏污，并刮净传感头端面，在传感头端面上粘贴一个新的纸垫片，纸垫片厚度为 1.3 mm（以 32 脚电脑的 ABS 系统为例），拧松传感器支架固定衬套的螺栓，旋转衬套，给固定螺丝提供一个新的锁死凹痕面。通过盘式制动挡泥板孔将传感头装进支架上的衬套里，确认纸垫片贴在传感头端面上，并确保在整个安装过程中没有掉下来。装复后，传感器上连接线应保持接触良好。推动传感头向传感器齿圈顶端移动，直到纸垫片与齿圈接触为止，保持此状态并用 2.4～4 N·m 的力矩拧紧紧固螺丝，使传感头定位。重新装好轮胎和车轮后进行路试，观测 ABS 报警灯是否点亮。报警灯不亮则表示系统工作正常，传感器良好；否则就说明 ABS 系统仍然存在问题，须进一步拆卸检修。调整后轮速度传感器的步骤同前轮的调整步骤基本相同，必要时需更换传感头。

（3）ABS 线束的检查

检查各连接器、线束之间连接是否牢靠，线束有无破损、擦痕和油污，尤其要注意检查每一车轮附近的线束和接头，可采用振动法、弯曲法来检查接头是否接触可靠。

（4）ABS 线束的更换

ABS 系统对线束的要求较高，轻微的电阻值变化都会导致 ABS 系统不能正常工作。当线束出现问题时，一般将线束接头与线束整体更换，更换线束后要确保地线与屏蔽线焊接牢靠。

（5）液压系统泄漏检测

检查液压系统泄漏时，应先接通点火开关，直至液压泵停止运转，接着再等 3 分钟，使整个液压系统处于稳定状态，观测压力表，如果 5 分钟之内系统压力出现下降现象，则表明液压系统有泄漏之处。注意：在对以下部件进行操作前需要泄压：液压控制单元中的任何装置、蓄压器、电动泵、电磁阀体、制动器油箱、压力警告和控制开关、后轮分配比例阀和后轮制动分泵、前轮制动分泵及高压制动液管路等。泄压方法是：将点火开关关闭（置于 OFF 位置），然后反复踩踏制动踏板，踩踏的次数在 20 次以上，当踏板力明显增加，即感觉不到踩踏板的液压助力时，就表示 ABS 系统的泄压工作完成。

（6）压力调节器的检测

连续开闭点火开关，侦听调节器电磁阀动作声音，若有“啪嗒”、“啪嗒”的响声为正常。用欧姆表测量其电阻值 30～60 Ω 时为正常。

（7）回油泵的检测

打开点火开关，回油泵有转动的声音为正常，用欧姆表检测，回油泵电动机的电阻在 15～90 Ω 时为正常。

（8）ABS 系统电脑的检测

ABS 系统电脑需要专用仪器才能进行检测，一般情况下采用替代法进行判断。即用正常的电脑代替原车电脑，观察 ABS 系统的工作情况，通过对比来鉴别原车电脑是否有故障。

4. ABS 系统检测注意事项

ABS 系统具有很高的工作可靠性，通常无须对其进行定期的特别维护，但在使用、维护和检修过程中，应特别注意以下几个方面：

（1）点火开关处于点火位置时，不要拆装系统中的电器元件和线束插头，以免损坏电子控制装置。同时要防止电压过高或过低损坏或影响电控装置正常工作。

（2）电控装置受到碰撞、敲击极易引起损坏，要注意使电控装置免受碰撞和敲击。

（3）在汽车上装配 ABS 系统时，只能使用专门设计的制动软管、管路。

（4）在读取故障代码之前，应首先检查驻车制动器，确认其没有问题后，再按程序读取。

（5）当故障代码显示传感器故障时，要先检查电路各连接插头与插座连接是否良好，是否有脏污、锈蚀、断路或短路等现象，然后再检查传感器或用新传感器作对比实验。

（6）制动液压系统维修后，或者在使用过程中发觉制动踏板变软时，要对制动系统放气。

（7）在 ABS 报警灯持续点亮的情况下进行制动过、要注意控制制动强度，避免因防抱系统失效而使车轮过早发生制动抱死。

（8）应尽量选用汽车生产厂家推荐的轮胎，如果要换用其他型号的轮胎时，应选用与原车所用轮胎的外径、附着性能和转动惯量相近的轮胎，不能混用不同规格的轮胎。

（9）在制动液压系统完全装好以前，不能接通点火开关，以免电动泵通电运转造成泄漏。

（10）在装备有 ABS 系统的汽车上安装通讯设备时（如载波广播、车载电话等），不要把天线安装在 ABS 控制装置（或任何控制装置）附近。

（11）在装有空气弹簧悬架系统的汽车上，升高汽车之前要将悬架开关置于关闭（OFF）位。

（12）在装有安全气囊（SIR）的汽车上，对任何 ABS 系统或附着力控制系统进行处理之前，应先使 SIR 系统不起作用，以避免由于意外导致气囊张开而引起损伤或损坏。

[思考题]

8-1　简述汽车电控系统的组成。

8-2　简述汽车电控系统传感器和执行器的检测方法。

8-3　如何进行蓄电池和发电机的性能检测？

8-4　简述电子控制自动变速器的性能检测内容。

8-5　简述常见的 ABS 系统故障检测仪器和工具。

8-6　ABS 系统检测注意事项有哪些？

第九章　汽车排放检测

目前的大气污染已发展成世界性的问题，尤其在一些大城市中。二次世界大战以前，工业比较集中的一些大城市的空气污染，主要来自工业及生活用煤所排放的炭烟和二氧化硫等。随后，由于各种机动车辆剧增，车辆排放气体对大气污染才逐渐被人们认识到。世界上的一些大城市，包括洛杉矶、圣保罗、悉尼和东京等，都曾经严重地遭受到车辆排放气体的污染。为此，美、日、德等许多国家对车辆排放制定了严格的法规。其中美、日的排放限值最为严格，这也许是他们国家的城市污染曾经最为严重的缘故。

我国于 1979 年颁布了环境保护法，1983 年发布并于 1993 年对上述排放标准进行了修订，从严规范了检测参数限值和测量方法，使我国治理废气污染走上了较为严格的道路。

第一节　有害排放物产生机理

根据燃料燃烧的热化学理论可知，烃类液体石油燃料在空气中完全燃烧后，将生成二氧化碳（CO_2）、水蒸气（H_2O）、氮气（N_2）和剩余的氧气（O_2），在通常情况下这几种气体被认为是无害的。但实际上汽车发动机工作时，燃料在气缸内的燃烧经常是不完全的，再加上汽车燃料往往含有其他杂质和添加剂，所以汽车排出的废气成分中均含有一定量的一氧化碳（CO）、碳氢化合物（HC）、氮氧化物（NO_x）、氧化硫（SO_2）和微粒（炭烟、铅化物、油雾等）和臭气等有害排放物。汽车废气中含有一定的一氧化碳、碳氢化合物、氮氧化物和炭烟是造成大气污染的主要物质。

一、一氧化碳

一氧化碳是烃类燃料燃烧的中间产物。一般烃类燃料燃烧反应经过以下过程：

$$C_mH_n+\frac{m}{2}O_2=mCO+\frac{n}{2}H_2$$

燃烧过程中氧气足够时则有：

$$2H_2+O_2=2H_2O$$

$$2CO+O_2=2CO_2$$

同时一氧化碳还与生成的水蒸气发生反应：

$$H_2O+CO=H_2+CO_2$$

由此可见，如氧气充足，理论上燃料燃烧后就不会存在一氧化碳。如果氧气量不足，则混合气的空燃比 F 小于理论空燃比 F_0（汽油 F_0 值约为 14.7，柴油约为 14.8）时，就会有部分燃料不能完全燃烧而生成一氧化碳。然而，在实际的汽车上，燃料燃烧后的成分与理论分析结果还存在一定的差别。如图 9－1 所示，这是一台汽车发动机燃烧 C_8H_{17} 燃料时实测的排气成分与空燃比的关系曲线。

值得注意的是，在浓混合气（$F<F_0$）的燃烧产物中发现有微量的剩余氧，在稀混合气的燃烧产物中发现微量一氧化碳及氢气。微量的氧存在于浓混合气的燃烧产物中是由于混合气的形成与分配不均匀所致，从总体上讲混合气是浓的，但从局部来看，又有可能存在着稀混合气。局部处的稀混合气燃烧后，就会在燃烧产物中出现剩余氧。而在总体上稀混合气的燃烧产物中存在着一氧化碳，其原因除了上述混合气形成与分配均匀性问题而出现局部浓混合气以外，还可能出厂燃烧后的高温而引起气体离解。在高温下燃烧时已经生成的二氧化碳和水蒸气也会有一小部分发生如下的离解反应：

$$CO_2+H_2=CO+H_2O$$

所以在汽车的排气中总会有少量的一氧化碳。

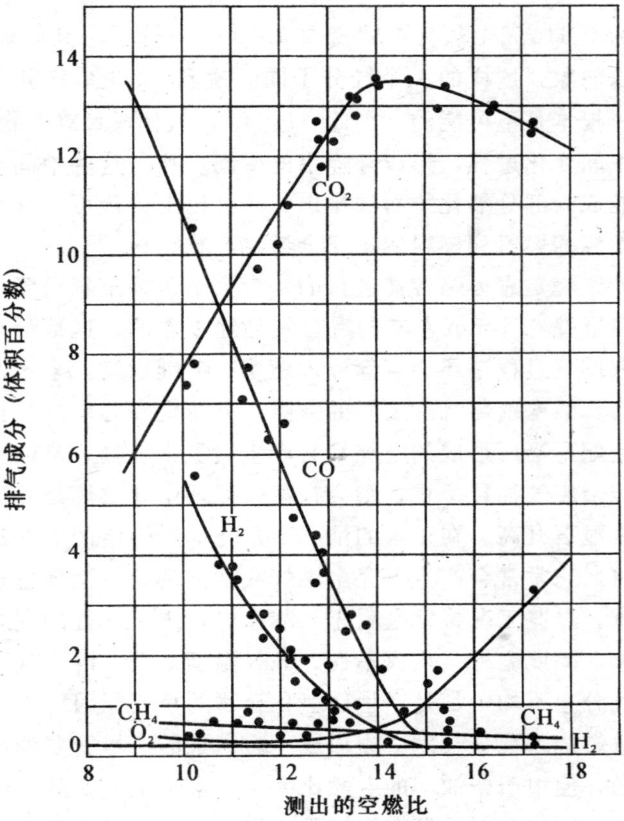

图 9－1　排气成分与空燃比的关系

由此可见，一氧化碳的排放浓度基本决定于空燃比。从图 9－1 中还可以看出，混合气加浓时，空燃比每减少一个单位，排气中的一氧化碳浓度约增大 3%。

一氧化碳的毒性是人们所熟知的。一氧化碳经呼吸系统进入人体肺部被血液吸收后，能与体内血红蛋白结合成一氧化碳一血红蛋白，它一旦形成，离解便很慢，容易造成低氧血症，导致组织缺氧。一氧化碳与血红蛋白的亲和力比氧与血红蛋白的亲和力约大 250 倍。当人体中的一氧化碳浓度达到 70～80 ppm 以上时，接触几小时后，人体血液中的一氧化碳—血红蛋白的浓度就会达到10%，将影响氧的输送，引起头痛、心跳加速等症状。当人体血液中的一氧化碳—血红蛋白浓度达到20%左右就会引起中毒，待浓度达到60%时，人即可因窒息而死亡。

二、碳氢化合物

汽车废气中的碳氢化合物实际上就是未燃烧的烃类物质。通过废气分析可知，汽车废气中的未燃烃的成分十分复杂，除了饱和烃、不饱和烃和芳香烃以外，还含有部分中间氧化物如醛、酮、酸等。根据燃烧热化学理论、化学反应中通常主要是双分子碰撞反应，三个以上分子同时碰撞的概率极小。对于烃燃料在空气中的燃烧反应，以C_8H_{18}为例，反应式为：

$$C_8H_{18}+12.5O_2=8CO_2+9H_2O$$

即使1个分子的C_8H_{18}完全氧化，就需要12.5个氧分子。其间还夹杂着47个N_2分子的干扰。因此可以想象，这样的1个烃分子同时碰到12.5个氧分子，而又一下子生成二氧化碳和水蒸气，根本是不可能的。因此，C_8H_{18}要氧化成最终产物二氧化碳和水蒸气，必须经过一系列的中间变化过程，形成一连串的中间产物。这些中间产物若不具备进一步的氧化条件，就可能成为部分氧化物而被排出。通过以上分析可以看出：汽车废气中的碳氢化合物主要是未燃烧的燃料和燃料的不完全燃烧产物。

汽油机混合气的燃烧是靠火焰传播进行的。当火焰传播至缸壁附近时，由于低温缸壁的冷却作用，在距离缸壁0.5 mm左右的混合气是烧不着的，这部分混合气没有燃烧就随着废气一起排出。在排气过程中还会有部分未燃燃料继续燃烧，来不及燃烧的就是从废气中排出的碳氢化合物。活塞壁与气缸之间的空隙、火花塞磁芯周围的空隙、燃烧室壁面附近以及由于气缸垫装配不当所形成的空隙都会产生碳氢化合物。汽油机运行时，若混合气过稀或过浓，或者残余废气稀释严重，则会在某些循环中导致燃烧不完全甚至缺火，而使碳氢化合物的排放量显著升高。在正常的情况下，化油器供给的混合气是可燃混合气。当进气管真空度很高时，它常常会产生不完全燃烧或缺火现象。例如怠速或小负荷工况，残余废气稀释现象严重。过渡工况特别是暖车与减速时，进入气缸的混合气过稀或过浓均会出现不完全燃烧现象。除此之外，点火不良、充气温度太低、混合气不均匀、上一循环残余废气过多和混合气分布不均匀都是产生碳氢化合物的重要原因。

柴油车属于扩散燃烧，混合气是一边形成一边燃烧的。尽管柴油车存在着与汽油车类似的燃烧不完全问题，但由于柴油车的空燃比大，正常情况下实际空燃比均大于理论空燃比，大部分不完全燃烧产物会在后期燃烧过程中烧掉。因此柴油车排气中的碳氢化合物含量不是严重问题。世界各国对于柴油车排气中的碳氢化合物一般不作限制。

各种碳氢化合物总称为烃类，汽车排气中所含的烃类有百余种之多，但其浓度总量比一氧化碳要少。碳氢化合物中的大部分对人体健康的危害并不明显，但从汽车排气成分检测中得知，在排出的碳氢化合物中含有少部分醛类（甲醛、丙烯醛）和多环芳香烃（苯并芘等）。其中甲醛与丙烯醛对鼻、眼和呼吸道黏膜有刺激作用。能引起结膜炎、鼻炎、支气管炎等症状，它们还有难闻的臭味。苯并芘是一种强烈的致癌物质。加上烃类还是形成光化学烟雾的重要物质，因此排放碳氢化合物的危害性是不容忽视的。

三、氮氧化合物

氮氧化物是一个工程术语，代表未知的氮氧化合物的混合物。在汽车废气中主要是一氧化氮和二氧化氮。汽油机氮氧化物中的一氧化氮约占99%，柴油机与汽油机相比二氧化氮的比例稍高，但排出的绝大部分也是一氧化氮。

关于一氧化氮的形成机理，虽然进行了大量的研究工作。但是迄今为止尚未获得统一的认识。过去认为一氧化氮是在较低的温度下是双分子碰撞反应形成的。反应式为：

$$N_2+O_2=2NO$$

根据这一机理，一氧化氮的形成过程太慢。由此计算得出的一氧化氮浓度要比汽车试验实测的数值低得多。目前被广泛采用的理论是捷尔杜维奇（zeldovich）提出的反应机理：

$$O_2=2O$$

$$O+N_2=NO+N$$

$$N+O_2=NO+O$$

氧分子在高温下分解生成氧原子，氧原子与氮气分子碰撞生成一氧化氮和一个氮原子。氮原子再与氧分子碰核反应生成一氧化氮。上述反应均为可逆反应，所以一氧化氮的平衡浓度取决于反应条件。从热力学观点来看，一氧化氮是一种高焓物质，反应温度越高，反应产物中的一氧化氮浓度越大。

在汽油机上，氮氧化合物首先在靠近火化塞附近的高温域内产生。然后随着火焰前锋的推移氮氧化物不断地形成。在燃烧过程后期，活塞开始向下止点移动，燃烧产物迅速膨胀且温度下降，生成氮氧化物的反应停止。所以在某一稳定的区域内，氮氧化物的数量取决于该处的温度和混合气在高温下所停留的时间。燃烧终了时在燃烧室内存在着一个氮氧化物的浓度梯度。即靠近火源处氮氧化物的浓度高，远离火源处浓度低。生成氮氧化物最多的是在稍稀的混合气（$F=15.5$ 左右）中。点火正时对生成氮氧化物的数量也有很大的影响，这是因为它影响着形成氮氧化物的可用时间和燃烧温度。产生氮氧化物的数量随着气缸压力的增加而增多，所以加大发动机的负荷也会使排气中的氮氧化物增加。

在柴油机上，混合气的形成与燃烧是同时进行的。虽然生成氮氧化物的化学反应与前述过程一样，但反应进行时混合气所处的物理环境与汽油车相比却是完全不同的。考虑一个油滴在高温空气包围中的燃烧情况。燃料蒸气从油滴表面蒸发进入周围的燃烧区，在该区域内燃料与氧气反应生成燃烧产物，同时也开始形成氮氧化物。随着燃烧产物逐步向外扩散并与周围的空气进一步混合，局部空燃比增大且温度下降。所以氮氧化物的数量达到某一最大值之后，呈现出迅速下降的趋势。显然实际燃烧情况要比这里讨论的复杂得多。可能有部分燃料是在预先混合以后燃烧的，其余部分燃料按扩散燃烧方式进行。总之影响氮氧化物形成最重要的因素是燃烧温度和空燃比。

大气中的氮氧化物是形成光化学烟雾的重要成分。即使在未发生光化学反应之前，也能产生一些直接危害。一氧化氮毒性不大，但高浓度的一氧化氮能引起神经中枢障碍，且它很容易氧化成剧毒的二氧化氮。氧化氮是棕色气体，有特殊的刺激性气味。被吸入肺部后，能与肺部的水分结合成可溶性硝酸，严重时会引起肺气肿。若大气中的氮氧化物达到5 ppm，就会对哮喘病患者产生影响。若在100～150 ppm的浓度下连续呼吸30～60 min，就会使人陷入危险状态。由于氮氧化物的测试技术比较复杂，所以世界各国对于汽车排气中氮氧化物的检测标准规定不一。我国目前还未公布汽车排气中的氮氧化物的强制检验标准。

四、炭烟

炭烟主要产生在柴油机上。柴油车的排烟可分为白烟、蓝烟和黑烟，通常所说的炭烟指柴油车排出的黑烟。炭烟是柴油车在加速或大负荷时所产生的。此时燃烧室中温度较高，加之加速或大负荷时喷入气缸内的燃料较多，混合气形成不均匀，不可避免地会出现局部区域空气不足的燃烧现象，燃料在高温缺氧的条件下容易裂解、聚合而形成炭烟。炭烟中并非纯粹的碳，而是一种聚合体。主要成分是碳（碳含量占85%以上），还含有少量的O_2，H_2，灰分和一系列多环芳香烃化合物等。其成分随着柴油机负荷的不同，也是不断变化的。一般认为炭烟粒本身对人体健康的直接影响不大。但是，炭烟颗粒上常常夹附着二氧化硫及致癌物质多环芳香烃、苯并芘等有害物质，这些物质对人体的危害较大。因此，对于柴油机的排烟也必须加以限制。

第二节　排放物检测仪器

目前世界上大多数国家，在汽车排放标准中，都规定采用不分光红外线分析仪（NDIR）测定汽车排气中的一氧化碳含量，采用氢火焰离子探测器（FID）测定碳氢化合物的含量，采用化学发光分析仪（CLD）测定氮氧化物，采用波许式烟度计测定柴油机的烟度。

现代汽车排气分析仪器一般都要求有较高的灵敏度和选样性；有适当的量程范围，能对高、中、低等不同浓度的排放物进行精确分析；尽可能地减少排气中共存成分的相互干扰，并能够进行连续测量等。

一、不分光红外线分析仪

不分光红外分析仪主要用于测量汽车排气中的一氧化碳。不分光红外线分析仪的工作原理基于被测气体具有吸收与其浓度成正比的某些特定波长红外线的性质。其结构装置示意图如图9-2所示。从红外光源发出两束相同的红外光线，两束红外光线各通过一个管子，一个管是试样室，另一个管子是参比室。然后，分别进入两个独立的检测室。两个检测室内充满等量的与待测物质相同的气体。中间用膜片隔开。此膜片和一个固定的金属钮作为电容器的两个电极构成一个可变电容器，其容量与其间的距离成比例变化。

试样室是气体可以流通的管道。测量过程中被测气体从其间通过。参比室是密封的，管道内部充满惰性气体（通常为氮气），这种气体不吸收特定波长红外线的能量。当试样室没有被测气体通过或通以惰性气体时，膜片两侧的检测室所吸收的红外线辐射能相等，两检测室内的压力相同。膜片保持正平衡位置，此时电容量不变，输出信号为零。当有被测气体通过试样室时，红外线的辐射能量在某特定波长范围内被该气体所吸收。二氧化碳、一氧化碳、碳氢化合物和一氧化氮吸收波长分别为 4.35 μm，4.68 μm，3.4 μm 和 5.45 μm。吸收辐射能量的百分数与被测气体浓度成正比。通过试样室的红外线辐射能量被吸收掉一部分后，辐射到与试样室相对应的检测室的辐射能减少。两个检测室内的气体所接受的能量出现差别。由于两侧的辐射能量不等，气体受热膨胀的压力增长也不一样。因此，将产生一定的压差迫使膜片移动改变了电容量，从而产生了输出电信号。电容量的变化与被测气体中待测物的浓度成比例。

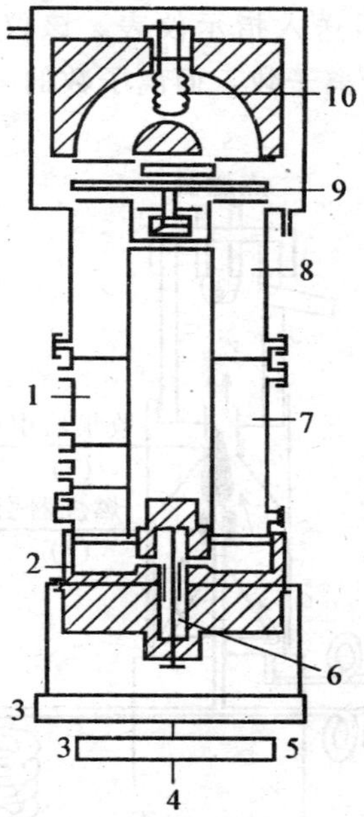

1—试样室；2—检测室；3—振荡器；4—控制指示；5—放大器；6—膜片；
7—参比室；8—过滤室；9—遮光器；10—红外光源

图 9-2　红外线分析仪

在红外光源与两个管室之间还设有一个挡板遮光器。当挡板遮住红外光线时，因无光线进入检测室内，故两检测室内的压力相等，膜片处于平衡位置，输出信号为零。当遮光器不遮光时，两检测器内就存在压差，膜片随之移动而有信号输出。当挡板交替地遮光和照射时，膜片就会产生振动而使电容量周期性变化，这样就产生了交流信号。之所以采用遮光器来产生交流信号，是因为交流信号放大器的无漂移特性比直流放大器的无漂移特性要好。由于电容器产生的电信号很弱。所以还必须经过放大器加以放大，并经整流器整成直流信号送往仪表。

这种分析仪以前也曾经用于测定各种碳氢化合物和氮氧化物，但由于测量这两种有害气体的准确度不高而不再被使用。

二、氢火焰离子检测器

氢火焰离子检测器主要用来测量汽车排气中碳氢化合物的浓度。其工作原理是基于氢火焰中若存在碳氢化合物时，将会产生大量离子这一现象来测定的。纯氢气在空气中燃烧时只产生很少的离子。如果有少量的碳氢化合物分子存在，在火焰中就会产生大量的离子。产生离子的数量与碳氢化合物分子中碳原子数量成正比。

氢火焰离子检测器的结构如图 9－3 所示。它由燃烧器、点火器、离子收集器和电子电路组成。燃烧器中心装有毛细管，被测气体和氢气（或氢气与氮气的混合物）分别引入毛细管，混合后经过燃烧器管喷向燃烧室。同时还用另一根细管导入燃烧用的空气。将混合气点燃后，产生扩散火焰，在火焰周围用一块极化电池产生一个静电场。在静电场的作用下，燃烧过程中产生的大量离子聚集到离子收集器处，燃烧过程中产生的电子聚集到燃烧室喷口处。这样就在离子收集器和燃烧器喷口之间产生了电压，电路接通后就有直流电信号。直流电信号经放大器放大后送入指示仪表。该仪表上可直接显示碳氢化合物的含量。因为直流电信号的大小决定于离子数，而离子数的多少又与被燃烧的碳氢化合物中的碳原子数成正比。

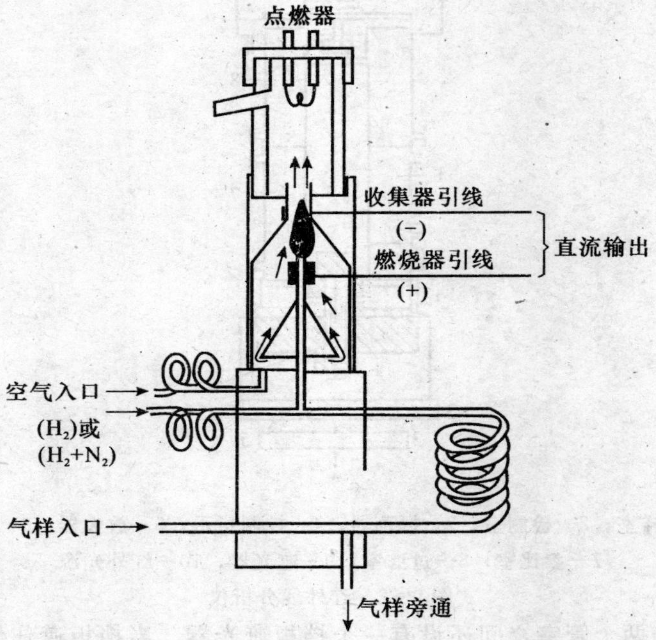

图 9－3　氢火焰离子检测器

试验时被测气体采用直接取样方式。为了避免碳氢化合物吸附或凝聚在取样系统管路上，还需要对管路进行加热处理。

三、化学发光分析仪

化学发光分析仪主要用于测定汽车氮氧化物的排放量。化学发光分析法也是目前测定汽车排气中一氧化氮含量的一种较好的方法。其工作原理是通过一氧化氮与臭氧发生反应，生成二氧化氮活化分子，在近红外区域产生化学光子，再测定其发光强度，通过发光强度确定一氧化氮的含量。其反应机理如下式：

$$NO + O_3 = NO_2 * + O_2$$

$$NO_2 * = NO_2 + hv$$

反应式中的 $NO_2 *$ 是带电的活化分子。hv 化学发光法只能直接测定一氧化氮。化学发光分析仪结构如图 9－4 所示。由臭氧发生器产生的臭氧和被测气体分别通到一个绝对压力很低的反应器内，在真空下加热到 600 ℃时，臭氧便会与一氧化氮发生反应生成一直处于激发状态的二氧化氮分子。当这些活化分子向基态衰变时，便会在波长 0.6～2 μm的区域内发射出光子。其发光强度由光电倍增管转换成电信号，经放大器放大后输出到指示仪表，通过指示仪表显示出一氧化氮的浓度。为了能对所有的氮氧化合物进行分析，通常在反应器的前端还设有转换器，它可将被测气体中全部的氮氧化物都转变成一氧化氮。由于此转换器的效率对分析精度直接影响，故在使用时要经常检查，当效率低于一定值时应更换新的转换器。

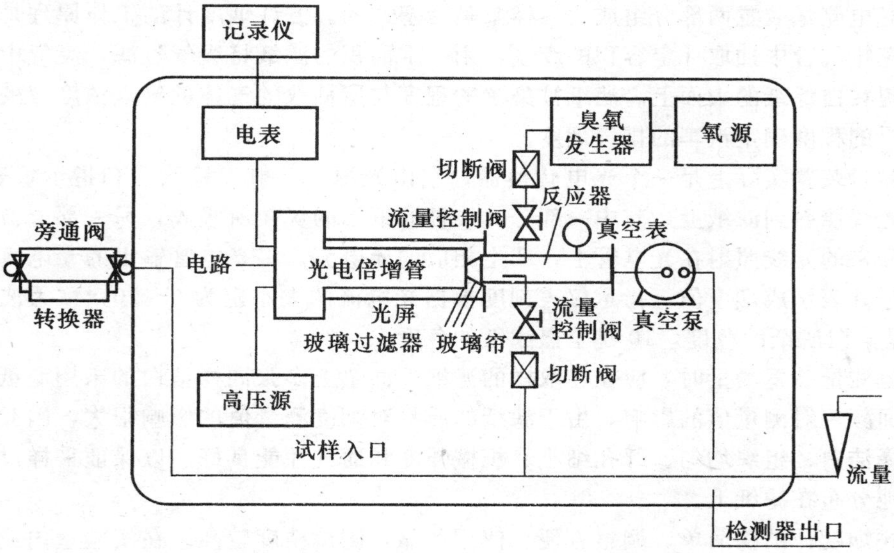

图 9-4　化学发光分析仪简图

四、气相色谱仪

气相色谱分析法是将混合气体区分成单一成分，然后再对每一种成分分别进行分析的物理方法。气相色谱仪就是根据气相色谱分析原理制造的，它可用来详细分析汽车排气中的各种成分，能够实现定量分析。这种方法对于分析混合气中的微量成分也特别有效，气相色谱仪由载气控制装置、被测气体控制装置、温控箱、色谱柱、检测器和记录仪组成。

载气多用惰性气体（常用氢气、氦气或氮气），以避免与被测气体相互作用。通过载气控制装置控制气体流量恒定。被测气体在载气的作用下，进入温控箱内的色谱柱，色谱柱内装有特殊的填充物质（常用 Porapak、碳分子筛等），该填充物质对于被测气体的各组分具有不同的吸附能力。利用填充物质的这一特性，当被测气体在载气的冲洗下，流经一定长度的色谱柱后，就会被分离成若干组分。由于色谱柱中的填充物质对于不同的气体具有不同的吸附时间，因此输入时是混合气体，而输出时就成为每种气体的单一组分。各组分按一定时间依次导入检测器。在检测器内检测后，转变成电信号。然后输出到记录仪，将测量结果记录下来。检测器有多种形式，如热导型、热吸附型、气体密度型、火焰温度型和离子化型等等。常用的是热导型检测器，该检测器内装有钨丝元件构成的惠斯登电桥。将载气和被测气体分别通入惠斯登电桥的两个测量臂，由于进入测量臂的各组分导热系数不同于载气，而使钨丝元件电阻值发生变化，破坏了电桥臂的平衡状态，从而在输出端有电信号输出，记录仪上留下了被测气体各组分的浓度函数图形。温度的高低决定了被测气体各组分通过色谱柱的析出时间。通过温控器控制合适的温度，可把被测气体各组分的析出时间控制在合理的范围内。有些色谱仪还装有预先确定的温度—时间控制程序，可实现温度自动控制。

五、波许烟度计

波许烟度计是典型的过滤式烟度计，也是目前应用最广泛的一种烟度计。该烟度计由采样泵和光电测量装置两部分组成，采样泵是活塞式的。波许烟度计的工作原理是利用采样泵从汽车排气管中抽取一定容积的废气，用一定面积的滤纸将废气过滤，废气中的炭烟粒便被吸附在白滤纸的表面上。滤纸被染黑的程度与所抽取的气体的炭烟浓度有关，根据滤纸被染黑的程度确定汽车的排气烟度。

光电测量装置实际上是一个光电转换器，它由光源、反射光检测器和指示仪表组成。光源发出光线照射到滤纸上，其中一部分光线被滤纸上的炭粒所吸收，另一部分被反射回来。反射回来的光线照射在光电管上，产生相应的光电流。将光电管输出的光电流用微安表指示出来并表示成烟度值。指示仪表刻度根据光电流的大小定为 0～10，称为波许烟度单位。0 是全白滤纸的色度，10 是全黑滤纸的色度。

用光电测量装置测量时，应在已取样的滤纸下面垫上多张同样洁白的未用滤纸。以消除工作台面颜色对测量值的影响。由于滤纸的质量对烟度测量值的影响很大，因此要求滤纸必须色泽洁白、组织均匀、纤孔细小、机械强度和通气性能良好。以保证采样以后炭粒能够均匀地分布在滤纸上。

波许式烟度计结构简单、调整方便、使用可靠，测试精度较高。在实验室内或汽车行驶时均可使用，特别适合于稳定工况下的烟度测定。缺点是不能测定油雾造成的蓝烟与白烟，也不能对变工况下的过渡过程作连续测量，且测试精度常受到滤纸本身质量的影响。柴油机烟度的测量还可以用其他方法。例如测定非稳定工况下的烟度可以用透光式烟度计，让排气中的一部分气体连续不断地通过透光式烟度计，利用其透光衰减率的变化值来确定其烟度。

第三节　有害排放物测试方法

一氧化碳、碳氢化合物、氮氧化合物和炭烟是汽车有害排放物的主要成分。汽车有害排放物的测定都是以一定的排气分析仪器、一定的取样方法和一定的试验工况为基准的。并根据具体的试验工况规定了汽车有害排放物的限值指标。排气取样方法可分为以下几种：

1. 直接取样法

将测管插入汽车排气管内，直接采集排气中的一部分，气样用泵抽吸，经滤清器、冷却槽后引入分析仪器。直接取样法最为简单，且可以连续观察出由工况所引起排气组分的变化。因此应用比较广泛。

2. 全量取样法

将试验时间内的全部排气收集在一个袋子内以供分析的方法叫全量取样法。全量取样法是在全部取样之后才开始测定的。由于排气从进袋到测定时间内可能发生组分之间的相互反应，因此取样袋应选用那些不易引起组分反应的材料制作，而且取样后要尽快地分析测定。欧洲的排气法规中规定采用这种方法。

3. 比例取样法

根据发动机进、排气量之间存在着一定的关系，测定进气量和排气量，并按一定比例将样气稀释后收集于取样袋中。比例取样法结构比较简单，便于在实际行驶的车辆上测定。因此应用也比较广泛，尤其是适用于以研究为目的的取样分析。

4. 定容取样法

定容取样法也称为可变稀释度取样系统。将汽车排气用过滤后的空气稀释，再用定容泵吸入取样袋中。定容取样法主要用于测定排放物的质量。

一氧化碳、碳氢化合物和氮氧化物的测试方法可分为怠速法和工况法两种。烟度的测试方法可分为稳定工况法和非稳定工况法两种。

一、汽油车有害排放物的测量方法

根据汽车的生产技术和使用条件，我国从 1980 年起开始着手研究与制定适合我国同情的汽车排放标准。研究结果认为汽油机首先要控制怠速工况下的一氧化碳和碳氢化合物的排放。1983 年我国颁布了国家标准 GB 3842—83《汽油车怠速污染物排放标准》和 GB 3845—83《汽油车怠速污染物的测量方法》。考虑到我国汽车工业技术的发展以及汽车的使用与道路行驶条件，对汽车动力性、经济性和排放性能的要求，应确定逐步提高的原则。20 世纪 80 年代后期我国已将汽车控制排放的重点放在限制一氧化碳和碳氢化合物的排放。90 年代后，随着交通行驶条件改善，汽车平均车速提高以及汽车技术水平进一步提高后，现已加严对氮氧化物的排放限制。

汽油车有害排放物的测量方法如下：

1. 怠速法

怠速法是在汽车怠速工况下测定汽车排气中的一氧化碳和碳氢化合物的排放量。怠速试验方法比较简单，使用的仪器是便携式的测试仪器，适合于新车定型试验、产品质量监督检验和在用车的监督抽查等。

根据我国国家标准 GB 3845—83《汽油车怠速污染物的测量方法》的规定，在怠速工况下汽油车排气中一氧化碳、碳氢化合物的浓度，要求采用不分光红外线气体分析仪作为测量仪器。一氧化碳的最大量程不大于 10%，碳氢化合物的不大于 10 000 ppm，里程转换不得少于两挡；仪器的零点漂移及量程漂移每小时应小于满量程的正负 3%；相应时间从气样进入取样管口处起，到仪器指示值为该气样标准值的 90%时止，应小于 10 s（取样软管长度不小于 3 m，取样管长度不小于 600 mm）。

受检车辆应按制造厂的规定调整点火正时和怠速转速；发动机应达到规定的热状态，水冷发动机水温度在 60 ℃以上。风冷发动机油温在 40 ℃以上；排气系统不得有泄漏；取样管插入排气管的深度不得小于 300 mm，否则排气管应加接管，并保证接口处不漏气。

发动机由怠速加速到中等转速，维持 5 s，再降至怠速状态。此时将取样管插入排气管中，深度不小于300 mm，读取仪表指示的最大值。若为多排气管时，则取各管测值的算术平均值。

国际标准ISO 3929—75《汽车怠速时排气中一氧化碳浓度的测定方法》、日本工业标准JISD l028—83《汽车怠速排气中一氧化碳的测定方法》、法国注册标准NFR 10－108《怠速时一氧化碳浓度的测定》中的规定与我国国家标准基本相似。

与汽油车怠速污染物测量方法相配合的一氧化碳、碳氢化合物的限值在国家标准GB 3842—83《汽油车怠速污染物排放标准》中作出了明确的规定，具体限值见表9－1。

表9－1　汽油车怠速污染物的允许限值

项目	类别	限值	项目	类别	限值
CO	新生产车	≤5%	HC①	新生产车	≤2 500 ppm
	在册车	≤6%		在册车	≤3 000 ppm
	进口车	≤4.5%		进口车	≤1 000 ppm

①HC浓度限值按正己烷当量。

2. 工况法

工况法要求汽车在底盘测功机（转鼓试验台）上运行，并按照汽车在一定道路上的实际行驶情况编制的试验工况进行。测定汽车排气中的一氧化碳、碳氢化合物、氮氧化物。这种试验方法可以近似地再现汽车实际行驶工况，但需要配备复杂而昂贵的测试仪器。不适合普遍配备，只用于科学研究、定型车的鉴定试验。

根据我国国家标准GB 11642—89《轻型汽车排放污染物测试方法》的规定，底盘测功机应装有惯性模拟器及功率吸收装置，能够模拟道路载荷。惯量的不符合量必须在±20 kg以内。测量和读出的指示精度应达到±5%，速度测量精度应在±1 km/h以内。一氧化碳和二氧化碳采用不分光红外线吸收型分析仪，碳氢化合物采用氢火焰离子化型分析仪。氮氧化物采用化学发光型分析仪或者不分光紫外线共谐吸收型分析仪。所有分析仪器应该具有量排气污染物样气浓度所需要的量程及适当的精度，不论标定气体浓度的实际值是多少，测量误差不得超过±3%。每一种分析仪应根据需要经常进行标定。排气取样采用定容取样法，制造取样袋的材料应能保证样气在袋中储存20 min后，样气的浓度变化不大于2%。

受检车辆应使用标准燃料，车辆处于良好的机械状态并至少经3 000 km磨合。轮胎应与车辆同时磨合，轮胎花纹深度应为原始深度的50%～90%。排气系统不得有任何泄漏，收集的稀释排气应包括发动机排出的全部气体。

试验时汽车在底盘测功机上按规定的15个工况连续运行四个循环，运行工况见表9－2。汽车起动后怠速运转40 s，40 s后开始第一个循环。取样应在规定的试验循环起始时开始，并在第四个循环的最后一怠速工况终了时结束。取样结束后，取样袋中的气体应尽快地进行分析，任何情况下不得迟于试验循环结束后20 min。测量各种污染物在样气中的含量时所得数据应是测量装置读数稳定后的数据。

我国国家标准GB 11642—89《轻型汽车排气污染物测试方法》规定的15工况四循环法与欧洲经济委员会拟定的行驶试验工况相同。美国轻型汽车早期采用7工况法，从1972年后实行4工况法，重型汽油车采用9工况法。日本轻型汽车采用10工况法（热循环试验）和 11 工况法（冷循环试验），重型汽油车实行 6 工况法。无论采用何种工况法都是为了模拟汽车在某一特定道路上行驶的实际情况，各国的国情不同所采用的工况法亦不同。采用不同的工况法测得的有害污染物排放量难以进行相互比较。

表 9-2 试验运行循环

工况	运转情况	加速度 m/s²	速度 km/h	运转时间 S	累计时间 S	手动变速器使用挡位
1	减速	—	—	11	11	6PM+5sK₁①
2	加速	1.04	0→15	4	15	1
3	等速	—	15	8	23	1
4	减速	−0.69	15→10	2	25	1
	减速，离合器脱开	−0.92	10→0	3	28	K₁
5	怠速	—	—	21	49	6PM+5sK₁
6	加速	0.83	0→15	5	54	1
	换挡			2	56	
	加速	0.94	15→32	5	61	2
7	等速	—	32	24	8	2
8	减速	−0.75	32→10	8	93	2
	减速，脱开离合器	−0.92	10→0	3	96	K₂
9	怠速	—	—	21	117	6PM+5sK₁
10	加速	0.83	0→15	5	122	1
	换挡			2	124	
	加速	0.62	15→35	9	133	2
	换挡			2	135	
	加速	0.52	35→50	8	143	3
11	等速	-	50	12	155	3
12	减速	−0.52	50→35	8	163	3
13	等速	—	35	13	176	3
14	换挡			2	178	
	减速	−0.86	35→10	7	185	2
	减速，离合器脱开	−0.92	10→0	3	188	K₂②
15	怠速	—	—	7	195	7sPM

①PM——变速器在空挡，离合器接合；6sM——变速器在空挡，离合器接合时间为 6 s。

②K_1，K_2——变速器为一挡或二挡，离合器脱开；$5sK_1$——变速器为一挡，离合器脱开时间为 5 s。

二、柴油车有害排放物的测量方法

柴油车的有害排放物主要是炭烟和氮氧化物，此外还含有少量的一氧化碳和碳氢化合物。一氧化碳、碳氢化合物和氮氧化物的测量方法与汽油车一样，也采用工况法。我国轻型柴油车有害排放物的测量方法执行国家标准 GB 11642—89《轻型汽车排气污染物测试方法》中规定的 15 工况法。英国重型柴油车采用 13 工况法，日本柴油车采用 6 工况法。

炭烟是柴油车有害排放物构成的主要成分，常用的测量方法如下：

1. 稳定工况法

稳定工况法是指在柴油车的某一工况下测取排气烟度，通常选取全负荷工况。稳定工况法可以在发动机台架上进行，难以在汽车行驶过程中测定。

根据我国国家标准 GB 3847—83《汽车柴油机全负荷烟度测量方法》的规定，测量汽车用的各种柴油机的排气烟度采用滤纸式烟度计。取样探头安装在排气管的轴心线上，逆气流安装，探头前方的直管长度不小于 $6D$（D 为排气管内径），后方直管长度不小于 $3D$。排气烟度在柴油机全负荷稳定运转时测量，自最低转速至额定转速之间选取 6～7 个转速点进行烟度测量，其中包括最大扭矩转速和最大功率转速，最低转速是指 45％额定转速或者 11 000 r/min 中较高的一个。每个转速下的烟度测量必须在柴油机运转稳定后进行，应连续测量 3 次，每次测量间隔不应超过 1 min，以 3 次测量的算术平均值作为测量的结果。若 3 次测量结果相差超过 0. 3 波许单位，则应重新测量。

由于汽车行驶时加速工况的排气烟度高于全负荷工况，因此稳定工况下的排气烟度并不能反映柴油机的全部冒烟特性，所以近几年来世界上许多国家都采用非稳定工况法测定柴油车的排气烟度。

2. 非稳定工况法

非稳定工况法包括自由加速法和控制加速法两种。

自由加速法也称为无负荷加速法，是在空载无负荷的情况下测定汽车急加速时的排气烟度。虽然这种方法与实际有负荷工况的烟度并不一致，但它可以对排烟较大的加速工况起到监督作用，且测定比较方便，所以多数国家都采用这种方法测定柴油车排气烟度。我国国家标准 GB 3843—83《柴油车自由加速烟度排放标准》和 GB 2846—83《柴油车自由加速烟度测量方法》规定了柴油车自由加速烟度限值指标和测量方法。烟度排放限值见表 9－3。

表 9－3　柴油车自由加速烟度排放标准

项目	类型	限值、波许单位
烟度	新生产车、进口车	$\leqslant R_b 5.0$
	在用车	$\leqslant R_b 6.0$

根据 GB 3046—83《柴油车自由加速烟度测量方法》的规定，测量柴油车的排气烟度采用滤纸式烟度计。受检车辆应达到使用说明书所规定的热状态，排气系统不得有泄漏。取样探头逆气流方向固定于排气管内，并使其中心线与排管轴线平行，插入深度不小于 300 mm（否则排气管应加接管，并保证接口处不漏气）。开始测量前，先将油门踏板由怠速工况急速踏到底，约 4 s 时迅速松开。如此重复 3 次后即可开始测量。测量时将油门踏板和烟度计踏板开关一并迅速踏到底。到 4 s 时迅速松开油门踏板和踏板开关，并由表头读数。下次踏油门距上次间隔为 15 s，如此重复 3 次，取 3 次读数的算术平均值作为所测烟度。

控制加速法比自由加速法更接近实际情况，试验循环由怠速、加速、额定转速、超载和部分转速等工况组成，它模拟了道路行驶中遇到的最大排烟状态。这种方法所需测试仪器复杂，测定比较麻烦，目前只有美国采用此法测定柴油车的排气烟度。

[思考题]

9－1　汽车主要有害排放物有哪些？简要叙述其生成机理。

9－2　简述汽车排放物的检测仪器有哪些及其相应工作原理。

9－3　汽车排放物取样分析方法有哪几种？

9－4　简述汽油车有害排放物的测量方法。

9－5　简述柴油车有害排放物的测量方法。

第十章　汽车噪声检测

噪声的种类很多，如果根据噪声源来分类，可分为交通噪声、工业噪声和生活噪声三种。在交通噪声中，又可以分为道路交通噪声、铁路交通噪声、内河航运交通噪声和空中航空交通噪声四种。道路交通噪声还可以分为车辆噪声和道路噪声两种。

随着机动车辆向快速和大功率方面的发展，道路交通噪声已成为一些大城市的主要噪声源，特别是车辆产生的噪声，几乎可以占交通噪声的80%左右。车辆噪声的噪声源主要包括：发动机的机械噪声，燃烧噪声，进排气噪声和风扇噪声，底盘的机械噪声，制动噪声和轮胎噪声，车厢振动噪声，货物撞击噪声，喇叭噪声和转向、倒车时的蜂鸣声等。在这些噪声源中，所发出的噪声程度绝大多数都与车辆的使用情况有关。当车辆加速行驶、减速制动、超速、超载和路面不平时，噪声明显增加。

车辆噪声一般为中等强度的噪声，大约为60～90 dB 。如公共汽车的噪声为80 dB左右，摩托车的噪声比一般汽车高10 dB左右。由于车辆噪声为游走性的，影响范围大，干扰时间长，因而受害人员多。据有关资料介绍，噪声会使人的听力减弱、视觉功能下降、神经衰弱、血压变化和胃肠道出现消化功能障碍，甚至影响人的睡眠、谈话、学习、工作和情绪等。总之，噪声不仅能引起人体的生理改变和损伤，而且能导致对心理、生活和工作的不利影响。并且，随着工业和交通运输业的发展，这种影响会越来越严重。如美国整个环境噪声的响度每10年约增加一倍，俄国一些大城市的环境噪声近10多年来提高了8～12 dB。其实，我国不少城市的噪声也到了非治理不可的程度，特别是车辆噪声。为此，我国于1979年公布了《机动车辆允许噪声》的国家标准，把控制交通噪声纳入了环境保护的范畴。

第一节　汽车噪声及测量方法

汽车噪声分车外噪声和车内噪声两种。车外噪声主要造成环境公害，车内噪声有碍于乘坐的舒适性。为了控制声源、降低噪声，必须对噪声进行测量与研究。

汽车是由许许多多零部件组成的，在行驶过程中受发动机的影响和来自路面的冲击，所有的零部件都会毫不例外地产生振动和噪声，只是对汽车总噪声的构成份额不同而已。实际上汽车是一个包含各种不同性质噪声的综合噪声源。汽车噪声按其性质大致可分为：

（1）燃烧噪声。发动机工作时，由于气缸内的气体压力周期性变化而产生的噪声。

（2）进排气噪声。发动机工作时，气体经过进、排气管高速流动时所产生的噪声。

（3）风扇噪声。风扇叶片旋转时，周期性扰动空气发出的噪声以及产生的空气涡流和湍流分裂形成的压力波动所激发的噪声。

(4) 机械噪声。汽车行驶时，各运动件之间以及运动件与固定件之间，周期性变化的作用力所产生的噪声。

(5) 轮胎噪声。汽车行驶时，轮胎花纹间的空气流动和轮胎四周空气扰动形成的空气噪声、胎体和花纹振动引起的振动噪声以及路面不平造成的轮胎与道路间的冲击噪声。

(6) 车身噪声。汽车行驶时，车身振动以及空气与车身的冲击、摩擦所产生的噪声。

按噪声产生过程汽车噪声源大致可分为两种：一是与发动机运转有关的噪声；二是与汽车行驶有关的噪声。与发动机运转有关的噪声主要包括：发动机运转时发出的燃烧噪声、机械噪声、冷却风扇噪声、排气噪声和进气噪声以及发动机工作时所必需的各附件（如空气压缩机、发电机等）发出的噪声。与汽车行驶有关的噪声包括：汽车行驶时轮胎发出的噪声、传动机构（变速器、传动轴、差速器等）的机械噪声以及车身振动噪声和空气流动噪声。

实际上汽车是一个由性质和大小完全不同的很多声源构成的综合噪声源。整车噪声的大小取决于这些声源的强度。从整体上来看，汽车形式、种类、吨位大小不同，整车噪声强度、频率特性都会有很大的差别。研究汽车噪声不仅要研究各个单声源，而且要研究它们综合作用的结果，以分清矛盾的主次与性质。图 10 - 1 为东风 EQ1090 汽车加速行驶车外噪声源分解图和各声源占整车噪声的比例图。

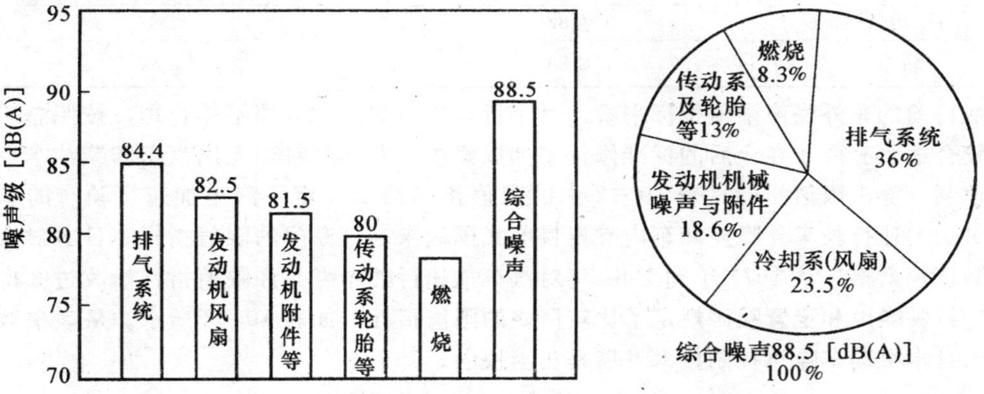

(a) 声源分解图　　(b) 各声源比例图

图 10 - 1　EQ1090 汽车加速行驶噪声源分解与比例图

从图中数据可以看出，东风 EQ1090 汽车加速行驶时，排气噪声占车外噪声的份额最大，其次是发动机风扇噪声，而作为底盘的传动系噪声和轮胎噪声相对较小，仅占加速行驶车外总噪声的 13%。因此，为了降低该车的加速行驶车外噪声，应优先考虑降低排气系统噪声和冷却风扇噪声。

汽车噪声测试方法是针对噪声的评价指标而制定的，而评价指标的选取必须代表汽车噪声的特点。汽车是移动噪声源，且由于道路条件的限制，它经常处于不同的行驶工况。在每种行驶工况下，汽车所辐射出的噪声大小差别很大。为了正确反映出汽车噪声对环境和乘员的影响，汽车噪声测量工况应选取常用工况和最大噪声工况，目前经常采用加速行驶噪声和匀速行驶噪声来衡量汽车噪声的大小。世界上许多国家和地区都颁布了各种机动车辆允许噪声和相应的测试方法，基本上都是以加速行驶噪声和匀速行驶噪声作为评价参数。国外有些国家除采用上述两个参数衡量汽车噪声外，另外还增加了汽车定置噪声和减速行驶噪声等参数，以严格限制车辆噪声。我国于1979年颁发了国家标准GB 1495—79《机动车辆允许噪声》和GB 1496—79《机动车辆噪声测试方法》，1993年又发布了汽车行业标准QC/T 58—93《汽车加速行驶车外噪声测量方法》，QC/T 57—93《汽车匀速行驶车内噪声测量方法》。各国的噪声测试规范尽管细节上有所差别，但原则上与国际标准化组织（ISO）推荐的规范ISO 362—81类似，并结合各国的国情和车辆状况加以适当修改或补充。我国、日本、瑞典、瑞士和澳大利亚即是如此。根据我国国家标准GB 1495—79《机动车辆允许噪声》的有关规定，各类机动车辆加速行驶时，车外允许最大噪声级应符表10-1的规定。

表10-1　　汽车最大允许噪声指标

机动车类型		机动车最大允许噪声级 dB（A）	
		1985年1月1日前生产的产品	1985年1月1日起生产的产品
货车	8 t≤载质量<15 t	≤92	≤89
	3.5 t≤载质量<8 t	≤90	≤86
	载质量<3.5 t	≤89	≤84
轻型越野车		≤89	≤84
客车	4 t<总质量<11 t	≤89	≤85
	总质量<4 t	≤88	≤83
轿车		≤84	≤82

从目前的车外噪声限值指标来看，对于货车按照载质量分挡不尽合理，按照总质量分挡比较合适。有待于在今后的标准修订中加以修改。尤其是对于专用汽车和柴油车更应该细致地制订噪声限值指标。表10-2中的限值指标只是规定了汽车加速行驶时的车外噪声，对于匀速行驶车外噪声和车内噪声目前我国尚未制订专门的限值指标。日本对汽车噪声限制比较严格，从1971年到1982年对汽车加速行驶噪声允许限值指标修改过3次，并对匀速行驶噪声和定置噪声规定了比较严格的限值指标，如表10-2所示。从表中数值可以看出日本机动车噪声控制技术发展是相当快的。

表10-2　　日本汽车最大允许噪声指标

车种	类别	加速行驶噪声				匀速噪声	定置噪声
		1971年	1976，1977年	1979年	1982～1987年	1971年	1989年
大型车	总重3.5 t以上、功率200马力以上	92	89	86	85	80	107
中型车	总重3.5 t以上、功率200马力以下	89	87	86	83	78	105
小型车	总重3.5 t以下	85	83	81	78	74	103
轿车	定员10人以下	84	82	81	78	70	103

一、汽车加速行驶噪声测量方法

一个完整的测试方法一般包括测量场地、测试条件、测量仪器、汽车行驶操作、测点及布置及数据处则等具体的规定。在实施汽车噪声测量之前，必须先掌握这些规定，并按其认真准备，在测量过程中严格执行。

在测量加速行驶噪声之前，应选择合适的测量仪器。我国国家标准规定选用的声级计误差必须在±2 dB（A）之内，满足该条件的精密声级计或普通声级计均可使用。用声级计“A”计权网络、“快”挡进行测量，读取车辆驶过时声级计表头最大读数，如有可能最好采用最大值保持模式。在测量前后应按规定对声级计进行校准。为了及时了解发动机转速，还应准备适当的转速表。转速表的精度不一定很高，但要便于使用。一般汽油车采用测速传感器可控到高压线上的磁电转速表，柴油车最好采用测速传感器可夹在高压油管上的压电式转速表，以便于将显示仪表安放在驾驶室内。

选择合适的测量场地。汽车加速行驶噪声的测量场地应基本上满足半自由声场的条件，周围环境噪声影响要足够小。测量场地应平坦宽广，在测试中心周围以 25 m 为半径的范围内不应有大的反射物，如建筑物、围墙等。测试场地跑道应有 20 m 以上的平直、干燥的沥青路或混凝土路面，路面坡度不超过 0.5%。本底噪声（测量对象噪声不存在时，周围环境的噪声）应比所测车辆噪声至少低 1dB（A）以上，并保证测量时不被偶然的其他声源所干扰。为避免风声的干扰，可采用防风罩，但应注意防风罩对声级计灵敏度的影响。声级计周围除测量者外，不应有其他人员，如不可缺少时则必须在测量者背后。被测车辆空载，测量时发动机应处于正常使用温度，车辆带有其他辅助设备亦是噪声源，测量时是否开动应按正常使用情况而定。

测量场地从测点位置如图 10 - 2 所示。测试话筒位于 20 m 跑道中心点 O 两侧，各距中心 7.5 m，距地高度 1.2 m，用三角架固定，话筒平行于路面。其轴线垂直于车辆行驶方向。为保证测试结果的可比性和重复性，要求各种车辆到达始端线的挡位和车速为：①前进挡为四挡以上的车辆用第三挡，四挡或四挡以下的用第二挡；到达始端线时发动机转速为标定转速的四分之三，如果此时车速超过 50 km/h，那么车辆应以 50 km/h 的车速稳定地到达始端线。②对于自动换挡车辆使用在实验区间加速最快的挡位，以发动机标定转速的四分之三稳定地到达始端线。

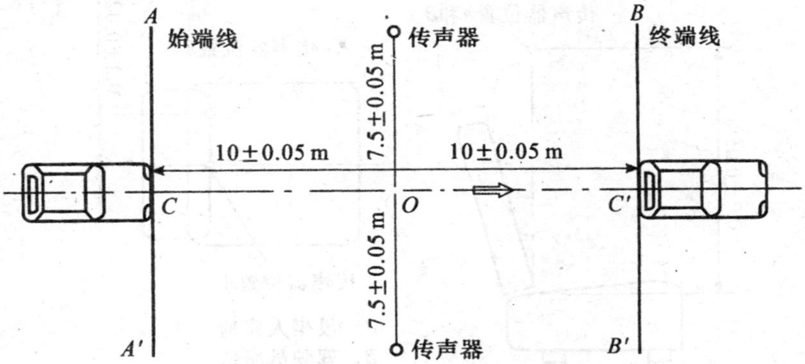

图 10 - 2　车外噪声测量场地及测点位置

从车辆前端到达始端线开始，立即将油门踏板踏到底，直线加速行驶，当车辆后端到达终端线时，立即停止加速。车辆后端不包括拖车以及和拖车连接的部分。在加速通过测量区时，必须直线行驶，汽车纵向中心铅垂平面必须尽可能靠近 CC' 线，应控制其行驶偏离量在±0.2 m 以内，否则该次测得的声级无效。同样的测量往返进行一次，车辆同侧两次测量结果之差不应大于 2 dB（A）。考虑到测试仪器的误差，每一次的仪表读数应减去

1 dB（A)作为测得的声级。取每侧两次声级的平均值中的最大值作为被测车辆的最大噪声级。若只用一个声级计测量，同样的测量应进行四次，即每侧测量两次。

二、匀速行驶车外噪声测量方法

测量匀速行驶车外噪声所要求的场地和环境条件与测量加速噪声相同。但测量时车辆要采用常用挡位，保持加速踏板稳定，以 50 km/h 的车速匀速通过测量区域。此时声级计用“A”计权网络、“快”挡进行测量，读取车辆驶过时声级计表头的最大读数。同样的测量也应往返进行一次，车辆同侧的两次测量结果之差不得大于 2 dB（A)。如果只用一个声级计测量，同样的测量应进行四次，即每侧需测量两次。目前我国国家标准对匀速行驶车外噪声未规定限值。匀速行驶车外噪声的测量对于研究车辆的噪声特性具有重要的意义。

三、车内噪声的测量方法

测量车内噪声时，除了与加速行驶车外噪声测量所要求相同的场地和环境条件之外，还要求满足下述条件：①车内除驾驶员和测量人员外，不得有其他人员；②车辆门窗应处于关闭状态；③发动机的冷却风扇应正常工作；④测量时跑道上约 1.2 m 高处的风速不得超过 5 m/s。

测量车内噪声应选择足够数量的测点，必须有一个测点是在驾驶座椅处。轿车的后排座椅中间应选一个测点。除轿车以外的 M 类车（我国汽车行业标准将机动车分为 M，N，O，L 四类；M 类是指至少有 4 个车轮的载客车辆或有 3 个车轮且厂定最大总质量超过1 t 的载客车辆），其余测点可选在车厢中间一排和最后一排靠近汽车纵向轴线的座椅上。测点通常布置在人耳附近，传声器朝车辆前进方向。测量时除驾驶员外，其他人不得坐在选定测点的座椅上。传声器位置如图 10－3 所示。

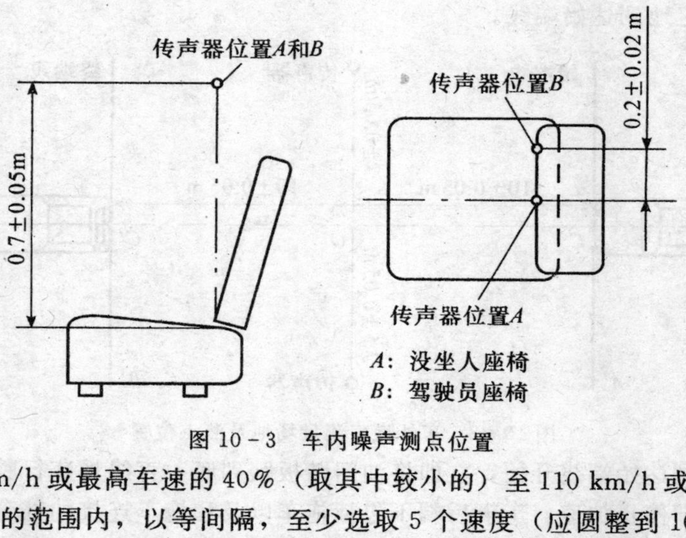

图 10－3 车内噪声测点位置

车速从 50 km/h 或最高车速的 40%（取其中较小的）至 110 km/h 或最高车速的 80%（取其中较小的）的范围内，以等间隔，至少选取 5 个速度（应圆整到 10 或 5 的整数倍）分别测试。行驶挡位应选用能覆盖所有测试车速的最大传动比挡位（尽可能低的挡位）并且测试中不得换挡，保持匀速稳定行驶，车速变化不应超过±3%，发动机不得超过额定转速。以上述不同车速匀速行驶，分别进行测量。用声级计“慢”挡测量，“A”，“C”计权声级，分别测取各测点在不同速度时声级计指示读数的稳定值或平均值。偶尔出现的峰值应略去不计，每一次测量时间至少为 5 s。如果为了新产品鉴定，则在各种测量条件下，每一测点至少测量两次。如果任一测量条件下在任一测点测得声级的差值超过了 3 dB（A），应再次测试，直到有两次测得的读数差值都在 3 dB（A）以内。然后取这两个读数的平均值作为该工况的结果。如果为了产品质量检查，则在各种确定的测量条件下，每一选定测点可以只测量一次，应将测得的结果按四舍五入的原则取为整数分贝值，作为该工况的结果。进行车内噪声（倍频程或 1/3 倍频程）频谱分析时，应包括中心频率为 31.5，63，125，250，500，1000，2000，4000，8000 Hz 的倍频程带。

汽车噪声污染是汽车的第二大公害，通常是指频率和声强杂乱无章且对人们的生活环境、工作条件、人身健康带来极大的危害，因此必须加强对汽车噪声的检测。

第二节 汽车噪声检测设备

声级计是一种能将汽车噪声按人耳听觉特性近似地测定其噪声级的仪器，根据测量精度不同，声级计有精密声级计和普通声级计两类。声级计一般由传声器、前置放大器、衰减器、放大器、计权网络、检波器、指示表头和电源等组成。

（1）传声器

传声器是把声压信号转变为电压信号的装置，也称为话筒，是声级计的传感器。常见的传感器有晶体式、驻极式、动圈式和电容式数种。

（2）放大器和衰减器

由于传声器将声压转变为电压的能量很小，所以在声级计中装有低声放大器。在放大电路中一般采用两级放大器，即输入放大器和输出放大器。输入和输出衰减器是用来改变输入和输出信号衰减量的，以便使表头指针在适当的位置，其每一挡的衰减量为 10 dB。

（3）计权网络

计权网络是一种能把电信号修正为听感近似值的网络。声级计有 A，B，C 三挡计权网络，A 计权网络测得的噪声值比较符合人耳对噪声的感觉，在汽车和发动机噪声测试时，大多采用 A 计权网络。

由于 A，B，C 三个计权网络的特性不同，故对所测得的分贝值必须指明所采取的计权网络，如 A 声级 70 dB，C 声级 90 dB。

（4）检波器

为了使经过放大的信号通过表头显示出来，声级计还需要有检波器，把迅速变化的电压信号转变成变化较慢的直流电压信号，这个交流电压的大小要正比于输入信号的大小。

（5）指示表头

指示表头是一只电表，对其刻度进行了一定的标定，可从表头上直接读出噪声级的分贝值。

声级计面板上一般还备有一些插孔，通过插孔可把示波器、分析仪、磁带记录仪等仪器与声级计组合，配套使用。

[思考题]

10－1　汽车噪声产生的主要原因有哪些？

10－2　常用的汽车噪声评价指标是什么？

10－3　声级计由哪几部分组成？

第十一章　汽车检测站

随着汽车制造业和交通运输业的迅速发展，汽车已成为现今社会不可缺少的交通运输工具，其保有量越来越大。如何用现代、科学、快速、定量和准确的手段，检测并诊断汽车的技术状况，使汽车更好地发挥其动力性、经济性、排气净化性、安全性、可靠性和舒适性等使用性能，是人类一直追求的目标。汽车检测站在这种情况下应运而生，并逐渐发展、壮大、成熟。它不仅可代表政府车管机关或行业对汽车技术状况进行检测和监督，而且已成为汽车制造企业、汽车运输企业、汽车维修企业中不可缺少的重要组成部分。

第一节　汽车检测站概述

汽车检测站是综合运用现代检测技术，对汽车实施不解体检测、诊断的机构。它具有现代的检测设备和检测方法，能在室内检测出车辆的各种参数并诊断出可能出现的故障，为全面、准确评价汽车的使用性能和技术状况提供可靠的依据。

一、检测站的任务

按中华人民共和国交通部令第 29 号《汽车运输业车辆综合性能检测站管理办法》的规定，汽车检测站的主要任务如下：

(1) 对在用运输车辆的技术状况进行检测诊断。

(2) 对汽车维修行业的维修车辆进行质量检测。

(3) 接受委托，对车辆改装、改造、报废及其有关新工艺、新技术、新产品、科研成果等项目进行检测，提供检测结果。

(4) 接受公安、环保、商检、计量和保险等部门的委托，为其进行有关项目的检测，提供检测结果。

二、检测站的类型

按不同的分类方法，检测站可以分为不同的类型。

1. 按服务功能分类

如果按服务功能分类，检测站可分为安全检测站、维修检测站和综合检测站三种。

安全检测站是国家的执法机构，不是营利性企业。它按照国家规定的车检法规，定期检测车辆中与安全和环保有关的项目，以保证汽车安全行驶，并将污染降低到允许的限度。这种检测站对检测结果往往只显示“合格”、“不合格”两种，而不作具体数据显示和故障分析，因而检测速度快，生产效率高。如果自动化程度比较高，其年度检车量可达数万辆次。检测合格的车辆凭检测结果报告单办理年审签证，在有效期内准予车辆行驶。这种检测站一般由车辆管理机关直接建立，或由车辆管理机关认可的汽车运输企业、汽车维修企业等企业单位或事业单位建立，也可多方联合建立。

维修检测站主要是从车辆使用和维修的角度，担负车辆维修前、后的技术状况检测。它能检测车辆的主要使用性能，并能进行故障分析与诊断。它一般由汽车运输企业或汽车维修企业建立。

综合检测站既能担负车辆管理部门的安全环保检测，又能担负车辆使用、维修企业的技术状况诊断，还能承接科研或教学方面的性能试验和参数测试。这种检测站检测设备多，自动化程度高，数据处理迅速准确，因而功能齐全，检测项目广且深度大，可为合理制定诊断参数标准、诊断周期以及为科研、教学、设计、制造和维修等部门或单位提供可靠依据，并能担负对检测设备的精度测试。

2. 按规模大小分类

如果按规模大小分类，检测站可分为大、中、小三种类型。其中，大型检测站检测线多，自动化程度高，年检能力大，且能检测多种车型。大型综合检测站可成为一定地区范围内的检测中心。

中型检测站至少有两条检测线，目前国内地市级及以上的城市建成或正在筹建的检测站多为这种类型。

小型检测站主要指那些服务对象单一的检测站。如规模不大的安全检测站和维修检测站就属于这种类型，它不能担负更多的检测任务。这种检测站设有一条或两条作用相同的检测线。如果是一条检测线时，它往往能兼顾大、小型汽车的检测：如果是两条检测线时，其中一条线往往是专检测小型汽车，而另一条线则大小型汽车兼顾。这种规模的检测站，在国外较为常见。

有些检测站虽然服务对象单一，但站内设置的检测线较多，因而不应再称为小型检测站。如国外，把拥有四条安全环保检测线的检测站，视为中型检测站。

3. 按自动化程度分类

如果按检测线的自动化程度分类，检测站可分为手动式、半自动式和全自动式三种类型。

手动检测站的各检测设备，由人工手动控制检测过程，从各单机配备的指示装置上读数，笔录检测结果或由单机配备的打印机打印检测结果。因而占用人员多，检测效率低，读数误差大，多适用于维修检测站。

全自动检测站利用微机控制系统将检测线上各检测设备连接起来，除车辆上部和下部的外观检查工位仍需人工检查外，能自动控制其他所有工位上的检测过程，使设备的启动与运转、数据采集、分析判断、存储、显示和集中打印报表等全过程实现自动化。检测长可坐在主控制室内通过闭路电视观察各工位的检测情况，并通过检测程序向各工位受检车辆的驾驶员和检测员发出各种操作指令。每一项检测结果均能在主控制室内的电脑显示器和各工位上的检验程序指示器上同时显示，因而检测长、各工位检测员和驾驶员均能随时了解每一项检测站果。

由于全自动检测站自动化程度高，检测效率高，能避免人为的判断错误，因而获得广泛应用，目前国内外的安全检测站多为这种形式。

半自动检测站的自动化程度或范围介于手动和全自动检测站之间，一般是在原手动检测站的基础上将部分检测设备（例如侧滑试验台、制动试验台、车速表试验台等）与微机联网以实现自动控制，而另一部分检测设备（如烟度计、废气分析仪、前照灯检测仪、声级计等）仍然手动操作。当微机联网的检测设备因故不能进行自动控制时，各检测设备仍可手动使用。

4. 按站内检测线数分类

如果按站内检测线数分类，可分为单线检测站、双线检测站、三线检测站等多种类型。总之，站内有几条检测线，就可以称为几线检测站。例如，日本某陆运事务所的检测站有 8 条检测线，可称为八线检测站。

5. 按所有制分类

如果按所有制分类，可分为全民所有（国家经营）检测站、集体所有（集体经营）检测站和个体所有（私人经营）检测站三种类型。例如，日本就有国家车检场和民间车检场之分，我国也早已出现集体所有制企业建立的检测站。

6. 综合检测站按职能分类

综合检测站如果按职能分类，可分为 A 级站、B 级站和 C 级站三种类型，其职能如下。

A 级站：能全面承担检测站的任务，即能检测车辆的制动、侧滑、灯光、转向、前轮定位、车速、车轮动平衡、底盘输出功率、燃料消耗、发动机功率和点火系状况以及异响、磨损、变形、裂纹、噪声、废气排放等状况。

B 级站：能承担在用车辆技术状况和车辆维修质量的检测，即能检测车辆的制动、侧滑、灯光、转向、车轮动平衡、燃料消耗、发动机功率和点火系状况以及异响、变形、噪声、废气排放等状况。

C 级站：能承担在用车辆技术状况的检测，即能检测车辆的制动、侧滑、灯光、转向车轮动平衡、燃料消耗、发动机功率以及异响、噪声、废气排放等状况。

三、检测站的组成和工位布置

1. 检测站的组成

检测站主要由一条至数条检测线组成。对于独立而完整的检测站，除检测线外，还应包括停车场、清洗站、泵气站、维修车间、办公区和生活区等设施。

(1) 安全检测站。一般由一条至数条安全环保检测线组成。例如，日本陆运事务所的国家车检场，即使较小规模也有两条安全环保检测线。其中，一条为大、小型汽车通用自动检测线，另一条为小型汽车（轴重 500 kg 或以下）的专用自动检测线。除此以外，还配备一条新规检测线，以对新车登录、检测之用。日本中等规模的国家车检场，一般设有四条安全环保检测线，如东京沼律车检场就是如此。四条自动检测线中，一条为大、小型汽车通用检测线，其余三条为小型汽车专用检测线。另外，还配备一条新规检测线和一条柴油车排烟检测线。

(2) 维修检测站。一般由一条至数条综合检测线组成。

(3) 综合检测站。一般由安全环保检测线和综合检测线组成，可以各为一条，也可以各为数条。国内交通系统建成的检测站大多属于综合检测站，一般由一条安全环保险测线和一条综合检测线组成，如图 11－1 所示：

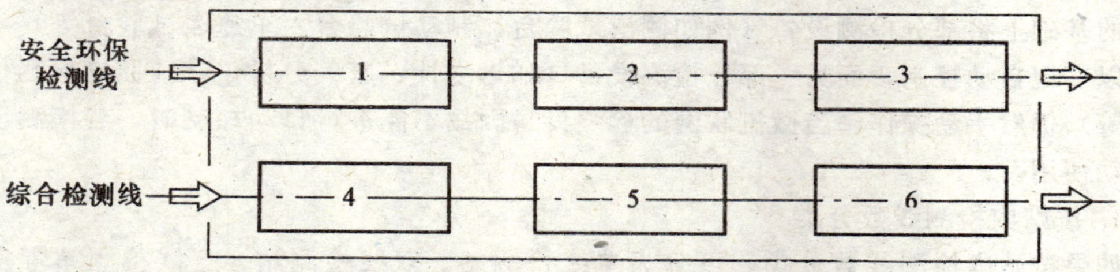

1—外观检查工位；2—侧滑、侧动车速表工位；3—灯光尾气工位；

4—外观检查及轮定位工位；5—制动工位；6—底盘测功工位

图 11－1　双线综合检测站平面布置示意图

2. 检测线的组成和工位布置

不管是安全环保检测线，还是综合检测线，它们都由多个检测工位组成，布置形式多为直线通道式，检测工位则是按一定顺序分布在直线通道上。

（1）安全环保检测线

手动和半自动的安全环保检测线，一般由外观检查（人工检查）工位、侧滑制动车速表工位和灯光尾气（废气）工位三个工位组成。其中，外观检查工位带有地沟。全自动安全环保检测线既可以由上述三工位组成，也可以由四工位或五工位组成。五工位一般是汽车资料输入及安全装置检查工位、侧滑制动车速表工位、灯光尾气工位、车底检查工位（带有地沟）、综合判定及主控制室工位，如图 11－2 和图 11－3 所示。

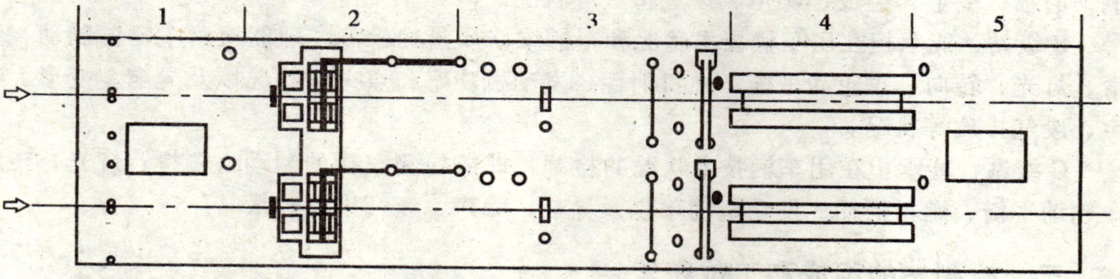

1—汽车资料输入及安全装置检查工位；2—侧滑制动车速表工位；3—灯光尾气；

4—车底检查工位；5—综合判定及主控制室工位

图 11－2　日本五工位全自动安全环保检测线平面布置图

对于安全环保检测线，不管是三工位、四工位，还是五工位，也不管工位顺序如何编排，其检测项目是固定的。因而均布置成直线通道式，以利于进行流水作业。

（2）综合检测线

已如前述，综合检测站分为 A，B，C 三种类型，职能各不一样。因而站内综合检测线的职能也不一样。A 级综合检测站（以下简称 A 级站）能全面承担检测站的任务，是职能最全的检测站。A 级站在国内一般设置两条检测线，一条为安全环保检测线，主要承担车管部门对车辆进行年审的任务：另一条为综合检测线，主要承担对车辆技术状况的检测诊断。A 级站的综合检测线一般有两种类型：一种是全能综合检测线，另一种是一般综合检测线。全能综合检测线设有包括安全环保检测线主要检测设备在内的比较齐全的工位，而一般综合检测线设置的工位不包括安全环保检测线的主要检测设备。

图 11－1 所示综合检测线即为全能综合检测线。它由外观检查及车轮定位工位、制动

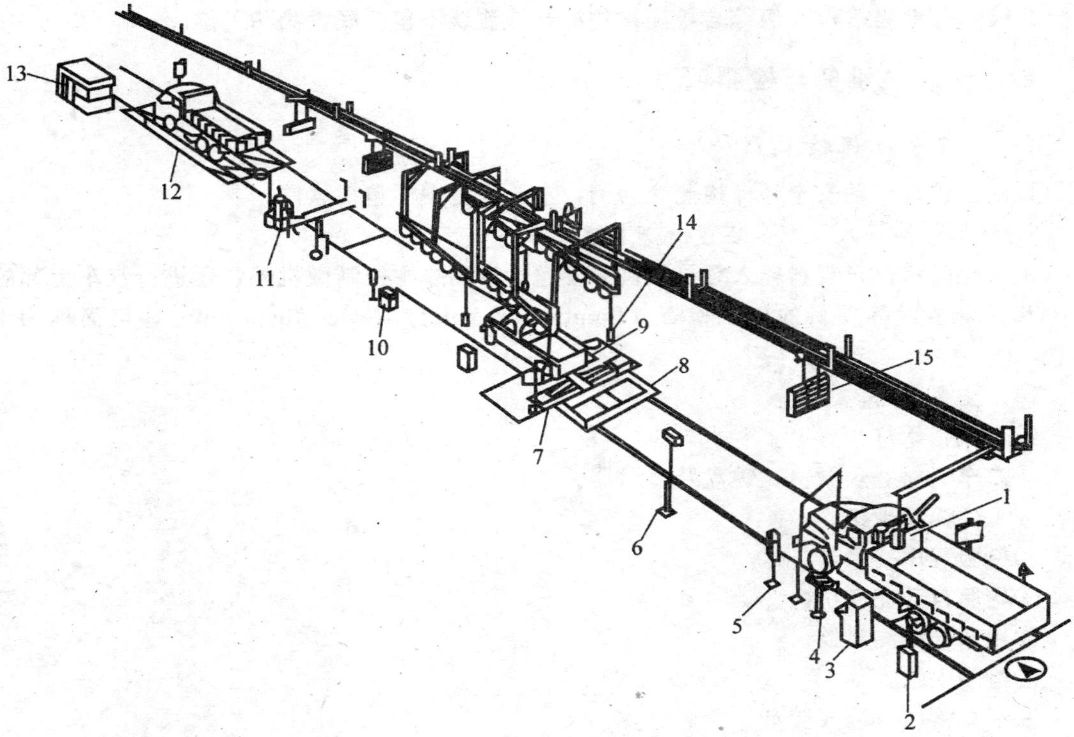

1—进线指示灯；2—烟度计；3—汽车资料登录微机；4—安全装置检查不合格项目输入键盘；5—烟度计检验程序指示器；6—电视录像机；7—制动试验台；8—侧滑试验台；9—车速表试验台；10—废气分析仪；11—前照灯检测位；12—车底检查工位；13—主控制室；14—车速表检测申报开关；15—检验程序指示器

图 11-3　国产五工位全自动安全环保检测线

工位和底盘测功工位组成，能对车辆技术状况进行全面检测诊断，必要时也能对车辆进行安全环保检测。这种检测线的检测设备多，检测项目齐全，与安全环保检测线互不干扰。因而检测效率相对较高，但建站费用也高。

图 11-8 所示的综合检测线，是一种接近全能的综合检测线。它由发动机测试及车轮平衡工位、底盘测功工位、车轮定位及车底检查工位组成，除制动性不能检测外，安全环保检测线上的其他检测项目均能在该线上检测。

A 级站的一般综合检测线主要由底盘测功工位组成，能承担除安全环保检测项目以外项目的检测诊断，必要时车辆须开到安全环保检测线上才能完成有关项目的检测，国内已建成的综合检测站有相当多是属于这种类型。与全能综合检测线相比，一般综合检测线设备少，建站费用低，但检测效率也低。

综合检测线上各工位的车辆，由于检能测诊断项目不一、检测诊断深度不同，很难在相同的时间内检测诊断完毕。很有可能前边工位的车辆工作量大，而后边工位的车辆工作量小，但后边车辆又无法逾越，因而影响了工作效率。当综合检测线采用直线通道式布置，而又允许在线上进行诊断故障和调试作业时，将不可避免地遇到上述问题。在这种情况下，也可以将综合检测线的各工位横向布置成尽头式、穿过式或其他形式，以适合实际生产的需要，提高检测效率。

B级综合检测站和C级综合检测站的综合检测线不包括底盘测功工位。

四、备工位设备与检测项目

(一) 安全环保检测线

以五工位全自动安全环保检测线为例，主要设备中不包括软件。

1. 汽车资料输入及安全装置检查工位

本工位除将汽车资料输入登录微机并发送给检测线主控制微机外，还进行汽车上部的灯光和安全装置等项目的外观检查（Lamps and Safety Device Inspection），可简称为L工位。

(1) 主要设备

①进线指示灯。

②汽车资料登录微机、键盘及显示器。

③工位测控微机。

④检验程序指示器。

⑤轮胎自动充气机。

⑥轮胎花纹测量器。

⑦检测手锤。

⑧不合格项目输入键盘。

⑨电视摄像机。

⑩光电开关。

(2) 检查项目

由检查人员人工检查汽车上部的灯光还进行汽车上部的灯光、安全装置、防护装置、操作装置、工作仪表和车身等是否装备齐全、工作正常、连接可靠和符合规定。检查的重点是灯光和安全装置。具体检查项目如表11-1所列。

2. 侧滑制动车速表工位

本工位由侧滑检测（Alignment Inspection）、轴重检测（Wight Inspection）、制动检测（Brake Test）和车速表检测（Speedometer Test）组成，简称ABS工位。

(1) 主要设备

①工位测控微机。

②侧滑试验台。

表11-1 车上部外观检查项目

序号	检查项目	序号	检查项目
1	远光灯	16	离合器、变速箱
2	近光灯	17	制动踏板自由行程
3	制动灯	18	驻车自动操纵杆
4	倒车灯	19	转向器自由转动量
5	牌照灯	20	油箱、油箱盖

续表

序号	检查项目	序号	检查项目
6	示宽灯、辅助灯、标志灯	21	挡泥板
7	室内灯	22	防护网及连接装置
8	车厢、车座	23	电器导线
9	车门、车窗	24	起动机
10	车身、漆面	25	发电机、蓄电池
11	后视镜、侧视镜、下视镜	26	灭火器
12	挡风玻璃	27	仪表、仪表灯
13	刮雨器	28	机油低压报警器
14	喇叭	29	半轴螺栓
15	轮胎、轮胎螺栓	30	座椅安全带

③轴重计或轮重仪（与反力式滚筒制动试验台配套使用。若反力式滚筒制动试验台本身配备轴重测量装置或采用惯性式平板制动试验台，则不必再配备轴重计或轮重仪）。

④制动试验台。

⑤车速表试验台及车速检测申报开关。

⑥检验程序指示器。

⑦光电开关。

⑧反光镜。

（2）检测项目

①检测前轮侧滑量。

②检测各轴轴重。

③检测各轮制动拖滞力和制动力。

④检测驻车制动力。

⑤检测车速表指示误差。

3. 灯光、尾气工位

本工位主要由前照灯检测（Head Light Test）、排气检测（Exhaust Gas Test）、烟度检测（Diesel Smoke Test）和喇叭声级检测（Noise Test）组成，简称 HX 工位。

（1）主要设备

①工位测控微机。

②前照灯检测仪。

③排气分析仪。

④烟度计。

⑤声级计。

⑥检验程序指示器。

⑦停车位置指示器。

⑧光电开关。

⑨反光镜。

(2) 检测项目

①检测前照灯发光强度和光轴偏斜量。

②检测汽油车怠速排放污染物或柴油车自由加速烟度。

③检测喇叭声级。

4. 车底检查工位

车底检查（Pit Inspection）工位，可简称为 P 工位。

(1) 主要设备

①工位测控微机。

②检验程序指示器。

③地沟内举升平台。

④检测手锤。

⑤不合格项目输入键盘。

⑥对讲话筒及扬声器。

⑦光电开关。

⑧车辆到位报警灯或报警器。

⑨地沟内电视摄像机。

(2) 检测项目

本工位是车辆底部的外观检查，由检测人员在地沟内人工检查检查底盘各装置及发动机的连接是否牢固可靠，有无弯扭断裂、松旷及漏油、漏水、漏气、漏电等现象，具体检查项目如表 11-2 所列。

5. 综合判定及主控制室工位

(1) 主要设备

①主控制微机、键盘及显示器。

②打印机。

③监察电视（电视摄像机显示器）。

④控制台及主控制键盘。

⑤稳压电源。

⑥不间断电源。

(2) 检测项目

汽车到达本工位时检测项目已全部检测完毕，主控制微机对各工位检测结果进行综合判定后，由打印机集中打印检测结果报告单，并由检测长交给被检车汽车驾驶员。

全自动安全环保检测线的主要设备及其作用如表 11-3 所列。除表中所列主要设备外，还可以选购内部电话或对讲设备、空调机和设备校准装置等。表列设备中，侧滑试验台、轴重计或轮重仪、制动试验台、车速表试验台、前照灯检测仪、排气分析仪、烟度计、声级计和检测手锤为检测设备。

表 11－2　车底检查项目

序号	检查项目	序号	检查项目
1	发动机及其连接	16	油路、气路、电路
2	车架	17	储气筒
3	前梁	18	传动轴、万向节、伸缩节
4	转向器的转向轴及万向节	19	中间支撑
5	转向器支架	20	离合器及操纵机构
6	转向垂臂	21	变速器
7	转向器	22	主传动器
8	转向主销及其轴承	23	避震器
9	纵横拉杆	24	钢板弹簧夹及 U 型螺栓
10	前悬挂连接	25	排气管及消声器
11	前吊耳销子	26	制动系拉杆、驻车制动器
12	后悬挂连接	27	后桥壳
13	后吊耳销子	28	缓冲器、保险杠、牵引钩
14	各部杆系	29	漏油、漏水、漏气、漏电
15	各种软管	30	油箱、蓄电池等的固定

表 11－3　全自动安全环保检测线主要设备一览表

序号	设备名称	用途
1	进线指示灯	控制进线车辆，绿灯进，红灯停
2	汽车资料登录微机	登录汽车资料，并发给主机控制微机
3	工位测控微机	担负工位检测过程控制、数据采集及处理等项工作
4	检验程序指示器	指示工位检测程序，下达操作指令，显示检测结果，引导车辆前进
5	轮胎自动充气机	按设定的轮胎气压自动充气
6	轮胎花纹测量器	测量轮胎花纹深度
7	检测手锤	检查各连接件、车架等是否松动
8	不合格项目输入键盘	将车上、车下外观检查中不合格项目报告主控制微机
9	摄像机及监控电视	供主控制室的检察长监察地沟及整个检测线的工作情况
10	侧滑试验台	检测转向轮侧滑量
11	轴重计或轮重仪	检测各轴轴重
12	制动试验台	检测各轮拖滞力、制动力及驻车制动力
13	车速表试验台	检测车速表指示误差

续表

序号	设备名称	用途
14	车速表检测申报开关或遥控器	当实验车速达到 40 km/h 时，按下此开关或摇控器，微机采集实际车速
15	光电开关	当车轮遮挡光电时，光电开关产生的信号输入微机，报告车辆到位，微机安排检测开始
16	反光镜	供驾驶员观察车轮到达试验台或停车线的位置
17	前照灯检测仪	检测前照灯发光强度和光轴偏斜量
18	排气分析仪	检测汽油机排气中的 CO 和 HC 浓度
19	烟度计	检测柴油机自由加速时的烟度
20	声级计	检测喇叭声级
21	停车位置指示器	引导汽车在灯光尾气停车线上准确停车
22	地沟内举升平台	使地沟内的检测人员在高度上处于最有利的工作位置
23	对讲话筒及扬声器	用于地沟上下的通话联系
24	地沟内报警灯或报警器	报告车辆到达车底检测工位
25	主控制微机	安排检测程序，对照检测标准，综合判定并存储、打印检测结果
26	打印机	打印检测结果报告单
27	控制台	主控微机、键盘、监察电视等都安放在控制台上，是全线的控制中心
28	主控制键盘	当微机出现故障不能使用时，可通过主控制键盘对各工位实施控制，以不间断检测工作
29	稳压电源和不间断电源	稳定电压、不间断供电

（二）综合检测线

以图 11－1 全能综合检测线为例介绍综合检测线。

1. 外观检查及车轮定位工位

该工位包括车上、车底外观检查和前轮定位检测。

（1）主要设备

①轮胎自动充气机。

②轮胎花纹测量器。

③检测手锤。

④地沟内举升平台。

⑤地沟上举升器。

⑥就车式车轮平衡机。

⑦声发射探伤仪。

⑧侧滑试验台。

⑨四轮定位仪或车轮定位检测仪。

⑩转向盘自由转动量检测仪。

⑪转向盘转向力检测仪。

⑫传动系游动角度检测仪。

⑬底盘间隙检测仪。

（2）检测项目

①车上、车底外观检查项目同于全自动安全环保检测线。

②就车检测车轮不平衡量并平衡之。

③对转向节枢轴等安全机件进行探伤。

④检测前轮侧滑量。

⑤检测前轮最大转向角、主销后倾角值、主销内倾角，并视需要检测前轮前束值和前轮外倾值。

⑥检测后轮前束值和后轮外倾角。

⑦检测转向盘自由转动量。

⑧检测转向盘转向力。

⑨检测传动系游动角度。

⑩检测轮毂轴承、转向节主销、纵横拉杆和钢板弹簧销等处底盘松旷量。

2. 制动工位

（1）主要设备

①轴重计或轮重仪（与反力式滚筒制动试验台配套使用。若反力式滚筒制动试验台本身配备轴重测量装置或采用惯性式平板制动试验台、则不必再配备轴重计或轮重仪）。

②制动试验台。

（2）检测项目

①检测各轴轴重。

②检测各轮制动拖滞力和制动力，按制动曲线分析制动过程。

③检测驻车制动力。

3. 底盘测功工位

本工位能模拟汽车道路行驶，因而可组织较多的检测设备同时或交叉地对汽车发动机、底盘、电气设备和车身等进行动态综合检测诊断。配备的设备越多，能检测诊断的项目也越多。

（1）主要设备

①底盘测功试验台。

②发动机综合参数测试仪（汽、柴油机合一或分开）。

③电控系统检测仪。

④电器综合测试仪。

⑤气缸压力测试仪或气缸压力表。

⑥气缸漏气量（率）测试仪。

⑦真空表或真空测试仪。

⑧油耗计。

⑨五气体分析仪。

⑩烟度计。

⑪声级计。

⑫机油洁净性分析仪。

⑬发动机无负荷测功仪。

⑭发动机异响分析仪。

⑮传动系异响分析仪。

⑯温度计或温度仪。

（2）检测项目

①检测驱动车轮的输出功率或驱动力，模拟车辆各种行驶速度行驶，进行加速性能、等速性能和滑行性能等性能试验，检测 100 km 耗油量和经济车速等。

②对点火系、供油系、冷却系、润滑系、传动系、行驶系、电气设备、车身等技术状况进行检测、分析和判断。

③对装配点燃式发动机的车辆，根据不同类型，进行怠速试验、双怠速试验和加速模拟工况试验。根据怠速试验或其他工况排放的 CO，HC，NO_x，CO_2 和 O_2 浓度，分析空燃比、燃烧状况、汽缸密封性状况和污染等状况。

④对装配压燃式发动机的车辆，根据不同类型，进行自由加速排气可见污染物试验、自由加速烟度试验，分析空燃比、燃烧状况、气缸密封性状况和污染等状况。

⑤检测、分析并判断发动机和传动系异响。

⑥检测各总成温度和发动机排气温度。

当该工位上的有些项目检测时间过长时，也可在前面的工位上提前进行。例如，机油清净性分析完全可以在第一工位上对机油取样，接着到分析仪上进行分析，以平衡与其他项目的检测进度。

在综合检测线上，允许对车辆做必要的调试。如调试时间太长，应出线在维修（或调试）车间内进行。

当在综合检测线上进行安全环保检测时，应按安全环保检测线规定的项目进行。全能综合检测线的主要设备及其作用如表 11－4 所列。

表 11－4　全能综合检测线主要设备一览表

序号	设备名称	用途
1～29 项设备如表 11－3 所列		
30	地沟上举升器	举起车辆，使车轮离地
31	就车式车轮平衡机	就车检测车轮不平衡量，并通过配重使车轮平衡
32	声发射探伤仪	在不解体情况下探测零件的裂纹和损伤
33	四轮定位仪或车辆定位检测仪	检测车轮前束值、车轮外倾值和主销后倾值、主销内倾值及前轮最大转向角度
34	转向盘自由转动量检测仪	检测转向盘自由转动量
35	转向盘转向力检测仪	检测转向盘转动力

续表

序号	设备名称	用途
36	传动系游动角度检测仪	检测传动系自由传动量
37	底盘间隙检测仪	检测轮毂轴承、转向节主销、纵横拉杆、钢板弹簧销等处的间隙
38	发动机综合参数测试仪	对汽、柴油发动机的功率、气缸压力、点火正时、点火系技术状况、供油系拉杆状况、电控系统异响等进行检测、分析和判断
39	电控系统检测仪	包括读码器、解码器、扫描器、专用诊断仪、示波器、分析仪、信号模拟器和综合测试仪等，用于对汽车电控系统的诊断
40	电器综合测试仪	检测电气设备的技术状况
41	气缸压力测试仪或气缸压力表	检测气缸的压缩压力
42	气缸漏气（率）检测仪	检测气缸的漏气量或漏气率
43	真空表或真空测试仪	检测进气管真空度，用于评价汽缸密封度
44	油耗计	检测燃油消耗量
45	废气分析仪	检测排气中的 CO，HC，NO_X，CO_2 和 O_2
46	机油清净性分析仪	分析机油的清净化程度
47	发动机无负荷测功仪	对发动机进行无负荷加速测功
48	发动机异响分析仪	诊断发动机异响
49	传动系异响分析仪	诊断传动系异响
50	温度计或温度仪	检测各总成温度和发动机排气温度

第二节　汽车检测站检测工艺程序

汽车进入检测站后，在站内、线内只有按照规定的检测工艺路线和检测工艺程序流动才能完成整个检测过程。

一、检测工艺路线

1. 检测站工艺路线

对于一个独立而完整的检测站，汽车进站后的工艺路线流程如图 11 - 4 所示。

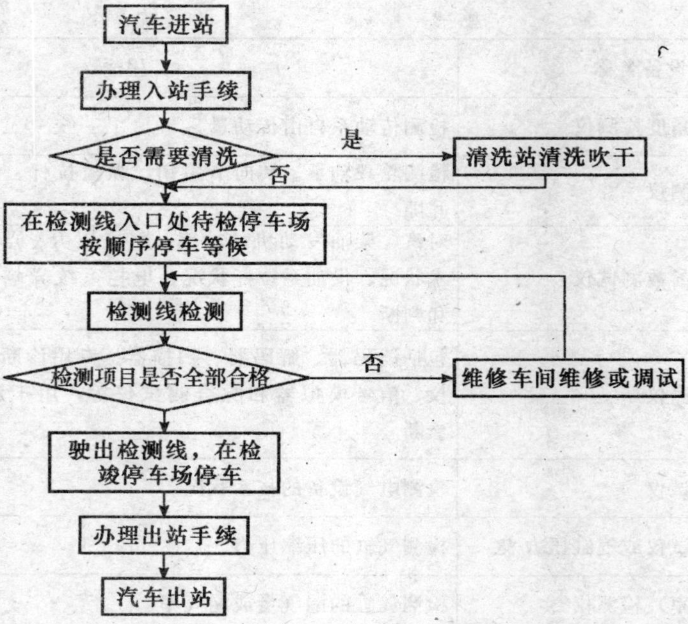

图 11－4　检测站工艺路线流程图

2. 检测线工艺路线

检测线的工位布置是固定的，进线检测的汽车按工位顺序流水作业。

(1) 安全环保检测线

①手动式。以图 11－1 所示的安全环保检测线为例，其工艺路线流程如图 11－5 所示。

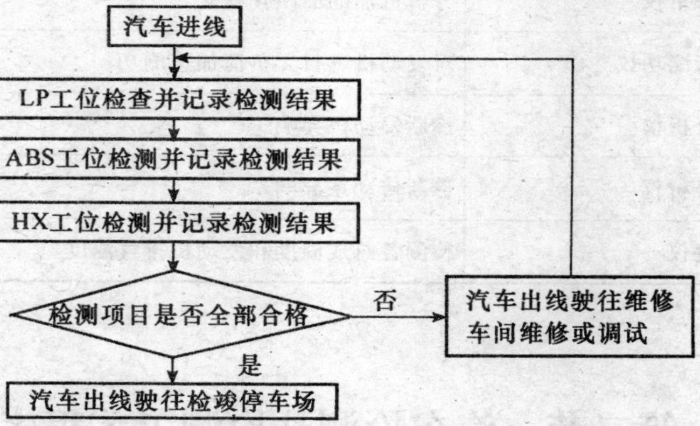

图 11－5　手动式安全环保检测线工艺流程图

②全自动式。以图 11－2 所示的安全环保检测线为例，其工艺路线流程如图 11－6 所示。

(2) 综合检测线

以图 11－1 所示的全能综合险测线为例，其工艺路线流程如图 11－7 所示。

以上所介绍的安全环保检测线与全能综合检测站的工艺路线，均为全工位检测工艺路线。经维修、调试后复检的车辆，只需检测不合格项目，因而往往在有关的工位上就有关项目再检测一次，其他工位仅仅流过而已，无须再全面检测一遍。在综合检测线上，并不一定所有的车辆都执行全工位检测工艺路线。若根据车辆状况或应车主要求只进行单工位或双工位检测时，仅制定单工位或双工位检测工艺路线即可，不必制定全工位检测工艺路线。

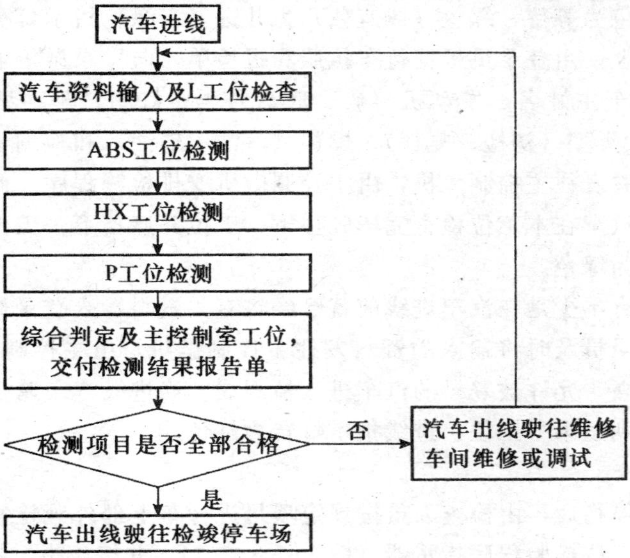

图 11－6　全自动安全环保检测线工艺流程图

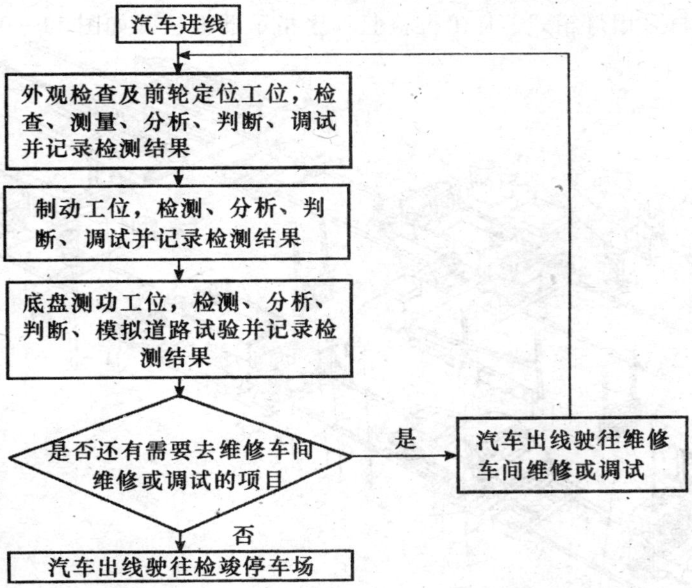

图 11－7　全能综合检测线工艺路线流程图

二、检测工艺程序

以图 11－2 五工位全自动安全环保检测线的全工位检测为例。

1. 汽车资料输入及 L 工位

(1) 汽车资料输入

汽车资料登录微机一般放置在进线控制室或检测线入口处的左侧，由登录员操作。经过清洗并已吹干的汽车，在检测线入口处等候进线。此时的汽车驾驶员在国外多为原车驾驶员，在国内多为站内的引车员。如系原车驾驶员，在等候期间要读懂挂于门前的入站规则。进线指示灯红色为等待，绿色（或蓝色）为开进。当绿色指示灯亮时，汽车进入检测线站停在第一工位上，由登录员根据行车执照和报检单，向登录微机输入牌照号码、厂牌车型、车主单位或车主姓名、发动机号码、底盘号码、灯制、驱动型式、车辆状况（新车、在用车）、检验类型（初检、复核）、燃料（汽油、柴油）和检测项目（全部检测、某项检测）等资料，并发往主控制微机，由主控制微机安排检测程序。此时，进线指示灯由绿色转为红色。当汽车在本工位检查完毕驶往下一工位并遮挡下一工位光电开关时，进线指示灯又由红色转为绿色。

国内的检测线有不少是在汽车进线前就已经将有关资料输入登录微机的。此后，当第一工位空位时，登录员及时将输入的资料发往主控制微机，由主控制微机安排检测程序。此时，绿色指示灯亮，允许被登录的汽车进入检测线。当进线汽车遮挡第一工位光电开关时，通知微机车辆到达第一工位，进线指示灯转为红色。

（2）L工位检查

汽车在本工位停稳后，由检查人员按规定项目进行车上部外观检查。此时，驾驶员要始终注视前上方的工位检验程序指示器（图11－8之3），并按该指示器的指示操作有关机件，以配合检查人员的检查。工位检验程序指示器有灯箱式、彩色显示器式和电子灯阵式三种形式，本教材采用灯箱式。L工位检验程序指示器面板图如图11－9所示。

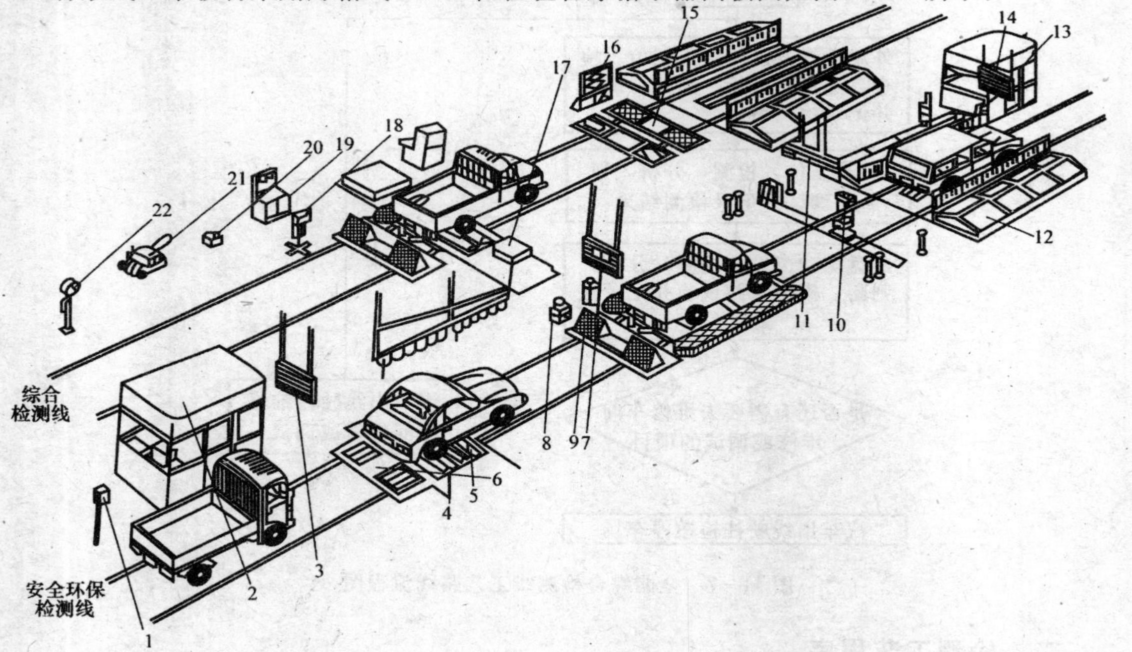

1—进线指示灯；2—进线控制室；3—L工位检验程序指示器；4，15—侧滑实验室台；5—测试台；6—车速表试验台；7—排气分析仪；8—烟度计；9—ABS工位检测程序指示器；10—HX工位检验程序指示器；11—前照灯检测仪；12—地沟系统；13—主控制室；14—P工位检验程序指示器；16—前轮定位检测仪；17—底盘测功工位；18，19—发动机综合测试仪；20—机油清净性分析仪；21—就车式车轮平衡机；22—轮胎自动充气机

图11－8 双线综合检测站

<table>
<tr><td>前照灯</td><td>变光灯</td><td colspan="2">前副灯</td></tr>
<tr><td>车宽标志灯</td><td>制动灯</td><td colspan="2">倒车灯</td></tr>
<tr><td>转向灯</td><td>停车灯</td><td colspan="2">报警灯</td></tr>
<tr><td>刮雨器</td><td>喇叭</td><td colspan="2">非常信号装置</td></tr>
<tr><td colspan="2">安全装置</td><td>○</td><td>×</td></tr>
<tr><td colspan="4">前　　进</td></tr>
</table>

图 11－9　L 工位检验程序指示器面板图

在本工位检查中，若有不合格项目，可以通过不合格项目输入键盘报告主控制微机，并在检查完毕后及时按下该键盘上的“检查结束”键，否则主控制微机将一直等待。主控制微机判定检查结果时，只要有一项不合格，即判定安全装置检查不合格，并将检查结果分别在主控制室的主控制微机显示器（以下简称微机显示器）上和本工位检验程序指示器上同时显示。当显示“○”时为合格，显示“×”时为不合格。

如果下一工位空闲，则本工位检验程序指示器显示“前进”二字。驾驶员将汽车开入下一工位。于是本工位又空位，等待下一辆汽车进入。

2. ABS 工位

（1）侧滑量检测

汽车沿地面标线，以 3～5 km/h 的车速匀速通过侧滑试验台。通过时汽车应垂直于侧滑板，不可转动转向盘。当汽车前轮切断侧滑试验台入口的光电开关时，光电开关输出的电信号通知微机，微机开始采集车轮侧滑量数据。当汽车前轮切断侧滑试验台出口的光电开关时，数据采集结束，并以此期间侧滑板的最大位移量作为侧滑数据，并经主控制微机判断是否合格，然后将检测结果在主控制室微机显示器和本工位检验程序指示器（图 11－8 中 9）上同时显示。本工位检验程序指示器面板图如图 11－10 所示。当“侧滑试验台”栏内显示“○”时为合格，显示“×”时为不合格。

<table>
<tr><td colspan="3">侧滑试验台</td><td>○</td><td>×</td></tr>
<tr><td>前制动</td><td rowspan="3">放开</td><td rowspan="3">踏下</td><td>○</td><td>×</td></tr>
<tr><td>中间制动</td><td>○</td><td>×</td></tr>
<tr><td>后制动</td><td>○</td><td>×</td></tr>
<tr><td>驻车制动</td><td>拉紧</td><td>松开</td><td>○</td><td>×</td></tr>
<tr><td rowspan="2">车速表
试验台</td><td colspan="4">40 km/h 按下申报开关</td></tr>
<tr><td colspan="2">踩制动踏板</td><td>○</td><td>×</td></tr>
<tr><td colspan="3">前　　进</td><td colspan="2">再检一次</td></tr>
</table>

图 11－10　ABS 工位检验程序指示器面板图

（2）制动力检测

以反力式滚筒制动试验台（以下简称制动试验台）为例，当制动试验台前设有轴重计或轮重仪时，汽车被检车轴应先称重然后再驶上制动试验台测制动力。称重时被检车辆驶上轴重计或轮重仪并遮挡光电开关，报告微机车辆到位，车轴重力通过压力传感器变成电信号供微机采集。然后，该车辆驶上制动试验台测制动力。

若制动试验台本身带有轴重测量装置，则在其前面不再设轴重计或轮重仪。汽车检测前轮侧滑量后，其前轴直接开到制动试验台上，先称重后测制动力，其工艺程序如下所述。

汽车左右车轮驶入制动试验台两滚筒之间并遮挡光电开关，微机确认车辆到位，安排称重和制动检测，步骤如下：

①降下制动试验台举升器。

②测量轴重。

③起动制动试验台电动机。

④在制动踏板放松的情况下，采集左、右车轮的制动拖滞力。

⑤用力踩下制动踏板，采集左、右车轮的最大制动力，至滚筒停转时采集结束。

⑥拉紧驻车制动器，采集左、右车轮最大制动力（只有与驻车制动器相连的车轴才进行此项检测）。

⑦主控制微机判定检测结果，并分别在主控制室的微机显示器和工位检验程序指示器（图 11－10）有关栏目内同时显示。同样，显示“○”为合格，显示“×”为不合格。

⑧检测结果不合格时，微机安排“再检一次”。

⑨升起制动试验台举升器，该轴驶出，另一轴驶入，按同样程序检测。

主控制微机将采集到的数据按下列公式计算，然后与国家标准对照，判定制动是否合格。

$$\text{轮拖滞力与轴荷的百分比}=\frac{\text{轮拖滞力}}{\text{轴荷}}\times 100\%$$

$$\text{轴制动力与轴荷的百分比}=\frac{\text{左轮制动力}+\text{右轮制动力}}{\text{轴荷}}\times 100\%$$

$$\text{全车制动力总和与整车重量的百分比}=\frac{\text{全车制动力总和}}{\text{整车重量}}\times 100\%$$

检测中，汽车驾驶员要始终注视前上方的检验程序指示器，并按其上的指令操作。

检测多轴汽车并装轴（如三轴汽车的中轴和后轴）的制动力时，可采用使制动试验台左右两组滚筒旋转方向不同的方法进行。并且只采集车轮正转时的制动数据。即制动试验台带动右轮正转左轮反转时，只采集右轮制动时的数据，带动右轮反转左轮正转时，只采集左轮制动时的数据。可以看出，两次测试中左、右车轮旋转方向不同，由于驱动桥差速器行星齿轮的自转作用，另一在制动试验台之外的驱动桥并不驱动，无须在制动试验台前后设置自由滚筒。因此，用该法检测多轴汽车并装轴的制动力时，可免去制动试验台前后两组共计 8 个自由滚筒，不仅节省了设备购置费，而且减少了设备占地面积，使检测线造价大大降低。

（3）车速表指示误差检测

将与车速表传感器相连的车轴开上车速表试验台，车轮遮挡光电开关，微机确认车辆到位，落下举升器。驾驶员把垂吊在汽车左侧的车速检测申报开关或遥控器持于手中，变速杆置于最高挡位，按照检验程序指示器的指令，匀速地将汽车加速至 40 km/h（驾驶室内车速表指示值），待指针稳定后按下车速检测申报开关或遥控器。微机采集此时的实际车速数据（车速表试验台测量值），并传输给主控制微机判定检测结果，如不合格，则安排“再检一次”。检测结果在主控制室的微机显示器和工位检验程序指示器有关栏目内同时显示。同样，显示“○”为合格，显示“×”为不合格。

按下车速检测申报开关后，即可踩下制动踏板使车轮与滚筒迅速减速。当工位检验程序指示器显示“前进”指令时，汽车开往下一工位。

（4）本工位检测程序说明

在本工位检测的汽车，由于其轴制、驱动形式和驻车制动器安装位置不同，因而它们的检测程序也不一样：

①四轮汽车（后驱动、后驻车）

侧滑 → 前制动 → 后制动 → 驻车制动 → 车速表

②四轮汽车（前驱动、前驻车）

侧滑 → 前制动 → 驻车制动 → 车速表 → 后制动

③四轮汽车（前驱动、后驻车）

侧滑 → 前制动 → 车速表 → 后制动 → 驻车制动

④六轮汽车（前双轴、后单轴、后驱动、后驻车）

侧滑 → 前制动 → 中制动 → 后制动 → 驻车制动 → 车速表

⑤六轮汽车（前单轴、中单轴、后单轴、中驱动、中驻车）

侧滑 → 前制动 → 中制动 → 驻车制动 → 车速表 → 后制动

⑥六轮汽车（前单轴、中后并装双轴、中后驱动、中后驻车）

侧滑 → 前制动 → 中制动 → 驻车制动 → 后制动 → 车速表

最后一种汽车的车速表检测，必须在制动试验台与车速表试验台之间装备一组自由滚筒，否则该项不能检测。

上述常见类型的汽车与对应程序非常重要，如果进线时汽车资料输入错误则会导致检测程序混乱。

当本工位检验程序指示器显示“前进”二字时，汽车开入下一工位。

3. HX 工位

（1）前照灯检测

汽车沿地面标线缓慢驶入本工位。注意汽车应与前照灯检验仪的导轨保持垂直，并按引导指示器的指令在停车线上停车。这种引导指示器与两组光电开关（入口光电开关和出口光电开关）相互配合，引导汽车“前进”、“停车”和“后退”。当汽车还未到达停车线时，引导指示器亮出“前进”二字，指引汽车前进；当汽车前照灯遮挡入口光电开关时，引导指示器立即亮出“停车”二字，指令汽车停车。此时，汽车停在停车线上，前照灯与前照灯检测仪受光器的距离符合检测要求。如果汽车未及时停住，越过了停车线并遮挡了出口光电开关，则引导指示器亮出“后退”二字，指引汽车后退，直至出口光电开关又导通，引导指示器又显示“停车”二字，汽车立即停车即会符合检测要求。

汽车停在停车线上，微机确认车辆到位，安排检测程序。本工位检验程序指示器（图 11 - 8 中 10）指令驾驶员打开远光灯（电源系统应处于充电状态），前照灯检测仪从护栏内自动驶出，分别对前右灯和前左灯进行发光强度和光轴照射方向的检测。当前照灯发光强度不够或无明显光轴时，前照灯检测仪无法自动跟踪光轴，此时需要主控制室人工操作主控制键盘上的辅助控制键，辅助前照灯检测仪的受光器进入光轴投射区，以便实施跟踪。HX 工位检验程序指示器的面板图如图 11－11 所示。

<table>
<tr><td rowspan="2"></td><td rowspan="2">上</td><td rowspan="2"></td><td rowspan="2">开远光灯</td><td rowspan="2"></td><td rowspan="2">上</td><td rowspan="2"></td><td colspan="3">插入探头</td></tr>
<tr><td colspan="3">检查中</td></tr>
<tr><td rowspan="2">左</td><td rowspan="2">光</td><td rowspan="2">右</td><td rowspan="2">检查中</td><td rowspan="2">左</td><td rowspan="2">光</td><td rowspan="2">右</td><td colspan="3">取出探头</td></tr>
<tr><td>CO</td><td>○</td><td>×</td></tr>
<tr><td rowspan="2">○</td><td rowspan="2">下</td><td rowspan="2">×</td><td rowspan="2">前进</td><td rowspan="2">○</td><td rowspan="2">下</td><td rowspan="2">×</td><td>HC</td><td>○</td><td>×</td></tr>
<tr><td>按喇叭</td><td>○</td><td>×</td></tr>
</table>

图 11－11　Hx 工位检验程序指示器面板图

前照灯检测仪跟踪到前照灯光轴后，进行数据采集，并传输给主控制微机分析判断，检测结果在主控制室微机显示器和工位检验程序指示器上，发光强度以“○”（合格）或“×”（不合格）的方式同时显示，光轴照射方向以上、下、左、右光的方式显示。

前右灯的检测结果一经显示，前照灯检测仪便自动移至前左灯，以同样的方法检测发光强度和光轴照射方向，显示检测结果后自动驶回护栏内。

左、右前照灯中有一项不合格，前照灯的综合判定即为不合格。

（2）排气或烟度检测

汽车在前照灯检测停车线上停车后，微机确认车辆到位，安排尾气检测程序。

如果是汽油车，由本工位检验程序指示器指令检测员或汽车驾驶员（需下车）将排气分析仪探头插入怠速运转的汽车排气管中，抽取气样。排气分析仪将分析出的 CO 和 HC 浓度转变成电信号供微机采集。微机判定后分别在主控制室微机显示器和工位检验程序指示器上同时显示检测结果。未采集到数据时，检测结果不显示。因此，车辆到位后根据指令应及时将排气分析仪探头插入排气管规定深度，以免错过采集时机。

<table>
<tr><td colspan="3">插入探头　安置踏板开关</td></tr>
<tr><td>第一次自由加速</td><td rowspan="4">踏加速踏板</td><td rowspan="4">抬加速踏板</td></tr>
<tr><td>第二次自由加速</td></tr>
<tr><td>第三次自由加速</td></tr>
<tr><td>第四次自由加速</td></tr>
<tr><td colspan="3">取出探头拆下踏板开关</td></tr>
<tr><td>烟度检测</td><td>○</td><td>×</td></tr>
</table>

图 11－12　烟度检验程序指示器面板图

如果是柴油车，根据图 11－12 所示的检验程序指示器指令，检测员或汽车驾驶员将烟度计探头插入怠速运转的柴油车排气管规定深度，先做三次自由加速的预动作，以熟悉加速方法并把排气管内的炭渣等积存物吹掉，然后在加速踏板上安置踏板开关，再按指令和操作规程进行四次自由加速。烟度计自动完成抽气取样、烟度检测和清洗等动作，并将烟度转变成电信号供采样机采集。三次采集的数据的平均值作为自由加速烟度检测值，判定后分别在主控制室微机显示器上和烟度检验程序指示器上同时显示检测结果。同样，以“○”（合格）或“×”（不合格）的方式显示。在烟度检测操作过程中，加速运转和怠速运转的时间由微机通过烟度检验程序指示器上指令显示的时间间隔进行控制，只要严格、及时地按指令操作，即可保证操作规程顺利执行。

(3) 喇叭声级检测

汽车在前照灯检测停车线上停车后，微机确认车辆到位，安排喇叭声级检测程序。将声级计连同其支架移至汽车正前方对正汽车，且声级计应平行于地面，其传声器距汽车2 m，距地面1.2 m。驾驶员按工位检验程序指示器的指令按下喇叭3～5 s，声级计测量此时的声级并将其电信号输入微机供采集数据。微机判定后在主控制室微机显示器和工位检验程序指示器上同时显示检测结果。同样，显示“○”为合格，显示“×”为不合格。

本工位的前照灯检测、排气或烟度检测和喇叭声级检测，既可安排同步进行，也可安排按一定顺序进行。一般情况下，前照灯检测与尾气检测可同步进行，喇叭检测则安排在这之前或之后进行。

当本工位检验程序指示器显示“前进”二字时，汽车开入下一工位。

4. P工位

汽车沿地面标线驶入本工位。当汽车遮挡本工位入口光电开关时，通知微机车辆到位，同时地沟内报警灯闪烁或报警器响，通知地沟内检查人员车辆到达本工位。汽车停在地沟上，由检查人员按规定项目进行车辆底部人工检查。此时，驾驶员要始终注视前上方的工位检验程序指示器（图11－8中14），并按其上的指令操纵有关机件，以配合检查员的检查。

P工位检验程序指示器的面板图如图11－13所示，其上指令由检查人员手持有线按钮盒或红外遥控器控制。除此之外，检查人员还可通过地沟内的话筒和地沟上的扬声器通知驾驶员与其配合，以完成检验程序指示器指令之外的检查项目。检查中，若有不合格项目，可通过不合格项目输入键盘报告主控制电脑，并在检测完毕后及时按下该键盘上的“检查结束”键，通知电脑车底检查结束，否则主控制电脑将一直处于等待状态。主控制电脑判定检查结果时，只要有一项不合格，即判定车底检查不合格。同样，检查结果在主控制室微机显示器和工位检验程序指示器上同时显示。显示“○”为合格，显示“×”为不合格。

<table>
<tr><td colspan="3">检　查　中</td></tr>
<tr><td colspan="3">发动机熄火</td></tr>
<tr><td colspan="3">转动转向盘</td></tr>
<tr><td colspan="3">踩制动踏板</td></tr>
<tr><td colspan="3">拉驻车制动器</td></tr>
<tr><td colspan="3">踩离合器踏板</td></tr>
<tr><td>车底检查</td><td>○</td><td>×</td></tr>
<tr><td colspan="3">前　　进</td></tr>
</table>

图11－13　P工位检验程序指示器面板图

地沟内的检查人员，可随时通过脚踏开关调节地沟内举升平台的高度，以使两手处于最有利的操作位置。

当本工位检验程序指示器显示“前进”二字时，将车开入下一工位。

5. 综合判定及主控制室工位

汽车进入本工位，主控制微机根据该车在前四个工位的检查结果进行综合判定。在L检测、ABS检测、HX检测和P检查各检测项目中，只有各项均合格，整车检测的总评价才判为合格；只要有一项不合格，则总评价判为不合格。

主控制微机将汽车资料、检测项目、检测结果及整车检测总评价等进行存储并发往打印机，由打印机在先期印刷成一定格式的打印纸上自动打印出检测结果报告单。在检测结果报告单上，各检测项目的检测结果和整车总评价，在对应的栏目内，合格以“○”打印，不合格以“×”打印。驾驶员拿到检测结果报告单后，立即将汽车驶出检测线，全线检测结束。

上述全自动五工位安全环保检测线可同时检测 5 辆汽车，检测节奏为 4 min/辆左右。如果采用同样功能的双线系统（图 11－2），配备 5 名检测员，每日实际工作 7 h，可日检测 200 余辆次汽车，全年可检测 5 万余辆次汽车，工作效率极高。由于自动化程度高，各工位检验程序指示器又十分醒目，因而原车驾驶员在读懂入站规则后，可驾车进入检测线，不一定非要配备专职引车员。

对于手动控制的安全环保检测线，各工位上的检测设备均要配备自身的指示装置。车流经每一检测设备时，由检测人员手动操作，目视读数，大脑判定和笔录检测结果，效率远不如全自动检测线，且检测结果有可能出现人为因素等差错。

对于综合检测线，由于汽车技术状况不同，检测目的不同，因而检测、诊断、调试的项目和深度也就不同。有的少至几项，有的多达几十项，不像安全环保检测线那样服务对象单纯，检测项目统一。所以，综合检测线很难实现微机自动控制，多为手动操作各检测设备，检测程序也要视具体情况而定。

第三节　汽车检测线的微机控制系统

全自动检测线与手动检测线的最大区别，在于增加了一套微机控制系统。

一、微机控制系统的功能和要求

1. 功能

（1）能输入、传输、存储、查询、打印汽车资料。

（2）除车上、车底外观检查，汽车资料输入，插入与取出排气分析仪（或烟度计）探头，以及移动声级计等工作仍需人工操作外，其余各检测项目均能由微机实现全自动控制。即检测设备的运行自动控制，数据的采集、处理、判定、显示、打印、存储、统计等，均能自动进行。

（3）检测结果既能在主控制室的微机显示器上以数据、图表、曲线等方式进行动态显示，同时又能在微机显示器和工位检验程序指示器上合格以“○”、不合格以“×”或直接用文字显示，并能集中打印检测结果报告单。

（4）主控制室能对全线实行监控和调度。

（5）具有指令汽车驾驶员（或汽车引车员）操作的检验程序指示器（灯箱、彩色显示器、电子灯阵）。

（6）具有丰富的软件功能。

2. 要求

(1) 可靠性要高。要求微机控制系统的平均无故障时间能达到数千小时以上，并设有自检和自诊断系统，以便故障出现后有利于实现快速诊断。

(2) 适应性要强。检测线内的工作环境比较恶劣，表现为电源电压波动、各用电设备相互干扰、汽车运转造成振动与噪声、排气污染、尘埃污染以及温度和湿度不易控制等，因而微机控制系统应有较强的环境适应性，在恶劣环境中仍能正常工作。另外，汽车种类繁多，检测线类型设计不一，微机控制系统还应能满足多种类型汽车的检测诊断，并能根据用户要求装配成不同工位安排、不同检测诊断项目、不同检测诊断工艺、不同规模和不同档次的系统。

(3) 使用方便性要好。微机控制系统应能满足人机对话方便，操作简单易学，显示直观明了，能汉字显示，数据易存、易查，组线灵活以及维修、管理方便等要求。

(4) 经济性要好。在不影响功能的前提下，微机控制系统要尽量降低造价，提高检测效率，缩短汽车在线时间，并尽量使用国产器材。

(5) 在实时响应、系统配套、系统扩充、系统通信和软件支持等方面，微机控制系统应有较强的功能。

(6) 除微机控制系统对全线的自动控制外，尚应在主控制室内的主控制键盘上，设置自动/手动开关和一套手动操作键盘，以便必要时对前照灯检测仪辅助操作和当无法实现全自动检测时对全线检测设备实施手动操作。

CAISM 全自动检测系统的主控键盘面板图如图 11－14 所示，其上的大灯仪操作键区和设备操作键区均为手动操作键盘。

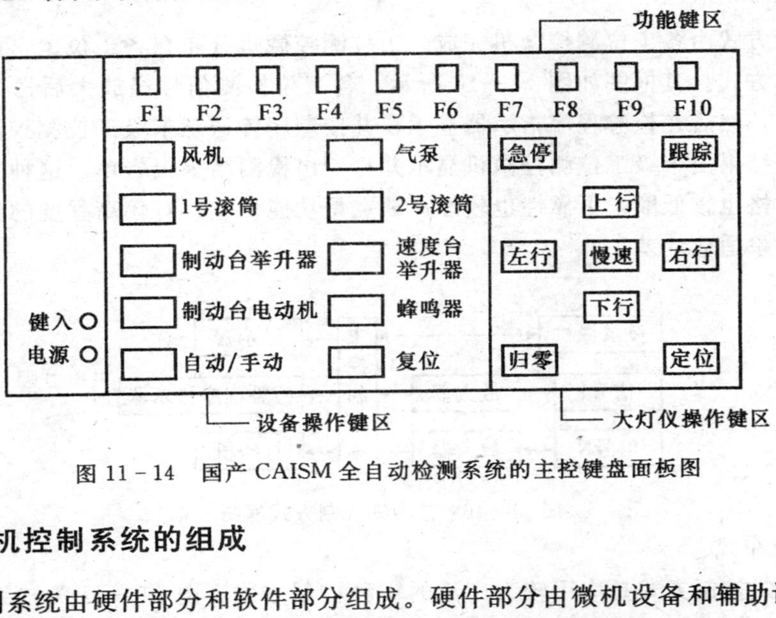

图 11－14　国产 CAISM 全自动检测系统的主控键盘面板图

二、微机控制系统的组成

微机控制系统由硬件部分和软件部分组成。硬件部分由微机设备和辅助设备组成。其中，微机设备由主控制微机、工位测控微机、汽车资料登录微机和打印机等组成；辅助设备由控制台及主控制键盘、稳压电源、不间断电源、摄像机及显示器、工位检验程序指示器、光电开关、停车位置指示器、报警灯或报警器、不合格项目输入键盘、车速申报开关或遥控器、进线指示灯、工作台与座椅等组成。

主控制微机、工位测控微机和汽车资料登录微机一般以 PC 机为主。

软件部分中除检测程序外，一般还包括数据库管理、设备标定程序、检测诊断标准修正程序和系统自检、自诊断与维护等程序。其中，数据库管理能将已经检测过的全部车辆的数据存档，能按照检测序号、牌照号码或检测日期等进行查询、检索、统计和打印。

三、微机控制系统的控制方式

微机控制系统有集中式、接力式和分级分布式等控制方式。

1. 集中式

这种控制方式由主控制微机单独完成。除汽车资料输入由登录微机完成并发往主控制微机外，各工位的检测信号经放大后也都直接送往主控制微机，因而全线的数据采集、处理、判定、显示、打印、存储、统计和检测过程控制等全部工作均由主控制微机完成，其框图如图 11 - 15 所示。这种方式的优点是结构简单，价格低廉；缺点是主控制微机负担重，可靠性差，发生故障后易造成全线停止工作。

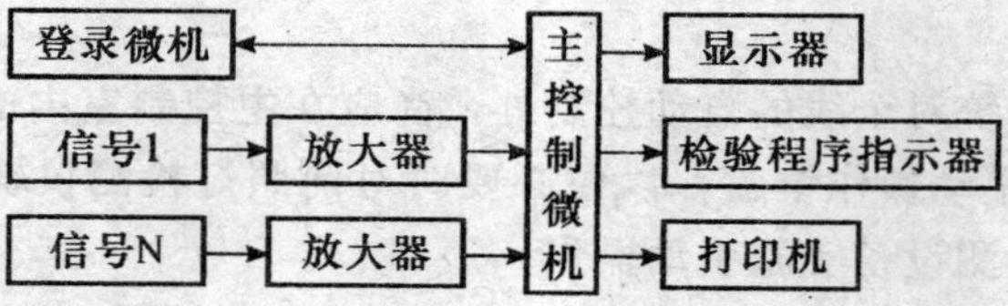

图 11 - 15　集中式控制方式框图

2. 接力式

这种控制方式由各工位测控微机完成。工位测控微机分布在各工位上，因而也可以称为分布式控制方式。其框图如图 11 - 16 所示。各工位检测信号经放大后送入工位测控微机处理、判定，然后在检验程序指示器显示，并按顺序传送至末级工位测控微机。全线检测数据和检测结果由末级工位测控微机显示并打印出检测结果报告单。这种方式的优点是结构简单，价格也较低廉，可靠性也较好；缺点是功能稍差，对较高程度的自动控制和较复杂的检测对象适应性差。

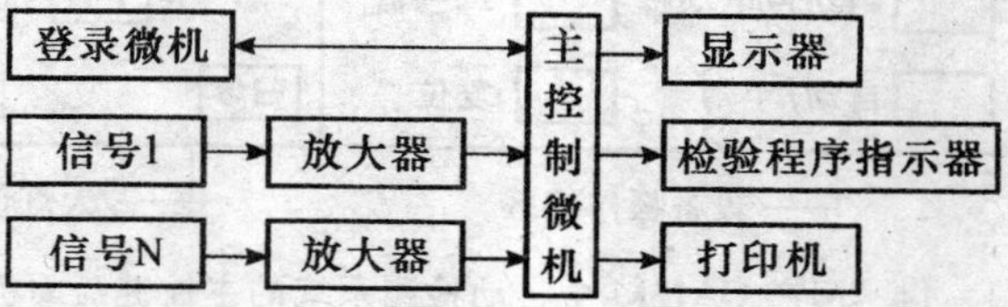

图 11 - 16　接力式控制方式框图

3. 分级分布式

分级分布式控制方式是应用较为广泛的一种控制方式。图 11 - 17 为二级分布式控制方式。其第一级为测控现场控制级，由分布在各工位上的测控微机完成，主要担负检测设备运行控制、数据采集和通信等任务。第二级为管理级，由主控微机完成，具有安排检测程序，担负全线调度，综合判定检测结果，存储并集中打印检测结果报告单和管理数据库等功能。

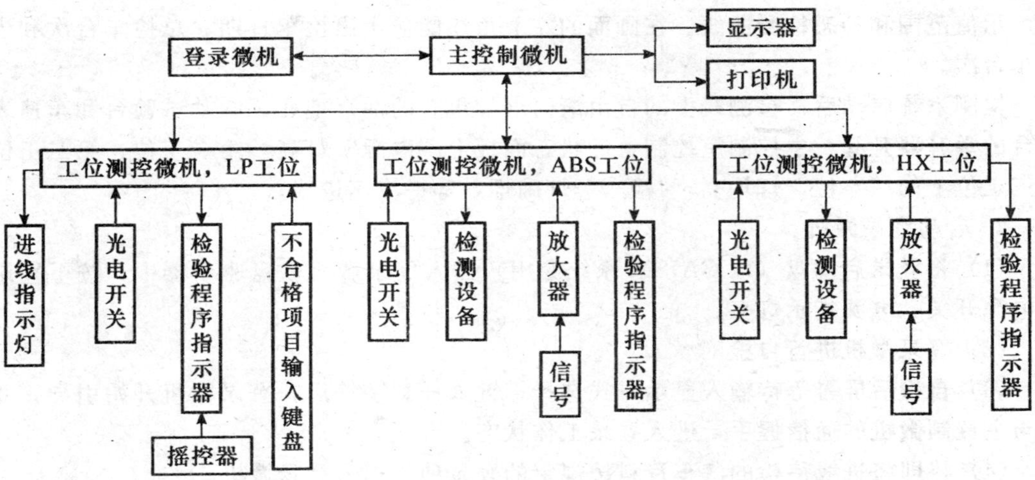

图 11-17 二级分布式控制方式框图

四、微机控制系统的使用方法

以国产 CAISM 全自动汽车检测系统为例介绍微机控制系统的使用方法。

1. 启动微机控制系统

(1) 按下控制台各部分的电源开关，使微机控制系统接通电源。

(2) 起动辅助设备（包括泵气站）并打开各检测设备的电源开关。

(3) 主控制微机自检。

(4) 工位测控微机自检。

(5) 装入口 DOS 系统，进入 CAISM 引导程序，屏幕显示系统菜单。系统菜单及其功能如表 11-5 所列。

表 11-5 CAISM 系统菜单及其功能

符号	菜单名称	功能
A	使用说明	介绍 CAISM 系统功能及操作
B	汽车检测	CAISM 系统汽车检测程序
C	自检测试	用系统自检测试程序完成对系统数据通道、键盘、光电开关及部分控制逻辑等的测试
D	标准设定	对诊断参数标准进行修改
E	设备标定	用系统标定程序，完成对检测系统所有项目通道的标定
F	报告打印	对已检车辆的数据记录、检索等打印报告
G	报表统计	对已检车辆的合格率、不合格率、复检率进行统计
H	数据备份	对标定数据、车辆数据 FJ 行备份
I	操作系统	退出 DOS 操作系统

(6) 利用光标键或直接输入 [B]，选择菜单 B，按回车键，即可启动汽车检测程序。此时主控制微机将程序模块和数据模块装入工位测控微机，并建立与登录终端的通信链路，然后微机显示器屏幕进入检车画面。从该画面中可观察到检车时所有项目的检测数

据、示值范围和动态检测曲线。在画面的左上角还能显示出检车日期、总检车台次和当日检车台次。

检测系统启动后，检测线上的自由滚筒（如果有的话）抱死，制动试验台和车速表试验台的举升器升起，主控制室控制台的状态面板上“电源”灯亮，第一工位、第二工位和第三工位上的“空位”灯均亮，“检车”灯闪烁，等待汽车进线。

2. 启动登录微机

(1) 将登录启动盘（以 CAISM 系统专用）插入登录微机软盘驱动器中，按下登录微机电源开关，电源指示灯亮。

(2) 登录微机进行自检。

(3) 自检后屏幕等待输入显示方式选择，键入任意字符后，登录微机开始引导，并完成与主控制微机的通信握手，进入登录工作状态。

(4) 将即将进线待检的汽车资料按规定的登录项目输入登录微机。

(5) 当第一工位空闲时，键入［ALT］-［F1］，即可将登录的资料发往主控制微机。主控制微机安排检测程序，并使进线指示灯的绿灯亮，待检汽车驶入检测线，停在第一工位上检测。

3. 检测工艺程序

CAISM 检测系统设计为三个工位，即 LP 工位、ABS 工位和 HX 工位。这些工位上的检测工艺程序与本章第二节中“检测工艺程序”所介绍的内容大同小异，不再赘述。

[思考题]

11-1　汽车检测站的功能有哪些？

11-2　汽车检测站有哪些基本类型，分别如何布置？

11-3　简述汽车检测站的工艺路线流程。

11-4　简述汽车检测站微机控制系统的控制方式。

参考文献

1. 汽车国家标准汇编．北京：中国标准出版社，1999
2. 余志生．汽车理论．北京：机械工业出版社，1987
3. 高国恒．汽车检测诊断方法．北京：人民交通出版社，1988
4. 方锡邦．汽车检测技术．合肥：安徽科学技术出版社，2000
5. 常健生．检测与转换技术．北京：机械工业出版社，1981
6. 杨德华．汽车检测与诊断技术．南京：江苏科技出版社，1994
7. 李岳林，王生昌．交通运输环境污染与控制．北京：机械工业出版社，2003
8. 张建俊．汽车诊断与检测技术．北京：人民交通出版社，1997
9. 李兴虎．汽车环境保护技术．北京：北京航天航空大学出版社，2004
10. 安相璧．汽车检测精通．北京：电子工业出版社，2003
11. 孙风英．汽车性能与使用技术．北京：机械工业出版社，2002
12. 仇雅莉．汽车检测技术专门化．北京：人民交通出版社，2003
13. 刘仲国．现代汽车检测与诊断．北京：机械工业出版社，2001

内容提要

本书主要介绍了汽车检测技术发展状况及分类方法、发动机性能检测、汽车底盘检测、汽车检测线、汽车电控系统检测和汽车检测站等内容。本书可作为高职高专两年制汽车运用与维修专业教材，也可作为高职高专三年制的教材，同时也适合作为汽车维修技术人员的参考书。

图书在版编目（CIP）数据

汽车检测技术/李德刚主编．—重庆：西南师范大学出版社，2008.6

21世纪高职高专系列规划教材

ISBN 978-7-5621-4132-7

Ⅰ．汽… Ⅱ．李 Ⅲ．汽车—检测—高等学校：技术学校—教材 Ⅳ．U472.9

中国版本图书馆CIP数据核字（2008）第086042号

21世纪高职高专系列规划教材

汽车检测技术

主　　编：李德刚

副 主 编：王云开　高春甫

策　　划：周安平　卢　旭

责任编辑：张浩宇

封面设计：辉煌时代

出版发行：西南师范大学出版社

地址：重庆市北碚区天生路1号

邮编：400715　市场营销部电话：023—68868624

网址：http：www.xscbs.com

经　　销：全国新华书店

印　　刷：四川外语学院印刷厂

开　　本：787mm×1092mm　1/16

印　　张：12.75

字　　数：310千

版　　次：2009年3月　第2版

印　　次：2009年3月　第1次印刷

书　　号：ISBN 978-7-5621-4132-7

定　　价：20.50元